質的アプローチが拓く

「協働型」園内研修を
デザインする

保育者が育ち合うツールとしてのKJ法とTEM

Nakatsubo Fuminori
中坪史典
[編著]

Sakai Aiichiro　　Hamana Kiyoshi　Hokii Takafumi
境 愛一郎/濱名 潔/保木井啓史
Ise Makoto　　　Sato Tatsuya　　　Yasuda Yuko
伊勢 慎/サトウタツヤ/安田裕子
[著]

ミネルヴァ書房

本書を手に取られたみなさんへ

〈登場人物紹介〉

A氏：本書の執筆代表者らしき謎の人物。男性。年齢不明。国籍は日本人の
　　　可能性が高い。噂によると広島カープを応援しているらしい。

B氏：A氏の友人。女性。年齢不明。

A：ぼくたち，園内研修の本，つくったんだ。

B：どんな園内研修の本なの？

A：簡単に言うとね，園の中で保育者同士が集って，ベテランも中堅も若手も一緒
　　に育ち合うような，わきあいあいとしながらも，ピリッとスパイスのきいた有
　　意義に学び合えるような，そんな「協働型」園内研修をやろうよ！　みたいな
　　本。

B：……??……理念としてはわかるけど，具体的にいうと，どういう園内研修のこ
　　となの？　ちょっとイメージできないんだけど……。

A：園内研修するときは，「多様な意見を認め合おう」「安心感を高めよう」「個別・
　　具体的な事例をもとに語り合おう」「感情交流を基盤に語り合おう」「コミュニ
　　ケーションを促そう」「園長や主任は保育者の強みや持ち味を引き出そう」「園
　　長や主任はファシリテーターになろう」っていう「7つの習慣」を掲げて，こ
　　れらを反映してやってみよう！……って話。

B：ふーん……「7つの習慣」の詳しい内容は，本を読んだらわかるんだろうけど，
　　でもどうすれば「7つの習慣」に基づくような園内研修ってやれるの？　そ
　　れって現実的に難しくない？

A：確かにこの「7つの習慣」，理念としては理解できても，これを園内研修で具
　　現化するのは難しいんだよねぇ……。なので最初は，補助輪やビート板になる
　　ようなツールが必要だと思うわけさ。ほら，ぼくたちが子どものころ，自転車
　　に乗るとき，最初は乗るのが難しくて補助輪使ったじゃない。プールで泳ぐと
　　きも，最初は泳げないからビート板使ったでしょ。それと同じように，いきな
　　り「7つの習慣」を園内研修で具現化するのは難しいから，ツールを使おうっ
　　てわけ。

i

B：ツールって??　どんな??

A：まあ，いろんなツールがあっていいんだけど，ぼくらがこの本で提案するのが質的アプローチ！

B：質的アプローチ??……それって，文化人類学者とかの研究者が使う研究方法論のことでしょう？

A：そう。よく知っているね。

B：なんでそんな難しそうなものが「7つの習慣」を具現化するツールになるわけ？

A：確かに質的アプローチって，研究者が使う研究方法論なんだけど，わかりやすくいうと，見えるもの（事象）の背後に潜む見えないものを読み解こうとしたり，自分たち（研究者）とは異なる世界の人たちの言動を理解しようとしたりするのが得意なツールなんだよねえ……。

B：でもそれが保育者の園内研修とどう結びつくわけ??

A：保育者にとって，保育中の出来事（事象）の背後に潜む見えないものを読み解いたり，自分たち（保育者）とは異なる子どもたちの言動を理解したりすることは大切でしょう？

B：なるほど。つまり，研究者が使う質的アプローチを保育者が使ったら，保育中の出来事の背後を読み解いたり，子どもたちの言動を解釈したりすることができるってわけね。

A：その通り！

B：でも質的アプローチって一口に言っても，いろいろなやり方があるし，そう簡単に「7つの習慣」を反映するツールになるとは思えないなあ……。

A：そのいろいろある中で，ぼくたちが注目するのが KJ 法と TEM！　今回はこの2つ。

B：なんでこの2つなの？

A：質的アプローチって一口に言っても，いろんなやり方があるし，中には難しいやり方のものもたくさんある。でも KJ 法と TEM は，とにかく手順がわかりやすいんだよね。だから園内研修で保育者の人たちが用いるツールとしても馴染みやすいって思うわけ。

B：ふーん……そうなの？

A：だんだんこの本，読みたくなったでしょう？（笑）あともう1つ大切なこと。KJ 法も TEM も，模造紙，付箋，マジックとかを使って分類したり，配置したり，図解をつくったりって協働で作業するのがミソ。

Ｂ：協働作業か……それだとなんか同僚と「気軽に楽しくワイワイ」やれそうかなあ……。

Ａ：そう！　良いこと言うねえ。この「気軽に楽しくワイワイ」っていうのが大事で，園内研修を「気軽に楽しくワイワイ」やることが，自ずと「７つの習慣」の中の「多様な意見を認め合おう」につながる……。

Ｂ：うん。「安心感を高めよう」みたいな雰囲気づくりにもつながりそうね。

Ａ：そうすると「感情交流を基盤に語り合おう」「コミュニケーションを促そう」にもつながりそうでしょう。

Ｂ：なるほど。くわえて，協働作業の中身は保育中の出来事なわけだから，「個別・具体的な事例をもとに語り合おう」というのにも合致する。

Ａ：でしょう？　要するに，「気軽に楽しくワイワイ」やることが「７つの習慣」の具現化，ひいてはベテランも中堅も若手も一緒に育ち合うような園内研修につながるわけ。

Ｂ：そうすると，園長や管理職は自分がベラベラ話すよりも，保育者が「気軽に楽しくワイワイ」やれるように促すのが大事な役割になるわけね。

Ａ：それプラス，個々の保育者の強みや持ち味を引き出す……今までの園内研修って，どちらかというと個々の保育者の問題点や課題を指摘して，反省や改善を促す……みたいなことが重視されていたじゃない？　この本がめざすのは，問題・課題を指摘して反省・改善を促すよりも，それぞれの保育者の強みや持ち味を引き出すことで，ティームワークを高めよう……みたいなイメージ。

Ｂ：なんかそれって，まさに理想の上司って感じ！　そんな園なら「私も働いてみたい！」って思うわ。

Ａ：でしょう（笑）ティームワークが高まることで，組織が活性化されるってわけ！

Ｂ：なるほど。たしかにその方がみんなポジティブになれるし，園の中に「ティーム一丸となってやろう！」みたいな雰囲気ができそう。そういえば，2016年，2017年と，広島カープは，本当にティームワーク抜群だったわね！

Ａ：それも監督やコーチが，個々の選手の問題・課題を指摘して反省・改善を促すよりも，強みや持ち味を引きだしたからだと思うよ！

Ｂ：たしかに！　タナキクマルにセイヤ，ノムスケ，アライさん……個々の選手の良いところが前面に出た！

Ａ：まあ，広島東洋カープの話はそれくらいにして……園内研修の話に戻るよ。

Ｂ：あっ，そうだった。「気軽に楽しくワイワイ」やることで，ティームワークが

生まれてて，組織が活性化されるって話だったよね。

A：それだけじゃないよ。園内研修を「気軽に楽しくワイワイ」やることで，同僚との関係の質が高まると思うんだ。

B：それってもしかして米国マサチューセッツ工科大学（MIT）のダニエル・キム（Daniel Kim）教授の「組織の成功循環モデル」？

A：イエース！　「気軽に楽しくワイワイ」やることで，同僚との関係の質が高まるって話だったよね。たしかに「7つの習慣」が反映されたら，同僚に悩みを打ち明けたり，心を開いて相談したり，困っている同僚をチーム全体で助けたり，支え合ったり……みたいな雰囲気が職場の中につくれそう。

A：そうやって，同僚同士の関係の質が高まれば，今度は，思考の質が高まる……。

B：同僚の悩みや意見をみんなが自分のことのように考えて，アイディアを出し合って，解決をめざすわけだから，自ずと思考の質が高まりそうね。

A：そして，思考の質が高まれば，みんなで考えたことを行動に移すわけだから，当然今度は，行動の質が高まる……。

B：行動の質が高まれば，結果の質が高まるってやつね。

A：ここでいう結果の質っていうのが，ぼくらのイメージだと，保育の質とか保育者の専門性の質のことだと思うんだけどね。

B：なるほど。

A：でも，そのあたりの検証までは，この本では難しいかな……。

B：けど，KJ法やTEMを用いることで「気軽に楽しくワイワイ」園内研修，つまり「7つの習慣」が反映されるってことは言えそうじゃない？

A：うん。さらに「7つの習慣」が反映されることで，保育者の学びが深まって，専門家として育ち合うような「協働型」園内研修につながるってところまでは証明したい。

B：園内研修で大切な保育者の子ども理解は？

A：KJ法とTEM，つまり質的アプローチを用いることで，子どもたちの言動を解釈することが可能になるわけだから，子ども理解が促されるって話……これも，この本で証明できる。

B：良いじゃん！　なんか私も買って読んでみたくなってきた！

A：ホント？

B：うん。ベストセラーも夢じゃないよ。（笑）

A：よっしゃ！　頑張る！　じゃあ，早速この本，読んでみて！

今，保育者の学びや専門性発達を支え促す場としての園内研修のあり方が問われています。本書は，声の大きな一部の保育者ばかりが発言したり，議論の進捗とは無関係に管理職やベテラン保育者によって結論づけられたり，参加する保育者にとってはどこか他人事であったり，園長や管理職が発言すると他の保育者が黙り込んでしまったりするような園内研修からの脱却をめざすものです。本書は，お茶を飲みながら，お菓子を食べながら，雑談することからはじめ，笑いがあって，みんなが安心して何でも言いたいことを言える，ふと思ったことでも言えるような，開放的な園内研修をめざすものです。概して同僚との連携が密な園ほど，笑いや雑談が多いものです。経験年数の多い保育者であれ，少ない保育者であれ，常勤の保育者であれ，非常勤の保育者であれ，管理職の有無を問わず，個々の保育者がその場に居心地の良さを感じながら参加し，胸襟を開き，本音で話し合い，風通しを良くし，他者の意見であっても自分のこととしてとらえるような，持続可能な園内研修のあり方を問います。

本書は，第Ⅲ部・全11章から構成されます。第Ⅰ部は，「園内研修と質的アプローチのコラボレーション」と題して，全2章（第1章，第2章）で構成しています。第1章は，園内研修をめぐる議論について紹介するとともに，質的アプローチが研究者の研究方法論としてだけでなく，保育者が自らの保育を振り返ったり，子どもを理解したりするうえでも有効に機能すること，また，質的アプローチの中でも KJ 法と TEM に注目する理由などについて述べます。第2章では，「協働型」園内研修のデザインについて取りあげます。特に，保育者の成長につながる園内研修の特徴を紹介するとともに，これまでの園内研修において保育者が感じるプレッシャーや，他方で，保育者を幸福に導く園内研修の「7つの習慣」について述べます。

第Ⅱ部は，「KJ 法が拓く「協働型」園内研修」と題して，全4章（第3章〜第6章）で構成しています。第3章は，質的アプローチとしての KJ 法について概観するとともに，KJ 法を用いた園内研修の意義，先行研究の動向，具体的な進め方，展望などを述べます。第4章では，KJ 法を用いた園内研修を実施することで，保育者相互の感情を共有した語り合いにどのようなメリットや

デメリットがもたらされたのかを明らかにします。第5章では，KJ 法を用いた園内研修を実施することで，どのような保育者の振る舞いがもたらされたのかを明らかにします。第6章では，以上の知見を受けて，専門家として育ち合う園内研修をデザインするための KJ 法の可能性と課題について述べます。

　第Ⅲ部は，「TEM が拓く「協働型」園内研修」と題して，全4章（第7章～第10章）で構成しています。第7章は，質的アプローチとしての TEM について概観するとともに，TEM を用いた園内研修の意義，先行研究の動向，具体的な進め方，展望などを述べます。第8章では，TEM を用いた園内研修を実施することで，個々の保育者はいかにして子ども理解を形成していくのかを明らかにします。第9章では，TEM を用いた園内研修を実施することで，個々の保育者はいかにして子ども理解を形成していくのかを明らかにします。第10章では，以上の知見を受けて，専門家として育ち合う園内研修をデザインするための TEM の可能性と課題について述べます。

　そして最後に，TEM の第一人者であるサトウタツヤ氏と安田裕子氏より，私たちが試みた質的アプローチと園内研修の融合とその検証について講評していただきます。

　以上のように本書は，わきあいあいとしながらもピリッとスパイスのきいた有意義な学びがあるような園内研修を具現化するために，質的アプローチ（KJ 法と TEM）を援用しますが，決して私たちは，園内研修において質的アプローチの使用が不可欠であると言いたいわけではありません。これは方法の工夫の一例として示したに過ぎません。たとえるなら，自転車の補助輪や水泳のビート板のようなものです。私たちが三輪車から二輪車に移行するとき，当面は補助輪が必要です。しかし，大切なのは，補助輪がなくても二輪車に乗れようになることです。私たちが水泳の練習をするとき，当面はビート板が必要です。しかし，大切なのは，ビート板がなくても泳げるようになることです。同様に，園内研修で「7つの習慣」を反映するといっても，そうした経験が少ない園にとって当面は補助輪やビート板が必要です。質的アプローチはその一例に過ぎません。大切なのは，質的アプローチがなくても園内研修で「7つの習慣」を

反映することです。

　さあ，あなたの園でも，そこに参加する保育者が居場所感や居心地の良さを感じ，自分の保育についての胸中をつい吐露したくなるような，そんな「無理なく」「楽しく」「継続的な」園内研修をはじめてみませんか。そうした園内研修の具現化に本書が少しでも役に立てたら，こんなにうれしいことはありません。

2018年5月吉日

編著者　広島大学　中坪史典

付記：倫理的配慮

　本書中に掲載される写真は，該当園の許諾を得て掲載しています。また，筆者が行ったインタビュー調査等は，日本保育学会倫理綱領に則り，研究目的を事前に明確に協力者に説明したうえで協力を依頼するとともに，同意を得て実施したものです。本研究によって得られた園や保育者等の個人情報については，特定の園・クラス等が同定されないように内部情報を保護してデータ分析を行いました。

質的アプローチが拓く

「協働型」園内研修をデザインする
——保育者が育ち合うツールとしての KJ 法と TEM——

目 次

本書を手に取られたみなさんへ

第Ⅰ部　園内研修と質的アプローチのコラボレーション

第1章　園内研修に質的アプローチを取り入れる……………………… 2
　　1　園内研修について考える　2
　　2　保育者の成長を支える質的アプローチ　9
　　3　KJ 法と TEM への注目　14
　　4　本書の目的と意義　23

第2章　「7つの習慣」で園内研修を転換する………………………… 25
　　1　保育者の成長につながる園内研修　25
　　2　園内研修で保育者が感じるプレッシャー　28
　　3　「協働型」園内研修における「7つの習慣」　31
　　4　園内研修の転換と「7つの習慣」の反映　41

第Ⅱ部　KJ 法が拓く「協働型」園内研修

第3章　園内研修をデザインするツールとしての KJ 法………… 46
　　1　園内研修と KJ 法　46
　　2　KJ 法を用いた園内研修の進め方　52
　　3　第Ⅱ部の目的と構成　60

第4章　KJ 法を用いた園内研修は保育者になにをもたらすか…… 62
　　1　本章で扱う園内研修　63
　　2　KJ 法を用いた園内研修のメリット　70
　　3　KJ 法を用いた園内研修の難しさ　76
　　4　作業手順からみた KJ 法を用いた園内研修の特徴　79

目　次

第5章　だれもが発言できる雰囲気を
　　　　つくる保育者の振る舞いとは……………………………… 83

1　本章で扱う園内研修　84

2　各保育者の振る舞いの特徴　85

3　保育者の振る舞いは他の保育者にどのような影響を与えるのか　95

第6章　KJ 法を用いた園内研修の可能性と留意点………………… 98

1　より幅広い保育現場での活用をめざして　98

2　KJ 法を用いた園内研修をより効果的に行うためには　99

3　KJ 法が拓く新たな園内研修の可能性　105

第Ⅲ部　TEM が拓く「協働型」園内研修

第7章　園内研修をデザインするツールとしての TEM…………114

1　園内研修と TEM　114

2　TEM を用いた園内研修の進め方　129

3　第Ⅲ部の目的と構成　139

第8章　TEM がもたらす日常の一コマからの子ども理解とは… 141

1　本章で扱う園内研修　142

2　園内研修の各手順と実感された子ども理解　147

3　TEM を使って日常の一コマに光を当てよう　159

第9章　「もしも」の語り合いで深まる
　　　　子ども理解とティームワーク………………………………164

1　子ども理解における「もしも」の意義　165

2　本章で扱う園内研修　167

3　TEM が誘発する「もしも」の語り合いと子ども理解　173

4 「もしも」の語り合いが拓く子ども理解　184

第10章　TEM を用いた園内研修の可能性と留意点……………… 188
1 TEM の輪を広げるために　188
2 アンケート調査からみえてきた TEM を用いた園内研修　190
3 TEM が拓く新たな園内研修の可能性　202

終　章　対話を起こし，プロセス理解を支え，振り返りを促進する
　　　　──質的アプローチのいかされ方……………………………211
1 専門的成長を促す「7 つの習慣」　211
2 「協働型」園内研修を実践するための補助道具　214
3 可能性の持続的な探求──多様性を尊重して　220

文献一覧　223
初出一覧　235
本書を読み終えたみなさんへ　237
あとがき　243
索　　引　245

第1部
園内研修と質的アプローチのコラボレーション

第1章

園内研修に質的アプローチを取り入れる

1　園内研修について考える

（1）なぜ今園内研修なのか？

　保育所，幼稚園，認定こども園では，個々の保育者の資質向上や組織の一員としての成長が求められており，そのための環境づくりの1つとして園内研修が重視されています。たとえば，『保育所保育指針』（厚生労働省，2017）では，「保育所全体としての保育の質の向上を図っていくためには，日常的に職員同士が主体的に学び合う姿勢と環境が重要であり，職場内での研修の充実が図られなければならない」と記されています。『幼稚園教育要領解説』の中には，指導の反省や評価を適切に行うために「他の教師などに保育や記録を見てもらい，それに基づいて話し合うこと」「互いの指導事例をもち寄り，話し合うなどの園内研修の充実を図ること」が記されています（文部科学省，2008）。『幼保連携型認定こども園教育・保育要領』（内閣府・文部科学省・厚生労働省，2017）においても，「園長の方針の下に，園務分掌に基づき保育教諭等職員が適切に役割を分担しつつ，相互に連携しながら，教育及び保育の内容並びに子育ての支援等に関する全体的な計画や指導の改善を図る」ことが記されています。このように保育士，幼稚園教諭，保育教諭などの保育者は，それぞれの園の中で子どもの事例などについて他の保育者と語り合い，他の保育者の意見に耳を傾け，自分の解釈や考えを伝えるなど，同僚と連携を密にしながら学び合うことが求められているのです。

　それでは一体，なぜ今園内研修が重要なのでしょうか。その背景には，以前

とは異なる保育を取り巻く状況の変化があります。その例は枚挙にいとまがありませんが，以下に4つほど挙げてみましょう。

①保育は子どもの安全と健やかな成長を促す重要な仕事です。他方，女性の社会進出を背景に，それぞれの園では保育の低年齢化や長時間化が進んでいます。以前と比べて子どもが疲労やストレスを感じることも多く，保育者の負担は想像に難くありません。

②それぞれの園では，子育てに不安を感じる保護者への支援が求められますが，保護者のニーズは多様化しており，支援という美辞麗句では語ることのできない困難も増加しています。家庭から難しい要求が寄せられることもあります。

③小・中学校等で実施される特別支援教育は，保育所，幼稚園，認定こども園にも影響を与えています。保育者は今日，障害のある子どもやその家族に対する適切な対応が求められるのです。

④グローバル化の進展とともに外国籍の子どもや保護者の受け入れが増加しています。日本の文化や日本語の理解が難しい親子に対する援助など，従来とは異なる対応が迫られています。

以上，保育を取り巻く状況の変化の例を挙げましたが，もちろん従来と変わらない保育の難しさや保育者の苦悩もあります。その例も枚挙にいとまがありませんが，以下に3つほど挙げてみましょう。

①遊びなどの場面で保育者は，子どもの自律性を促すために介入し過ぎてはいけないし，かといって貴重な介入の瞬間を見過ごすわけにもいきません。子どもとの相互作用は，瞬時の判断を伴うことから，つねに日々の振り返りが求められます。

②保育所，幼稚園，認定こども園は，子どもが集団生活を開始する公的な場でもあります。子どもからすると入園という家庭からの移行は，母子分離を経験し，見ず知らずの人々と生活を共にし，園の規範やルールに直面する葛藤の場でもあります。新たな生活を迎える子どもの情緒の安定を図ることは，保育者にとって容易なことではありません。

第Ⅰ部　園内研修と質的アプローチのコラボレーション

③既述した事項以外に，元来保育者には，会議，カリキュラムの作成や遂行，環境構成，着替え，食事の補助，連絡帳の確認，掃除，日誌の記入，教材等の作成など，一日の中でやるべき仕事が多数あることは言うまでもありません。

このように保育者は，多くの困難やストレスを抱えながら職務に従事しています。特に，保育を取り巻く状況の変化の背後には，以前よりも社会が多様化し，一人ひとりの価値観や意見が異なるようになってきたことが考えられます。このような状況ですから，保育者が書物を読み，外部の研修会等に参加して情報を得るなど，個人単位で学ぶことは重要です。しかし，個人単位の学びには限界があります。なぜなら，たとえそこで学んだことと類似の状況が保育の中で起こったとしても，子どもの年齢や月齢，性格や発達課題，子ども同士の関係性，保育者と子どもの関係性，保育の時期など，様々な状況が交錯する保育の営みにおいては，外部の知識や情報にあてはめて「こうすればこうなる」と単純に解決できるわけではないからです。

しかし，子どもの年齢や月齢，性格や発達課題，子ども同士の関係性，保育者と子どもの関係性，保育の時期などの情報を共有できる同僚とともに，個別・具体的な事例をもとに意見を交流するとどうでしょうか。園の中に対話が生まれ，それによって保育者はいろいろな気づきを得たり，保育を見るまなざしが変化したりするのではないでしょうか。こうして同僚同士が学び合うことは，園全体のコミュニケーション形成にもつながります（秋田，2008）。個々の保育者が保育を取り巻く状況の変化に対応し，資質を向上させ，組織の一員として成長するためには，個人単位の学びだけでなく，ティームで学び合うことが重要です。同僚と助け合い，支え合いながら日々の課題と向き合い，保育者相互の関係を促し，ティームワークを形成するような，いわば「学習する組織」（センゲ，2011）を築くための場として今，園内研修の重要性が叫ばれているのです。

（2）「伝達型」園内研修

園内研修とは，それぞれの園において園長などの管理職も含めて，同じ職場

第1章　園内研修に質的アプローチを取り入れる

に集う者が時間と場を共有し，共通の目標のもとで行われる研修のことです。参加者の対象範囲（非常勤職員，養護教諭，看護師，栄養士，調理員，事務職員等を含む場合や含まない場合など），実施頻度，研修の形態や方法などは様々であるため，園によってあるいはそのときの状況によって多様な園内研修が存在します。この点を踏まえて，以下では，「伝達型」「協働型」という表現で園内研修の形態や方法に関する2つのタイプを概観します。

　1つは，「伝達型」園内研修です。これは園長，主任，経験年数の多い一部の保育者などが中心となって，他の保育者に一方向的に知識・技術・情報を伝えるような形態のことです。また，保育の中で何らかの問題が生じたときは，園長などの管理職が積極的に関与して意思決定を行い，それを他の保育者に指示するような方式のことです。「上意下達」モデルと表現することもできます。保育者の成長を促す園長の役割として，自ら意思決定を行い（Rodd, 2006），園全体の目標やビジョンを明確にし（Siraj-Blatchford & Manni, 2007），ビジョンの共有を促すように方向づけること（Siraj-Blatchford & Hallet, 2014）などがあります。園長が自分の考え，意思，園の目標などを保育者に伝え，それらを共有し，園全体で共通理解を図ることは重要ですし，そうした情報の伝達と共有の場として園内研修があるわけです。もちろん園によっては，主任や経験年数の多い一部の保育者が情報の伝達や意思決定を行うこともあるでしょう。また，多くの園では，外部講師を招聘し，職員全員で話を聴く機会を管理職が組織することがあります。こうしたタイプの研修も「伝達型」園内研修としてとらえることができます。

　「伝達型」園内研修では，園長の考えが保育者に伝達され，その場で共有されるわけですから，即座に園全体の意思統一を図ることができます。このことは，保育を取り巻く状況の変化のもと，様々な課題に対応するうえで重要です。たとえば，保護者から意見が寄せられたとき，その対応に時間を要し，保育者の見解をまとめていては保護者の理解を得られないこともあるでしょう。「伝達型」園内研修では，園長や主任が積極的に関与して意思決定を行い，対応策についての自らの考えを保育者に伝えます。それによって保育者は，その対応

5

第Ⅰ部 園内研修と質的アプローチのコラボレーション

表1-1 「伝達型」園内研修と「協同型」園内研修

「伝達型」園内研修	「協同型」園内研修
一方向的に知識・技術・情報を伝達する	職位を問わず保育者が相互に対話する
園長などの管理職が積極的に関与して意思決定する	全員で知恵を絞って課題を解決する
「上意下達」モデル	「下意上達」モデル
即座に園全体の意思統一を図ることができる	ティームで課題を解決するような感覚が得られる
スピード感を伴った対応が可能になる	保育者の主体性が認められる
全員が同じ目標に向かって進むことができる	同僚と連携を密にすることで相互の悩みを共有できる

を即座に実行することで保護者の理解を得やすくなります。保護者からするとスピード感を伴った対応を実感できるわけですから，園への信頼関係の構築に寄与します。「伝達型」園内研修は，園長や主任が示した1つの方向にしたがって意思疎通を図るため，全員が同じ目標に向かって進むことができるとともに，突発的なトラブルに対する即時的対応が可能です。「伝達型」園内研修は，すべての園で行われるであろう不可欠な形態であり，全員でコンセンサスを図るための重要な機会となるのです（表1-1）。

（3）「協働型」園内研修

もう1つは，「協働型」園内研修です。これは経験年数，常勤・非常勤，管理職の有無を問わず，保育者が相互に対話するような形態のことです。また，保育の中で何らかの問題が生じたときは，全員で知恵を絞って解決するような方式のことです。「下意上達」モデルと表現することもできます。保育者の成長を促す園長の役割として，ともに解決策を見出して克服すること，ティームをつくりリードすること（Rodd, 2006），保育者の声に耳を傾けて効果的なコミュニケーションをとること（Siraj-Blatchford & Manni, 2007），ティーム文化を醸成し，協働性や省察的学びを促すこと（Siraj-Blatchford & Hallet, 2014）などがあります。園長が保育者のアイディアを汲みとり，裁量権を与えながら他の保育者との共有を促し，共通理解を図ることは重要ですし，そうしたティー

第1章　園内研修に質的アプローチを取り入れる

ムワークづくりの場として園内研修があるわけです。保育者がそれぞれの悩み
を共有しながら主体的に学び合うような研修，園長や主任が統率者として一方
向的に知識・技術・情報を伝えるだけでなく，促進者として他の保育者の考え
を引き出すような研修は，いずれも「協働型」園内研修としてとらえることが
できます。

　「協働型」園内研修では，個別・具体的な事例をもとに保育者が意見を出し
合い，それらを参加者全員が共有するわけですから，自らの保育を省みるうえ
で有効です。このこともまた，保育を取り巻く状況の変化のもと，課題に対応
するうえで重要です。たとえば，新たな生活を迎える子どもの情緒の安定を図
ることは，保育者にとって容易ではないことは既述した通りです。「協働型」
園内研修では，保育者が自身の課題や子どもとのかかわりの難しさの事例を開
示し，その対応についての他の保育者が自分のことのように意見を出し合いま
す。それによって事例を開示した保育者は，自分の保育を省みることができ
るとともに，他の保育者にとっても自分に置き換えて考えるわけですから，相
互に気持ちが共有され，1つのティームとして課題を解決するような感覚が生
まれます。「協働型」園内研修では，保育者の主体性が認められるため，モチ
ベーションの維持や向上につながるとともに，同僚同士の連携を密にすること
で相互の悩みを共有することができます。「協働型」園内研修もまた，すべて
の園で行われるべき不可欠な形態であり，ティームワーク形成のための重要な
機会となるのです（表1-1）。

（4）専門家として育ち合う園内研修をめざして

　既述した2つのタイプの園内研修は，決してどちらが正しい（間違い）とい
うわけではありません。その時の状況，園が抱える課題などに応じながら「伝
達型」と「協働型」を使い分けることが大切でしょう。この点を踏まえたう
えで，本書の立場を示しておきます。本書では，KJ法とTEMを用いた園内
研修のデザインを紹介しますが，私たちが言う園内研修とは，主に「協働型」
園内研修を指します。したがって，次章以降で使用する園内研修という用語も

「協働型」園内研修を意味します。

　園内研修の方法について，「伝達型」園内研修は，園長，主任，経験年数の多い一部の保育者などが中心となって，他の保育者に一方向的に知識・技術・情報を伝える研修であるため，実施方法や手順は自ずと定まることが想定されます。一方，「協働型」園内研修は，保育者が相互に対話する研修であるため，実施方法や手順は一様ではありません。管理職が主導で話すのではなく，参加者全員が対等に語り合う研修，同僚同士が知恵を絞り，協働で問題解決するような研修を具現化することは決して容易ではありません。だからこそ私たちは，その実施方法や手順を検討することにしたのです。

　ところで，個々人の資質向上や組織の一員としての成長が求められるのは，保育所，幼稚園，認定こども園に限ったことではありません。企業分野では，人材育成の文脈において，社会の多様化や問題状況の複雑化などを背景に，個人で思考するよりも同僚と協働で思考することで多様なニーズを把握し，組織の成長につなげようという動きが出ています。個人単位ではすべての知識を網羅できなくとも，同僚と知恵を出し合うことで今日的課題に対応することが求められているのです。そうした協働思考の実施方法や手順として，たとえば，カフェのようなリラックスした雰囲気の中で自由に対話し，相互理解を深めて集合知を創出するような，ワールド・カフェと呼ばれる組織開発の手法（ブラウン・アイザックス，2007）や，問題点や弱みなどのネガティブな側面に焦点を当てるのではなく，強みや価値などのポジティブな側面に焦点を当てることで未来の可能性を拓くような，AI（Appreciative Inquiry）と呼ばれる組織開発の手法（Cooperrider et al., 2003）などがあります。企業分野では，これらの手法の活用を通して組織の一体感（ティームワーク）を形成することが求められているのです。本書もまた，これらの動向に学びながら，専門家として育ち合う園内研修を創出するための実施方法や手順を模索するものです。「自分の発言の場がきちんとある」「ありのままの自分の考えを語ることができる」「保育者としての成長を支え合うような雰囲気がある」，そんな園内研修のあり方を読者のみなさんとともに考えたいと思います。

第1章 園内研修に質的アプローチを取り入れる

2 保育者の成長を支える質的アプローチ

　本書では，質的アプローチという聞き慣れない用語が登場します。これは一体何でしょうか。「協働型」園内研修のあり方を考えることと質的アプローチは，どのように結びつくのでしょうか。本節では，質的アプローチの意味を説明するとともに，保育者の成長や資質向上につながる可能性についてみていきます。

（1）質的アプローチとはなにか

　質的アプローチとは，研究者が用いる研究方法論の1つです。以下では，研究者の世界を少しだけ紹介します。今日，保育をめぐっては，多くの研究者が自らの関心に基づいて研究を行っています。ここで言う研究者とは，具体的には，大学や短期大学等の教員，研究所等の研究員などのことであり，専門分野も教育学，心理学，歴史学，社会学，福祉学，医学，看護学，脳科学，児童文化など多岐にわたります。したがって彼（女）らが用いる研究方法論もまた，人間の行動観察，実験室での実験課題，アンケート調査，文献調査，フィールドワーク，インタビュー調査など様々です。

　読者のみなさんは，研究者の研究についてどのようなイメージをもたれるでしょうか。たとえば，実験室で実験を行い，仮説を立てて客観的に検証し，一般性や法則性を導き出すようなイメージでしょうか。京都大学の山中伸弥教授がiPS細胞（人工多能性幹細胞）の作成に成功したような研究は，まさにこのようなイメージでとらえることができるでしょう。こうした研究で重要なことは，いつ，どこで，だれであっても同じ方法で実験を行えば，同じ結果が生じる（iPS細胞を作成できる）ことでしょう。保育をめぐっても，この点が重視されるような実験課題の研究は多数存在します。1つ例を挙げれば，スイスの発達心理学者ピアジェ（Piaget, J.）が行った「3つ山課題」と呼ばれる実験が有名です。これは子どもの空間認知能力の発達を調べるために，3種類の異なる

9

特徴をもった山の模型を子どもに提示し，異なる位置からの山々の見え方を問うものです。この場合も，子どもの空間認知能力に関する一般性や法則性を導き出すために，いつ，どこで，だれであっても同じ方法で実験を行えば，同じ結果が生じることが重視されるのです。また，このような研究は，主に数量を駆使（数値化）して測定し統計的に処理することから，量的アプローチと呼ばれる研究方法論が用いられます。実験室での実験課題やアンケート調査などは，その代表と言えるでしょう。保育をめぐる研究に即して言えば，たとえば，タブレット端末やスマートフォンなどのマルチメディアが子どもの認知発達に与える影響を解明したり，外遊びの充実が子どもの運動発達に与える影響を解明したりするような研究は，いずれも量的アプローチに基づいて行われます。

　他方，保育をめぐっては，質的アプローチと呼ばれる研究方法論も多く用いられます。質的アプローチとは，人間が営む現象や相互作用の様子など，研究者の眼前で起こる出来事について，数量（数値化）の測定や統計的処理を通して理解するのではなく，むしろ研究者の主観性や周囲の状況も含めて検討し，出来事に内在する意味を理解するような研究のことです。条件を統制し，周囲の影響を排除して実験室で課題を行うよりも，自然状況の中で，人間の営みの文脈を壊さないで出来事を見ることを重視するこの立場は，複雑で複合的な保育における子どもの様子や，保育者や子どもが営む相互作用の様子を周囲の状況も含めて理解しようとする保育関係者の志向と親和性が高いと言えるでしょう。「マルチメディアは子どもの認知発達にどのような影響を与えるのか？」「外遊びの充実は子どもの運動発達にどのような影響を与えるのか？」という問いに答える研究が量的アプローチであるならば，「マルチメディアを用いて子どもたちは何をするのか？　なぜそれをするのか？」「子どもたちは戸外でどのように遊ぶのか？　なぜそのように遊ぶのか？」という問いに答える研究が質的アプローチというわけです。

　以下，大谷（2000）に依拠しながら質的アプローチの特徴を挙げてみましょう。①仮説を立てて客観的に検証することを目的としない，②実験的状況を設定して課題を行うようなことをしない，③自然状況での観察を重視して記録を

第1章　園内研修に質的アプローチを取り入れる

作成する，④研究者の主観を排さない，⑤主に記録に基づいて分析する，⑥記録以外に得られる資料も総合する，⑦研究対象となる出来事の具体性や個別性を重視する，⑧研究対象となる出来事を社会・文化的文脈の中で扱う，⑨研究対象となる出来事（現象）に内在する意味を見いだすなどです。これらの特徴からもわかる通り，質的アプローチとは，集団の平均状態をとらえたり，一般性や法則性を導き出したりするのではなく，むしろ個々の内面状態をとらえることを志向した研究方法論であると言えます。

（2）保育の振り返りを支える質的アプローチ

　質的アプローチは，今日ではたんに研究者の研究方法論のみならず，企業でも広く応用されています（小田，2010）。本書においてもまた，質的アプローチを園内研修に用いることで，「協働型」園内研修の具現化を企図するものです。私たちが質的アプローチを用いる理由は，保育者にとって質的アプローチが保育の振り返りを支えること，子ども理解を促すことの2つです。ここではまず，1つめの理由について説明します。

　保育所，幼稚園，認定こども園における園内研修は，小学校以降で行われる校内研修とは異なり，発達の個人差が大きい乳幼児期の子どもたちを対象とすることから，保育中の出来事や子どもの経験を保育者がどのようにとらえて解釈し，それに自らはどのようにかかわった（かかわらなかった）のかなど，保育者の行為の判断を振り返ることを重視します（戸田，1999；秋田，2008）。つまり，保育者としての私を省みるのです。子どもとの相互作用の中でつねに瞬時の判断を迫られる保育者の援助は，たとえ保育経験が豊富であってもすべての場面で適切に行われるわけではありません。保育の営みは，保育者にとって正しい援助の答えが存在するわけではありません。Aくんに対して適切であると思われた援助が，BくんやCくんにも当てはまる保証はないのです。なぜなら個々の子どもは，その個性，特徴，性格，さらにはその子をめぐる周囲の状況など，どれをとっても異なるのですから。よって保育者は，子どもを観察しながら保育する一方で，一日の終了とともに自らの保育を振り返り，自分の援

11

助はあれで良かったのか，他にもっと適切な働きかけはなかったかなど，考えをめぐらせることが大切になるのです。保育者が自分の保育を省みることで，子どもとかかわる最中には気づかなかったことに後から気づくことができるのです。

　それでは一体，なぜ保育者にとって質的アプローチが保育の振り返りを支えるのでしょうか。既述したように質的アプローチは，眼前の出来事を研究者の主観性を尊重しながら，周囲の状況も含めて検討し，出来事に内在する意味を理解することから，「研究者としての私の視点」を重視した研究方法論です。たとえば，「マルチメディアを用いて子どもたちは何をするのか？」という問いに迫るために研究者は，タブレット端末などを用いる子どもたちを観察し，彼（女）らの言動を記録します。収集した記録は，数値化して測定するのではなく，周囲の状況と照らし合わせながら研究者の主観も含めて検討します。つまり，「研究者としての私の視点」を重視するのです。このような質的アプローチにおいて研究者は，つねに出来事に対する自分の見方を振り返らなければなりません。自らの解釈が独断的・近視眼的にならないように，たとえば，研究仲間と対話し，その妥当性についての意見をもらうなどしながら，自らの無自覚な側面を自覚化するのです（サトウ，2007）。

　こうした出来事に対する自分の見方を振り返り，他者の意見を聞き入れるような行為は，質的アプローチを行う研究者のみならず保育者にとっても重要です。子どもを注意深く観察しながら保育を営む一方で，自分自身の子どもの見方や保育の考え方を振り返ること，保育中の出来事や子どもの経験に関する自らの解釈が独断的・近視眼的にならないように，同僚と対話し意見をもらうことで，自らの無自覚な側面を自覚化できるのです。つまり，保育者にとって質的アプローチは，保育の振り返りを支える可能性を有していると言えるでしょう。

（3）子ども理解を促す質的アプローチ

　次に，私たちが質的アプローチを園内研修に用いる2つめの理由について説明します。園内研修は，小学校以降で行われる校内研修とは異なり，子どもを

第1章　園内研修に質的アプローチを取り入れる

一つのまとまりで見るのではなく，その場にいる一人ひとりの経験や，子ども
たちが織りなす経験の豊かさをとらえるなど（秋田，2009），子ども理解を重視
します。児童全員が学習目標に到達し，知識や技能の習得をめざすのとは異な
り，保育の営みは，日々の暮らしに寄り添いながら周囲の出来事とかかわる子
ども一人ひとりの育ちを援助することから，保育者の子ども理解は重要であり，
保育者がその子をどのように理解するのかによって保育のありようは大きく異
なります（河邊，2001）。たとえば，泥団子を作って遊んでいる子どもの傍らに
寄り添う保育者が，その子は今，泥団子の何に興味をもっているのか，なぜそ
れに興味を抱くのかなど，その子の内面を読み取りながらかかわるとしましょ
う。この保育者のかかわりは，ただ子どもと一緒に泥団子を作って遊ぶ保育者
のそれとは異なります。保育の営みは，保育者の子ども理解を土台に展開さ
れることから，保育者の子ども理解は，保育実践の基盤であり出発点なのです。
このようなことから園内研修においても，たとえば，子どもの内面の育ちや遊
びの中に潜む思いを探ったり（平野・鈴木，2007），子どもの経験の質をとらえ
たりする（秋田ら，2010）ことがめざされます。もちろん，前項で述べたよう
な，保育者が自分の保育を振り返ることで子ども理解が促されたり，子どもを
理解することで保育の振り返りが深まったりするなど，両者は相互に関係する
ことは言うまでもありません。

　それでは一体，なぜ保育者にとって質的アプローチが子どもの理解を促すの
でしょうか。大谷（2008）が述べるように，質的アプローチは，観察や面接を
重視し記録を作成するとともに，主に記録に基づいて分析する研究方法論です。
したがってそこでの研究者は，フィールドノーツと呼ばれるような観察記録を
用い，眼前で起こる出来事の具体性や個別性について，社会・文化的文脈を考
慮しながら扱い，それによって個々人の内面状態をとらえることをめざします。
つまり，質的アプローチでは，既述した「研究者としての私の視点」を重視す
るだけでなく，他方で，「出来事における当事者の視点」も重視します。たと
えば，「マルチメディアを用いて子どもたちは何をするのか？」という問いに
迫るために研究者は，タブレット端末などを用いる子どもたちの観察を通して，

13

第 I 部　園内研修と質的アプローチのコラボレーション

彼（女）らの言動の意味を明らかにするのであり，そのためには，「研究者としての私の視点」だけでなく，「出来事における当事者の視点」（タブレット端末を用いる子どもたち）も重視します。このような質的アプローチにおいて研究者は，つねに当事者の気持ちを推測したり，そこに寄り添ったりすることが求められます。そして自らの解釈が独断的・近視眼的にならないように，研究仲間と対話し，その妥当性についての意見をもらうなどしながら，自らの無自覚な側面を自覚化するのです（サトウ，2007）。

　この当事者の気持ちを推測し寄り添う行為もまた，質的アプローチを行う研究者のみならず，保育者にとっても重要なのではないでしょうか。保育中の出来事や子どもの経験に関する観察記録を用い，観察対象の個別・具体性な事例が生起した場合の社会・文化的文脈を考慮しながら扱うことで，子どもの経験に内在（潜在）する意味を見出すことができます。自らの子ども理解が独断的・近視眼的にならないように，同僚と対話し意見をもらうことで，自らの無自覚な側面を自覚化できるのです。つまり，保育者にとって質的アプローチは，子ども理解を促す可能性を有していると言えるでしょう。

3　KJ 法と TEM への注目

　質的アプローチと一口に言っても，エスノグラフィー（ethnography），グラウンデッド・セオリー（grounded theory），アクション・リサーチ（action research），ナラティヴ・アプローチ（narrative approach）など，いろいろな研究方法論が存在します。その中で本書は，「協働型」園内研修をデザインするために KJ 法と TEM に注目します。ここでは，KJ 法と TEM を紹介しながら，私たちがこれらの質的アプローチに注目する理由について説明します。

（1）KJ 法とはなにか？

　日々の保育の中で保育者が目にしたこと，感じたこと，経験したこと，子どもと話したり子どもから聞いたりしたこと，これらはどれも大切な情報で

第1章　園内研修に質的アプローチを取り入れる

表1-2　KJ法の手順

1	自らが目にしたこと，感じたこと，経験したこと，話したり聞いたりしたことを短い言葉や文章でカード（付箋）に書き出す
2	似たような意味のカード（付箋）同士をまとめてグループをつくる
3	似たような意味のグループ同士をまとめてより大きなグループをつくる
4	グループ同士の関係性を考える

出所：川喜田，1967，1970，1986；中坪ほか，2012をもとに筆者作成

表1-3　KJ法の特徴

1	探りたいテーマを設定して（問いを立てる）探ることができる
2	自分の中ではもやもやしたままでも良いから，とにかく思いついたことを直感的にカード（付箋）に書き出すことで作業を開始することができる
3	カード（付箋）を共有し，バラバラの状態で模造紙上に置いたり，ホワイトボードに貼ったりするなどして全体を見渡す
4	バラバラなカード（付箋）群の中から類似のカード（付箋）群に分類し，グループをつくることで思考が構造化される
5	グループ同士の関係性を考えることで，探りたいテーマの論点を深めることができる
6	小集団で取り組むことで協働性が培われ，ティームワークの構築につながる

出所：川喜田，1967，1970，1986；中坪ほか，2012をもとに筆者作成

す。こうした日々蓄積される情報を処理することでアイディアを創出したり，気づかなかった問題を発見したりするのに役に立つのがKJ法です。KJ法は，種々雑多な情報群を統合し，一見すると無関係なデータから意外な共通点を見つけ出すことを目的とした，新たな発想を生み出す方法なのです（川喜田，1967）。私たちがKJ法を用いて多様な情報を処理することは，クリエイティブな営みと言えるでしょう。

　KJ法を用いた園内研修の進め方については，第3章で詳しく述べますが，KJ法は，表1-2に示したような手順で行います。これらの手順を踏んでいくうちに，雑然としていた情報の山が整理され，つながりや傾向が見えてくるのです（川喜田，1967）。そこから「なにが重要なのか」「なにから取り組めば良いのか」などのアイディアが浮かび上がるのが醍醐味といえるでしょう（中坪ほか，2012）。KJ法の特徴を表1-3に示します。

　KJ法は，1960年代に開発された手法ですが，今もその輝きを失うことなく，質的アプローチの1つとして，文化人類学，教育学，心理学，社会学，そ

15

して保育学の研究者が用いています。KJ 法を用いるのは，研究者だけではありません。企業の商品開発や技術開発，組織の問題解決，医療・看護・介護などヒューマンサービス領域における課題対応など，幅広い分野で活用されています。このことは，KJ 法が豊かな汎用性を有する証左であると言えるでしょう。みなさんの中で，まだ KJ 法を経験したことのない方は，是非経験してみてください。また，KJ 法をより深く学びたい人は，『発想法』（川喜田，1967），『続・発想法』（川喜田，1970），『KJ 法——渾沌をして語らしめる』（川喜田，1986）などの本を手に取ってみてください。

（2）TEM とはなにか？

　TEM とは，複線径路・等至性モデリング（Trajectory Equifinality Modeling）の略称であり，個人の経験や人間の成長・発達などを時間の流れに即してとらえ，周囲の状況や社会・文化的文脈なども考慮しながら理解し，記述する方法です。TEM は，人々が経験を重ね，異なる径路をたどりながらも，類似の結果にたどり着くことを示した等至性（Equifinality）という概念を心理学研究に組み込んだ，ヤーン・ヴァルシナー（Jaan Valsiner）の理論に基づいています（Valsiner & Sato, 2006；サトウ編，2009；安田・サトウ編，2012）。TEM において人間の成長・発達は，あるゴールに至るまでには複数の径路（複線径路）があるという立場をとり（サトウ編，2009），このゴールのことを等至点（Equifinality Point：EFP）と呼びます。また，等至点に至るまでの複数の径路のことを TEM では，プロセスと呼びます（図 1-1）。

　ここまで少し難しい説明になりましたので，ここからは具体例を示しながら説明しましょう。みなさんの中には，保育者の方も多数おられることでしょう。みなさんは，どのような径路をたどって保育者になったのですか。ここで「保育者になる」というゴールを設定してみましょう。このゴールのことを等至点と呼びます。現在では保育者になったみなさんですが，「保育者になる」までは決して一様ではなく，人それぞれの径路（複線径路）があるはずです。たとえば，(a)高校卒業後 4 年制大学に進学し，卒業後保育者になった人，(b)高校

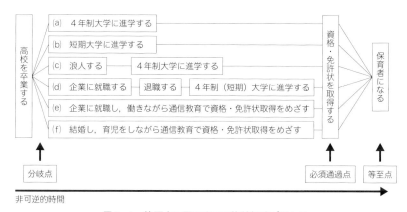

図1-1　等至点に至るまでの複線経路プロセス

卒業後短期大学に進学し，卒業後保育者になった人，(c)高校卒業後浪人を経験し，その後4年制大学に進学し，卒業後保育者になった人，(d)高校卒業後一般企業に就職し，その後会社を退職して4年制大学（もしくは短期大学）に進学し，卒業後保育者になった人，(e)高校卒業後一般企業に就職し，働きながら通信教育で保育士資格や幼稚園教諭免許状を取得し，保育者になった人，(f)高校卒業後結婚し，育児をしながら通信教育で保育士資格や幼稚園教諭免許状を取得し，保育者になった人などの径路が考えられるのではないでしょうか。このように等至点に至るまでの径路は複数存在するのであり，複線径路（Trajectory）とは，径路の多重性を示す用語です。

　TEMでは，等至点とともに，分岐点（Bifurcation Point：BFP），必須通過点（Obligatory Passage Point：OPP）という概念があります（サトウ編，2009）。分岐点とは，ある選択によって，それぞれの行為が多様に分かれる（分岐する）地点のことです。上記の例に即して説明しましょう。現在では「保育者になった」みなさんですが，その径路を注視してみると，高校卒業後の選択によって，それぞれの行為が多様に分かれていることに気づくでしょう。(a)4年制大学に進学した人，(b)短期大学に進学した人，(c)浪人を経験した人，(d)一般企業に就職し退職した人，(e)働きながら通信教育で学んだ人，(f)育児をしながら通信教育で学んだ人などです。つまり，「保育者になる」（等至点に至る）までの径路

第Ⅰ部　園内研修と質的アプローチのコラボレーション

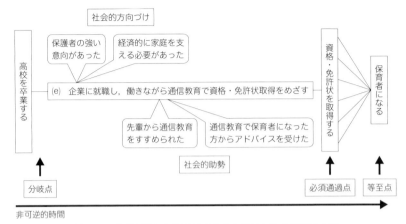

図1-2　複線経路における社会的方向付けと社会的助勢の例

の中で高校卒業後という地点は，分岐点ととらえることができます。もちろん分岐点は，必ずしも1つではありません。一方，必須通過点とは，論理的・制度的・慣習的にほとんどの人が経験する（せざるを得ない）地点のことです。前述の例に即してみると，確かに「保育者になる」（等至点に至る）までの径路は多様であっても，高校を卒業するという経験や，保育士資格（幼稚園教諭免許状）を取得するという経験は，おそらく全員の人がしていることでしょう。つまり，これらの地点は，必須通過点としてとらえることができます。

　この他，TEMでは，社会的方向づけ（Social Direction：SD）や，社会的助勢（Social Guidance：SG）という概念があります（サトウ編，2009）（図1-2）。社会的方向づけとは，分岐点や必須通過点において，他の選択肢があるにもかかわらず，特定の選択肢を選ぶようにし向けられる制約的な影響を与える諸力のことです。たとえば，(e)高校卒業後一般企業に就職し，働きながら通信教育で保育士資格や幼稚園教諭免許状を取得し，保育者になった人の中には，本当は高校卒業後4年制大学や短期大学に進学したかったという人がいるかもしれません。しかし，その人が一般企業に就職した背景には，「保護者の強い意向があった」「経済的に家庭を支える必要があった」など，高校卒業後すぐに一般企業に就職するという選択肢を選ぶようにし向けられる諸力があったのかも

しれません。他方，社会的助勢とは，これとは反対に分岐点や必須通過点において，等至点への到達に対して促進的な影響を与える諸力のことです。高校卒業後一般企業に就職したものの，保育者の夢を捨てきれずにいたところ，「先輩から働きながら通信教育を受けて保育士資格や幼稚園教諭免許状を取得することを勧められた」「実際に通信教育を受けて保育者になった方からアドバイスを受けた」など，「保育者になる」（等至点に至る）ことを促す諸力があったのかもしれません。

　TEM とは，こうした個人の多様な経験について，時間の流れを捨象することなく径路を描き出す方法です。人間の成長・発達を単純な因果関係でとらえるのではなく，多様性の描出を重視する点が特徴的です。みなさんの中で，まだ TEM を経験したことのない人は，是非経験してみてください。また，TEM をより深く学びたい人は，『TEM ではじめる質的研究——時間とプロセスを扱う研究をめざして』（サトウ編，2009），『TEM でわかる人生の径路——質的研究の新展開』（安田・サトウ編，2012），『TEA 理論編——複線径路等至性アプローチの基礎を学ぶ』（安田・滑田・福田・サトウ編，2015），『TEA 実践編——複線径路等至性アプローチを活用する』（安田・滑田・福田・サトウ編，2015）などの本を手に取ってみてください。

（3）園内研修における KJ 法の可能性

　ここまで KJ 法と TEM について見てきましたが，私たちはなぜ「協働型」園内研修をデザインするために，これらに注目するのでしょうか。水内（2008）の研究をもとに園内研修における KJ 法の可能性について考えてみます。

　水内（2008）は，特別支援教育の体勢整備を検討するために行われた園内研修について，参加した保育者からの多様な意見（保育の中で伸ばしたいことや，困っていることなど）を KJ 法でまとめました。その結果，「急に友だちに乱暴したり，トラブルになったときに乱暴したりしない（代わりの表現を身につけてほしい）」「好きな遊びを見つけて，友だちと一緒に楽しんでほしい（落ち着いて遊び込めるように）」など，特別支援教育の体勢を整えるためには，短期的な

目標設定が大切であることが浮き彫りになりました。この園では，その後も園内研修を重ねることで，実際の保育場面の検討や具体的な指導計画作りが行われたことを報告しています。つまり，園内研修に KJ 法を用いることで，園が直面する課題を解決するためのアイディアを見いだすことができる可能性が明らかになったのです。

　この事例には，私たちが学ぶことのできるポイントとして，次の 2 点があると思われます（中坪ほか，2012）。第 1 に，保育者同士で話し合う際に，初めから結論（アイディア）を出そうとしていない点です。いきなり難しい結論を求めようとすると，議論が硬直したり，現状から離れていったりしかねません。一方，KJ 法を用いた場合，思いついたことを次々と書き出し，そこからボトムアップ的に情報をまとめることで，自ずと結論が導き出されます。保育者が日々の実践に根ざした経験や思いなどを遠慮なく発言し，直感的にカード（付箋）に書き出すことで，話し合いをはじめることができるのです。保育の中で何らかの問題が生じたとき，全員で協働し知恵を絞って解決するような園内研修において，こうした KJ 法の可能性は有益であると言えるでしょう。

　第 2 に，保育者が相互に出し合った多様な情報を KJ 法でまとめることが，そのまま問題解決のためのアイディアにつながっている点です。KJ 法は，ただ情報を整理するだけでなく，情報間のつながりや傾向に目を向ける方法であるため，情報をまとめながら，問題の根本はどこにあるのか，何から手をつけるべきなのかが自ずと見えてきます。ここで見えてきたことは，解決に向かううえでの地図といっても過言ではなく，アイディアを生み出す重要な下地となるのです。こうした KJ 法の可能性もまた，保育者が相互に対話するような園内研修において有益であると言えるでしょう。

　KJ 法は，特別な道具や機材を必要としません。机の引き出しに入っているものや，100 円均一ショップなどですぐに手に入るようなものを揃えるだけで取り組めます。また，KJ 法は，一人で行うだけでなく数名で行うことも想定されているため（川喜田，1967），仲間と協力しながら共同作業することができます。一人ひとりの意見や発想を，かけ算的に生かしながら，アイディアを紡

いでいくことができるのです。同僚と協働することで，KJ 法の可能性が一層発揮できる点や，「まずはみんなでやってみよう」と気軽に取り組むことができて，ある程度の成果を実感できる点などは，異なる知識や経験を有する保育者同士が集い，語り合うような園内研修において大きな魅力なのではないでしょうか。

（4）園内研修における TEM の可能性

　香曽我部琢氏（2014，2015）の研究をもとに，園内研修における TEM の可能性について考えてみます。園内研修における TEM の活用を試みた私たちは，香曽我部の取り組みから刺激を受け，多くを学びました。

　香曽我部（2014）は，保育者相互の感情の共有が保育を省みる契機となることを示した，中坪ら（2010）の研究に注目し，保育カンファレンスにおいてこのことを具現化するために TEM の援用を試みました。具体的には，(a)園庭での片づけ場面における幼稚園教諭と 4 歳児のやりとりを映し出した市販ビデオを同僚と視聴する，(b)映像の中から等至点を設定し，そこに至るまでの複数の径路を図式化する（TEM ではこの図式のことを TEM 図と呼びます），(c)映像の中から分岐点と必須通過点を決定するなどの手順で，保育者同士で映像中の幼稚園教諭や 4 歳児の気持ちについて話し合うような研修を実施したのです。その結果，参加した保育者は，TEM 図の作成を通して，映像中の幼稚園教諭が行う援助の背景や子どもを理解する際の文脈について，個々の保育者が仮説を立てながら議論していたと述べており，TEM の活用が保育者に対して仮説生成を促す可能性を有することを明らかにしました。また，参加した保育者は，議論の中で同僚と共に，自らの経験を例に取りながら感情を共有していたと述べており，TEM の活用が保育者に対して感情共有を促す可能性があることを明らかにしました。

　次に，香曽我部（2015）は，他者とかかわることで複数の時間的展望が生み出されるという香川（2009）の指摘に注目し，保育カンファレンスの中で保育者同士が相互に時間的展望を共有するために TEM の援用を試みました。具

第Ⅰ部　園内研修と質的アプローチのコラボレーション

体的には，(a)S保育園で撮影された砂場付近での砂を用いたままごと場面の映像を保育者が同僚と共に視聴する，(b)映像の中のA児について，理想とする活動の姿を付箋に記入することで等至点を設定する，(c)理想とする活動の姿に近づけるために（等至点に至るまでに）どのような援助や環境構成を行うのかを付箋に書き出すなどの手順で，保育者同士で明日からのA児に対する援助や環境構成について話し合う研修を実施したのです。その結果，参加した保育者は，他者の発言に納得したり，他者の発言を消化し自分の言葉に置き換えて発言したりすることが多く，状況を説明するだけの発言や当事者を批判するような発言はほとんど見られなかったと述べており，TEMの活用が保育者に対して他者の言葉を自分なりに消化（納得）して取り込む可能性があることを明らかにしました。また，参加した保育者は，TEM図の作成を通して保育実践についての時間的展望を可視化したことで，援助や環境構成ついて多様なアイディアが提供されたと述べており，TEMの活用が保育者に対して未来への展望を可視化する可能性があることを明らかにしました。

　ところで，香曽我部（2014，2015）の研究では，園内研修ではなく保育カンファレンスという用語を用いています。この点を補足しておきましょう。保育カンファレンスとは，保育者が同僚とともに個別・具体的な保育の事例について語り合い，相互に意見を交流させる営みのことです。元来，カンファレンスという用語は，医師，看護師，カウンセラーなどが臨床事例について協議する際に用いる言葉であり，この手法を小学校以降の教育実践や授業研究に応用した稲垣忠彦氏（1986）に触発された森上史朗氏が，保育に適用した（森上，1996）のがはじまりと言われています。保育カンファレンスでは，保育者同士が本音で話し合い（森上，1996），保育者相互の発言の対等性を保障する（田代，1995）ことで，多様な意見の交流を促し，それによって保育者はいろいろな気づきを得たり，保育を見るまなざしが変化したりするなど，自らの成長につなげることを企図しています。こうした志向性は，「協働型」園内研修と共通しています。本書では，用語の混在に伴う読者の混乱を避けるために，園内研修という用語を使用しますが，その内実は，保育カンファレンスと同義にとらえ

ることができるのです。

なお，KJ 法と同様に TEM もまた，特別な道具や機材を必要としないこと，すぐに入手可能なものを揃えるだけで取り組めること，仲間と協力しながら共同作業することで，一人ひとりの意見や発想をかけ算的に生かしながら，アイディアを紡ぎ出すことができることなどの特徴を有することも補足しておきます。

4　本書の目的と意義

（1）本書の目的

本書は，保育者相互の緊密な連携を促す場として機能するような園内研修とは具体的にどのようなものなのか，保育者同士が互いに尊重し合い，ティーム一体となって考えることができるような園内研修はどのように具現化すれば良いのか，その1つの事例を提示することを目的として書かれたものです。

具体的には，経験年数，常勤・非常勤，管理職の有無を問わず，保育者が相互に対話し，保育をめぐる問題に対して全員で知恵を絞って解決するような「協働型」園内研修をデザインするために，これまで研究者の研究方法論として用いられてきた質的アプローチに注目し，なかでも KJ 法と TEM の活用を試みます。これらをツールとして使用し，個々の保育者が相互に語り合う様子や，研修後のインタビューなどを通して収集したデータを分析することで，園内研修における KJ 法と TEM の活用が保育者になにをもたらしたのか，これらの活用を通して保育者はなにをどのように語り合ったのか，そしてどのように自らの保育を振り返り，どのような子ども理解を形成したのかを明らかにします。

（2）本書の意義

本書は，次の点で意義があると考えます。第1に，従来各園では「伝達型」

園内研修が行われることが多く，先行研究では，「協働型」園内研修の重要性が指摘されるものの，それらを具現化する方途については，必ずしも十分に議論されてきませんでした。この点を踏まえ，本書では，保育者の成長につながる園内研修の特徴，園内研修において保育者が感じるプレッシャー，「協働型」園内研修を具現化するための「7つの習慣」など，具体的な提案を掲げます（第2章）。第2に，上記の「7つの習慣」を実際の園内研修の場で反映するために質的アプローチに注目し，KJ法とTEMの活用を通した園内研修をデザインします。本書を参照すればどの園であっても「協働型」園内研修を具現化できるような進め方の手順を示します（第3章，第7章）。第3に，既述した本書の目的を明らかにしたうえで，KJ法とTEMを用いた園内研修の可能性と留意点を検討します（第6章，第10章）。

　欧米諸国の長期縦断研究において，乳幼児期の保育がその後の生涯にわたって学習や人格形成の基盤となることが明らかになっていることを背景に，保育者の専門性発達に関する国際的関心が高まっています。なかでも，個々の保育者の資質・学歴・資格要件の向上のみならず，園全体の顕在的・潜在的な能力を高めることが大切であり，秋田（2015）はこれを「園コンピテンス」を高めると表現しました。本書が明らかにする，質的アプローチを用いた園内研修，その中で見られる保育者の語り合い，振る舞い，子ども理解の形成過程，これらの知見に基づいて示したツールとしての質的アプローチの可能性が「園コンピテンス」を高めるための1つの事例となることを希望します。

　本書は，私たちの探求に園をあげて協力していただいた，広島県内の一部の保育所・幼稚園において実施した小規模研究であり，「協働型」園内研修をデザインするための最初の一歩を示したに過ぎません。私たちは，本書の研究成果が，保育者相互の発言の対等性が保障された中で，本音で話し合い，感情を共有し，自身の胸中を開示し，ティームとして助け合い，支え合うような園内研修を生み出す契機となること，それによって個々の保育者が，明日からの保育を営むうえでの活力となることを願ってやみません。

第2章

「７つの習慣」で園内研修を転換する

1 保育者の成長につながる園内研修

　みなさんは，保育者にとってどのような園内研修が自分の成長につながると思いますか？　この問いについて実際の保育者は，どのようにとらえているのでしょうか。もちろん，答えは１つではありません。中坪ら（2014）は，62名の保育者を対象に自由記述調査を行うことで，保育者がとらえる自己の専門的成長につながる園内研修の特徴を明らかにしました（表2-1）。以下，要約して紹介します。

（1）議論の流れが良くてやりとりに相互性がある

　第1に，議論の流れが良くて，やりとりに相互性があることです。議論の流れが良いとは，たとえば，①話し合う内容が焦点化されている，②論点が明確である，③話があちこちに脱線しない，④話の流れがスムーズである，⑤議論が活発に展開されるなどです。話し合う課題や内容，論点などがはっきりしていて，快活な会話が進むような園内研修は，多くの気づきを得ることができます。また，やりとりに相互性があるとは，たとえば，①保育者の発言に他の保育者が共感している，②保育者の意見を他の保育者が尊重している，③課題について園全体で考えようとしているなどです。他の保育者の発言を受容しながら自分の意見を示すような園内研修は，園全体でアイディアを出し合いながら話を進めることができます。こうした要素は，自分の成長につながると保育者はとらえているようです。

25

第 I 部　園内研修と質的アプローチのコラボレーション

表 2-1　保育者の成長につながる園内研修

議論の流れが良くてやりとりに相互性がある	議論の流れが良い	(1)話し合う内容が焦点化されている
		(2)論点が明確である
		(3)話があちこちに脱線しない
		(4)話の流れがスムーズである
		(5)議論が活発に展開される
	やりとりに相互性がある	(1)保育者の発言に他の保育者が共感している
		(2)保育者の意見を他の保育者が尊重している
		(3)課題について園全体で考えようとしている
話し合いや発言の質が高い	話し合いの質が高い	(1)多様な意見が提示されている
		(2)話し合いが深まっている
	発言の質が高い	(1)自分が感じたことや考えたことを率直に話している
		(2)自分の意見を整理して話している
雰囲気や関係性が良くて協議する対象に理解がある	雰囲気や関係性が良い	(1)全員に発言の機会が保証されている
		(2)安心して話し合える
		(3)支え合う関係性がある
	協議する対象に対して理解がある	(1)ある子について話し合うとき全員でその子を理解しようとする
		(2)保育を公開した保育者と話し合うとき批判せず共感しようとする
保育の振り返りや構想がある	保育の振り返りがある	(1)自分の保育を振り返る
		(2)自園（自分たち）の保育を全員で振り返る
	保育の構想がある	(1)自分だったらどうするか考える
		(2)自分の保育に実際に活かしてみる

出所：中坪ほか，2014

（2）話し合いや発言の質が高い

　第2に，話し合いや発言の質が高いことです。話し合いの質が高いとは，た
とえば，①多様な意見が提示されている，②話し合いが深まっているなどです。
自分が感じたことや考えたことをそれぞれがいろいろな視点から語ったり，あ
る保育者の発言をもとに話が展開したりするような園内研修は，解釈の幅が
広がるとともに，みんながそう思うのはなぜかと考えを深めることができます。
また，発言の質が高いとは，たとえば，①自分が感じたことや考えたことを率

直に話している，②自分の意見を整理して話しているなどです。自分の気持ち
を自分の言葉で素直に伝えたり，自分の考えを相手に理解してもらえるように
理由を添えて話したりするような園内研修は，意見の根拠が示されて納得する
ことができます。こうした要素は，自分の成長につながると保育者はとらえて
いるようです。

（3）雰囲気や関係性が良くて協議する対象に理解がある

　第3に，雰囲気や関係性が良くて，協議する対象に対する理解があることで
す。雰囲気や関係性が良いとは，たとえば，①全員に発言の機会が保証されて
いる，②安心して話し合える，③支え合う関係性があるなどです。自分の意見
を述べる場があって，プレッシャーを感じることなく，ありのままの考えを語
れるような園内研修は，保育者としての自分を支えてくれるような心地良さが
あり，悩みや課題を吐露することができます。また，協議する対象に対して理
解があるとは，たとえば，①ある子どもについて話し合うとき，全員でその子
を理解しようとする，②保育を公開した保育者と話し合うとき，その保育者を
批判するのではなく共感しようとするなどです。様々な情報に依拠してその子
の理解を深め，その子の側に立って考えるような園内研修や，公開保育につい
て話し合うときも肯定的な意見を出し合うような園内研修は，当事者の立場に
寄り添うことができます。こうした要素は，自分の成長につながると保育者は
とらえているようです。

（1）保育の振り返りや構想がある

　第1に，保育の振り返りや構想があることです。保育の振り返りがあるとは，
たとえば，①自分の保育を振り返ることはもちろん，②自園（自分たち）の保
育を全員で振り返ることです。ある保育者から具体的な体験談が示され，それ
らが他の保育者にとっても振り返りにつながるような園内研修は，自分の保育
を意識化したり，全員で自園の保育をとらえ直したりすることができます。ま
た，保育の構想があるとは，具体的にどのようなことでしょうか。たとえば，

第Ⅰ部　園内研修と質的アプローチのコラボレーション

①自分だったらどうするかを考える，②自分の保育に実際に活かしてみるなど
です。他の保育者の体験談について，自分だったらどうするのか，どうしたら
子どもたちにとってより良い保育ができのるかを園全体が考えるような園内研
修は，自分のことに置き換えて明日の保育を構想することができます。こうし
た要素は，自分の成長につながると保育者はとらえているようです。

2　園内研修で保育者が感じるプレッシャー

　以上，保育者がとらえる自分の成長につながる園内研修の特徴について紹介
しました。しかし，みなさんからは，「理想論ばっかりだわ」「実際の園内研
修とはかけ離れているし」「ありのままの思いを語るとか，安心して胸中を吐
露するとか，全員が自分のことに置き換えて語るなんてできっこない」「むし
ろ園内研修で発言するときなんて，プレッシャーでガチガチだよ」「いつも押
しつぶれちゃいそう……」など，切実な声が聞こえてきそうです。そうなんで
す。現実の園内研修において保育者は，いろいろな不安やプレッシャーを感じ
ているのです。濱名ら（2015）は，園内研修で保育者が感じるプレッシャーに
は，次の4つがあると述べています（表2-2）。

（1）他者の意見に同調した方が身のため：「同調プレッシャー」

　第1に，園内研修において保育者は，自分と異なる意見を他の保育者が先に
発言したとき，自分の考えをそのまま述べることを躊躇してしまい，その保育
者に同調した方が良いのではないかというプレッシャーを感じることがあるよ
うです。保育者のインタビューの一部を紹介しましょう。
　保育者Ａ：「（園内研修って）かしこまった感じだから，他の人と違う自分の考えと
　　　　　　か，言いにくかったんですけど……」
　保育者Ｂ：「（自分の考えが他の人と）なんかちょっと違うかもみたいに感じて。話
　　　　　　すことを控えた覚えがあります」
　この保育者Ａや保育者Ｂは，実際には園内研修の中で，他の保育者と異なる

表2-2 園内研修で保育者が感じるプレッシャー

「同調プレッシャー」	他者の意見に同調した方が身のため
「評価プレッシャー」	私の意見が評価されそう
「経験年数プレッシャー」	ベテランらしい意見が求められそう
「完成度プレッシャー」	立派な意見を言わなきゃ

考えを述べても，それによって責められるようなことはないと言っていました。それにもかかわらず，意見の相違が顕在化することを避けるために保育者は，自分の考えを抑制し，相手に同調することがあるようです。濱名ら（2015）は，これを「同調プレッシャー」と呼んでいます。

　先行研究によれば，他の保育者と異なる意見を述べることで，その保育者の発言を否定していると誤解されたり（金澤，1992），経験年数の多い保育者の発言は結論のように扱われてしまい（松井，2009），他の保育者がそれとは違う意見を示すことができなかったり，仮に示したとしても，その意見が活かされることはほとんどなかったりすることがあるようです。園内研修において少なからず保育者は，自分の意見が他の保育者と異なるときは，同調しておいた方が身のためだと思うことがあるようです。

（2）私の意見が評価されそう：「評価プレッシャー」

　第2に，園内研修において保育者は，自分の意見を述べるとき，他の保育者からそれがどのように評価されるのか，自分の意見を批判されたり，意見の根拠を追及されたりするのではないかという不安を感じることがあるようです。保育者のインタビューの一部を紹介しましょう。

　保育者C・「最初は……なんて言われるんだろうって，私の意見が否定されるかもというか……」

　この保育者Cは，園内研修で自分の意見を述べるとき，他の保育者がそれにどのように反応するのか，否定されるのではないかという不安を感じていたそうです。このように保育者は，自分の発言が評価にさらされてしまうのではないかと感じることがあるようです。濱名ら（2015）は，これを「評価プレッ

第Ⅰ部　園内研修と質的アプローチのコラボレーション

シャー」と呼んでいます。

　先行研究によれば，特に経験年数の少ない保育者の場合，経験年数の多い保育者からの評価的なまなざしを気にしてしまい，それによって発言を抑制することが報告されています（井上，2013；大豆生田ほか，2009）。少なからず保育者は，自分の意見が評価されたらどうしようと思うことがあるようです。

（3）ベテランらしい意見が求められそう：「経験年数プレッシャー」

　第3に，園内研修において特に経験年数の多い保育者の場合，自分が議論を牽引し，経験年数の少ない保育者にとって豊富な知識を有した存在であらねばならないというプレッシャーを感じることがあるようです。保育者のインタビューの一部を紹介しましょう。

保育者D：「私の場合，一応は保育経験があるにもかかわらず，園内研修のやり方とかよくわからないので，でも変に私もプライドがあったんですかね，やっぱり，そういうわからないみたいなことをなかなか出せない……」

保育者E：「なんとなくね，経験を積んだ人は，議論を引っ張ったり，まとめたりしなくちゃいけないっていう思いがね，すごいあったから……」

　この保育者Dや保育者Eは，園内研修において経験年数の多い保育者は，わからないことがあってもそれを吐露することは許されず，むしろ議論を引っ張ったり，まとめたりする存在であるべきというイメージを有しており，それによって自分の発言内容が制約されていたようです。このように経験年数の多い保育者は，園内研修の中で自らのキャリアを意識することがあるようです。濱名ら（2015）は，これを「経験年数プレッシャー」と呼んでいます。

　従来の先行研究は，どちらかというと経験年数の少ない保育者が感じるプレッシャーばかりに目が向けられてきました。しかしながら，経験年数の多い保育者もまた，ベテランとしての相応な意見を提示し，議論をまとめ，牽引しなければいけないといったプレッシャーを感じることがあるようです。

（4）立派な意見を言わなきゃ：「完成度プレッシャー」

　第4に，園内研修において保育者は，自分の意見が他の保育者に的確に伝わるように述べなければならないとか，他の保育者が納得するように述べなければならないなど，わかりやすく発言することにプレッシャーを感じることがあるようです。保育者のインタビューの一部を紹介しましょう。

保育者F：「やっぱり外向けの言葉になるじゃないですか。この言葉使っていいのかなって変に考えたりするから難しい」

保育者G：「立派なことが言えなくても，簡単な意見でも大丈夫なような園内研修は，すごくありがたいですよね」

　この保育者Fや保育者Gは，的確な言葉を選んで自分の意見を伝えることの難しさや，簡単な意見ではなかなか許してもらえないような園内研修の雰囲気を感じることがあるようです。ここではインタビューの詳しい内容までは紹介できませんが，保育者Gの場合，他の保育者に子どもの姿を伝えるときは，直感的な感想ではなく，背景情報や起承転結を踏まえ，他の保育者が納得するような完成度の高い意見を述べなければならないと感じていたようです。濱名ら（2015）は，これを「完成度プレッシャー」と呼んでいます。

　従来の先行研究では，このようなプレッシャーについては必ずしも指摘されてきませんでした。しかしながら，園内研修において少なからず保育者は，自分の意見を発言するときは，的確に論理立てて述べなければならないと感じることがあるようです。

3　「協働型」園内研修における「7つの習慣」

　第1章で述べたように本書は，「協働型」園内研修のデザインを提示します。とはいえ，前述のように園内研修において保育者は，いろいろなプレッシャーを感じていることも事実です。そこで「協働型」園内研修をデザインするための具体的なポイントを述べます。スティーブン・R・コヴィー（Stephen R.

第 I 部　園内研修と質的アプローチのコラボレーション

表 2 - 3　「協働型」園内研修における「7つの習慣」

第 1 の習慣　多様な意見を認め合おう
第 2 の習慣　安心感を高めよう
第 3 の習慣　個別・具体的な事例をもとに語り合おう
第 4 の習慣　感情交流を基盤に語り合おう
第 5 の習慣　コミュニケーションを促そう
第 6 の習慣　園長や主任は保育者の強みや持ち味を引き出そう
第 7 の習慣　園長や主任はファシリテーターになろう

Covey）博士は，米国建国以来200年間に書かれた成功に関する文献を調べあげることで，人生を幸福に導くための法則を抽出し，それを「7つの習慣」（The 7 Habits of Highly Effective People）と表現しました（Covey, 1989）。本書もこの表現にならって，「協働型」園内研修における「7つの習慣」を掲げます（表 2 - 3）。

（1）多様な意見を認め合おう

　第1の習慣は，多様な意見を認め合うことです。園内研修に参加する保育者が自分の意見を述べる際，それぞれが自分の感じたことや考えたことを発言することが大切です。そのためには保育者が多様な意見を出し合い，それらを認め合うことです。自分が意見を述べた後に他の保育者が自分とは異なる意見を述べたからといって不満に感じたり，その場の空気や気配から「同調プレッシャー」を感じとり，自分の考えを述べることに躊躇して他の保育者の意見に合わせたりしていては，「協働型」園内研修は実現できません。多様な意見を認め合うために園内研修の冒頭で，どんな些細なことであっても遠慮なく発言して良いこと，いろいろな考えや解釈が示されることで，私たちの学びが深まることの確認からはじめてみてはどうでしょうか。

　多様な意見を認め合うことには，どのようなメリットがあるのでしょうか。たとえば，保育の中のある個別・具体的な事例をもとに，そこに登場するAちゃんの気持ちをみんなで考える園内研修を行ったとしましょう。その際，それぞれの参加者がAちゃんの気持ちを推理し解釈するわけですが，そこで同じ

ような意見ばかりが示されても，保育者の中にＡちゃん理解に関する発見や驚きが生じることはほとんどありません。多様な意見が数多く示される方が保育者の学びが深まるわけです。Ａちゃんの気持ちについて，ある保育者は「私はこうだと思う」と言い，別の保育者は「私はこう考えた」と言い，さらに別の保育者は「こういうとらえ方もあるのでは？」と述べるなど，いろいろな立場や視点からの解釈を示すことで，それぞれの保育者は「なるほど。私はそう思わなかったけれど，言われてみるとそういう解釈も成り立つなぁ」「それは私にとって目から鱗だ……」というように，当初の自分の推理や解釈の幅を広げることができます。多様な意見を認め合うことは，保育者にとって自分とは異なるものの見方や考え方に出会う機会をもたらします。そう読み取れるのはなぜだろうと考えることで保育者は，気づきを得たり，子どもを見るまなざしが変化したり，自分の中に内在する問題を発見したり，自分の考えを再構築したりすることができるのです。

（２）安心感を高めよう

　第２の習慣は，安心感を高めることです。園内研修に参加する保育者が自分の感じたことや考えたことを述べるためには，安心して意見を示すことができるような雰囲気が必要です。たとえば，Ａちゃんの気持ちをみんなで考える園内研修において，ある保育者が「私はこうだと思う」と意見を述べたとき，別の保育者が「私はこう考えた」と遠慮なく異なる意見を述べ，さらに別の保育者が「こういうとらえ方もあるのでは？」と述べるなど，いろいろな立場や視点からの解釈を示すことのできる雰囲気です。前節で述べたように保育者は，園内研修の中でいろいろなプレッシャーを感じています。上記のような異なる意見の提示も，ともすると「あなたの考えを否定（批判）したと思われたらどうしよう……」という不安に駆られてしまい，その結果，自分の意見を述べることを躊躇し，先に述べた保育者の意見に同調したり，当たり障りのない発言に終始したりすることも少なくありません。また，安心して意見を述べることのできる雰囲気に乏しい園内研修の場合，特に経験年数の少ない保育者は黙り

第 I 部　園内研修と質的アプローチのコラボレーション

込んでしまい，園長や主任など管理職や経験年数の多い一部の保育者のみの発言に傾倒してしまうことも考えられます。こうなってしまっては「協働型」園内研修は実現できません。

　安心感を高めることには，どのようなメリットがあるのでしょうか。「協働型」園内研修の目的は，経験年数の多い保育者であれ，少ない保育者であれ，常勤も非常勤も，管理職の有無を問わず，全員が率直に自分の意見を述べ，同僚との連携を密にすることです。誰もがプレッシャーを感じることなく安心感が高まると，多様な意見を認め合うことが期待できます。保育者の中にも自ずと「私も話してみたい」という気持ちが生まれるのです。たとえ参加者全員に発言の機会が保障されるような園内研修であったとしても，緊張感のある中でなにか意見を求められて発言するのと，安心感のある中で「私も話してみたい」という気持ちが生まれて自発的に発言するのとでは，発言内容が異なることでしょう。それぞれの保育者が意欲的に園内研修に参加し，ティームワークを形成し，連携を深めるためにも安心感の高い雰囲気づくりが不可欠です。

　第1章でも述べたように，企業分野では，人材育成の文脈において，たとえば，カフェのようなリラックスした雰囲気の中で自由に対話し，相互理解を深めて集合知を創出するような，ワールド・カフェと呼ばれる組織開発の手法（ブラウン・アイザックス，2007）が注目されています。園内研修もまた，お茶を飲み，お菓子を食べながら，気軽な雑談から始めてみるのはいかがでしょうか。雑談が多い園ほど同僚同士の関係が良好な証です。こうした工夫が保育者にとって，思わず自分の意見を述べたくなるような状況づくりに寄与するのです。

（3）個別・具体的な事例をもとに語り合おう

　第3の習慣は，個別・具体的な事例をもとに語り合うことです。たとえば，保育の中で生じたとりとめもない，ほんのちょっとした，しかし，何らかの点で保育者の心が揺さぶられたような出来事を記したエピソード記述（鯨岡，2005；鯨岡・鯨岡，2007）でも良いでしょう。また，エピソードを記述する

余裕がない場合は，出来事を撮影したわずか1〜2枚の写真でも良いでしょう。あるいは，園の中で少しだけ手の空いた人が撮影したわずか数分程度の映像でも良いでしょう。これらを園内研修に参加する保育者全員で共有し，それをもとに語り合うことが大切です。

　ところで，個別・具体的な事例の対象は，ある特定の子どもに焦点を当てることもあれば，園庭の砂場や保育室の絵本コーナーなど，ある特定の場所に焦点を当てることもあるでしょう。Ａちゃんの気持ちをみんなで考える園内研修でいえば，「このときのこの場面におけるＡちゃんの気持ちはどのようなものか？」というように，全員がＡちゃんに関する個別・具体的な事例を共有し，そこに記された（撮影された）状況や情報に基づいて語り合います。また，特定の場所に焦点を当てた場合でいえば，「このときのこの場面における砂場は子どもになにをもたらしているのか？」というように，こちらも全員が砂場に関する個別・具体的な事例を共有し，そこに記された（撮影された）状況や情報に基づいて語り合います。

　個別・具体的な事例をもとに語り合うことには，どのようなメリットがあるのでしょうか。仮に，エピソード記述や写真や動画を共有することなく，たんに「Ａちゃんの気持ちを考える」だけの課題で語り合ったとしましょう。その場合，それぞれの保育者が想起するＡちゃんの状況が異なってしまい，論点が明確にならないことが予想されます。担任保育者は，今日のＡちゃんの姿を思い浮かべて彼女の気持ちを語るかもしれませんが，その日Ａちゃんとかかわらなかった他の保育者は，以前自分がかかわった，数日前，数週間前の印象的な姿を思い浮かべて彼女の気持ちを語るかもしれません。このように，たとえ同じ子どもを対象に理解を深める場合であっても，それぞれの保育者が抱く子どもの姿が異なると意見が拡散したり，話が脱線したりすることが考えられます。

　また，保育における子どもの様子は，その日のその子の気分，周囲の環境とのかかわり，保育者や友だちとの関係など，その時々の状況に依存します。Ａちゃんの気持ちを理解するためには，彼女をめぐる状況を考慮して考えなければなりません。この点を踏まえるとき，個別・具体的な事例をもとに語り合う

第 I 部　園内研修と質的アプローチのコラボレーション

ことが論点を明確にし，議論の流れをスムーズにし，保育者同士のやりとりに相互性をもたらすなど，先に述べたような，保育者がとらえる自己の専門的成長につながる園内研修を可能にすると言えるでしょう。

（4）感情交流を基盤に語り合おう

　第4の習慣は，感情交流を基盤に語り合うことです。同僚同士の連携を密にし，個々の保育者が悩みを共有しながら主体的に学び合うためには，相手の気持ちを理解したり，自分の胸中を吐露したりしながら語り合うことが大切です。それによって保育者としての成長を支え合うような風土が醸成され，園という組織の中で一体感が生まれるのです。

　中坪ら（2010）は，3つの幼稚園（A園，B園，C園）を対象に，市販の保育ビデオ（幼稚園教諭と子どものやりとりが映し出された5分程度の映像）をそれぞれの園で視聴してもらい，それについて自由に話し合ってもらう園内研修を実施しました。すると，いずれの園においても保育者は，映像中の幼稚園教諭の感情を理解し，それについての発言が多いことがわかりました。たとえば，C園の保育者は，「この先生の気持ち，すごくよくわかる……」「先生としては，きっと早めに声をかけて片づけにもっていきたかったんだろうなぁ……」など，映像中の幼稚園教諭に共感し，自分と重ね合わせながら語っていました。また，いずれの園においても保育者は，自分の感情を表出する発言が多いこともわかりました。たとえば，A園の保育者は，映像中の男児の姿に注目し，共感感情を表出しながら語っていましたし，B園やC園の保育者は，映像中の幼稚園教諭の姿を自分に置き換え，自分の感情を表出しながら語っていました。このように園内研修において保育者は，相手（ここでは映像中の幼稚園教諭や子ども）の感情を理解したり，自分の感情を表出したりしていたのです。

　感情交流を基盤に語り合うことには，どのようなメリットがあるのでしょうか。中坪ら（2010）によれば，保育の中で揺れ動く保育者や子どもの感情を理解したり，同僚と感情を共有したり，自分の感情を開示したりすることが，自らの保育を振り返る契機となるようです。もちろん園内研修は，新たな知識や

スキルを獲得したり，既得の知識やスキルを再考したりする場としても大切です。しかし，この研究は，参加者が相互に感情を共有し自己を開示することで，それぞれの保育者は自分の保育を省みる意欲を高めることができ，ティームで学び合うための原動力となることを指摘しました。換言すれば，相手の感情を理解したり，自分の感情を表出したりすることなく，できるだけ主観を排除し，第三者の目線で冷静沈着に自らの意見を整然と述べるような園内研修では，たとえ個別・具体的な事例を介したとしても，そこに記された状況に対してどこか冷ややかであり，自分との間に一定の距離を置いてしまうため，保育者にとってその事例は他人事に過ぎません。他の保育者の事例に共感し，自分のこととしてとらえることがティームワークづくりの場として機能する園内研修の一歩となるでしょう。

（5）コミュニケーションを促そう

　第5の習慣は，コミュニケーションを促すことです。一口にコミュニケーションを促すといっても多義的であり，どのようなことかわかりにくいかもしれません。ここでは中坪ら（2010）の研究が示した，具体的な3つのポイントを述べます。

　①園内研修で個別・具体的な事例をもとに語り合うとき，保育者の発言の中で使用される「～ね」（終助詞）がコミュニケーションを促す役割を果たします。たとえば，「そこもう一息とか思っちゃいますよね」「遊んじゃうといいんですけど，こういうときって遊ぶ余裕なんてないですよね」など，語尾に「～ね」が付くことで，話し手と聞き手の気持ちが共有されます。最初の発言者が「～ね」を付けることで相手に同意を求め，次に発言者も「～ね」を付けて返すことで同意を受容しているのです。このように「～ね」は，聞き手を同調者としての関係に置くとともに，話し手の頻繁な交代や気持ちの共有を促します。また，②相づちがコミュニケーションを促す役割を果たします。「うんうん」「そうそう」などの相づちは，聞き手が話し手の意見を受容していることの証となります。話し手にとっては，自分の意見を受け入れてくれる存在を確

認できることから，自分の感情の表出にもつながります。さらに，③相手の発言を受けて自分も発言するような，言葉を相互に共有した語りがコミュニケーションを促す役割を果たします。たとえば，Ａちゃんとかかわっていた担任保育者が「彼女とまねっこして遊んでいたら，もう楽しいんですよ。取りまぁす。嫌でぇす……みたいに」という発言を受けて，別の保育者が「私なら，先生も入っちゃいまぁーすとか言っちゃうかな（笑）」と発言したり，ある若い保育者が「ホントはもっと遊んじゃってもいいんでしょうけど，こういうときって私，遊ぶ余裕なんてないんですよね……」という発言を受けて，別の保育者が「わかるわかる。だって片づけしなきゃいけない。先生が遊んじゃいけないみたいに思っちゃう。私も若いときは，そんな余裕なんて全然なかった……」と発言するなど，相手の発言を援用して発言することで，語り合いが相互に発展します。

　コミュニケーションを促すことには，どのようなメリットがあるのでしょうか。同僚とのコミュニケーションを通して保育者は，自らの保育に主体的な意味づけを行ったり，新たな意味を付与したりすることができます（大場，2007）。コミュニケーションの促進は，気持ちの共有，連帯感，一体感などの雰囲気を醸成し，園の中で互恵的に学び合う風土を形成します（秋田，2008）。発言者の言葉を相互に重ねたり，つないだりすることは，ティームワークづくりとしての園内研修をはじめる一歩となるでしょう。

（6）園長や主任は保育者の強みや持ち味を引き出そう

　第6の習慣は，園長や主任など園内研修を組織する人は，個々の保育者の強みや持ち味に注目し，それらを引き出すことです。スポーツの世界で監督やコーチは，選手の強みや持ち味に注目し，それらを見極めて引き出す努力をします。プロ野球の監督が若い選手を代打で起用する場面を例にとってみましょう。その選手の持ち味が思い切りの良さであれば監督は，狙い球がきたら初球からでも思いきりバットを振ることを期待するでしょう。その結果，三振しても納得するはずです。しかし，その選手が結果を求めるあまり狙い球を見逃し

たり，中途半端なバッティングをしたりしたら，たとえそれが運良くヒットになったとしても，監督はその選手を怒るかもしれません。プロ野球の世界では，個々の選手の強みや持ち味が発揮され，それらが相乗効果を生み，ティーム一丸となってこそ優勝をめざすことができるのです。

　なぜ園内研修においても園長や主任は，スポーツの世界の監督やコーチと同様に，保育者の強みや持ち味を引き出すことが大切なのでしょうか。従来，園内研修を実施する多くの園では，たとえば，「私たちの園の課題はなにか？」「保育者としての私の課題はなにか？」など，課題や問題点を見定め，その反省と改善に取り組むことが重視されてきました。「問題解決型アプローチ」と呼ばれるこうした取り組みは，しかしながら，製品の品質改善のために企業が行う発想（開発された製品の課題や問題点を見定め，その反省と改善に向けて取り組むこと）とどこか類似しており，保育者をモノや機械（製品）と同じようにとらえることにもなりかねません。また，「問題解決型アプローチ」の園内研修は，保育者からすると自分の課題や問題点を突きつけられて「ダメ出し」ばかりが示されるため，意欲の喪失にもつながりかねません。逆に「私たちの園の強みや持ち味はなにか」「保育者としての私の強みや持ち味はなにか」を園長や主任が見定め，それらを保育者が最大限に発揮するためのビジョン（理想）を描くような園内研修を行うとしたらどうでしょうか。「ポジティブ・アプローチ」と呼ばれるこうした取り組みでは，保育者が自分のことを理解してくれる存在として園長や主任をとらえることができ，前向きな気持ちになり，意欲に満ちた明るい展望が開けることでしょう。

　今日，企業経営の分野では，リーダーの役割として社員一人ひとりの価値を見いだし，学習する組織を創出することが主張されています（渡辺，2016）。今日のように多様性や複雑性が増大する状況においては，「もっと努力しろ」「もっと足りない部分を補え」など，社員を否定することからはじまって自助努力を促すよりも，「今持っているものを肯定して伸ばす」ことに解決の糸口を探ることが重要になっています。保育の世界も同様でしょう。保育を取り巻く状況の変化の中，ただでさえ多くの困難やストレスを抱えながら職務に従事

している保育者の現況を踏まえると，園長や主任が個々の保育者の強みや持ち味を引き出すことが，彼（女）らにとって生き生きと働くことのできる職場となるのは想像に難くありません。

（7）園長や主任はファシリテーターになろう

　第7の習慣は，園長や主任がファシリテーター（促進者）になることです。園内研修において彼（女）らは，つい自分が発言したくなるものです。議論が停滞したときなどなおさらでしょう。しかし，そこで自ら発言するよりも，質問したり，保育者の発言を補足したり，援助したりしながら，停滞した議論が活発になるように促してはどうでしょうか。園長や主任が中心となって意見を述べてしまうとその他の保育者は，自ずと聴く側にまわってしまい，受動的態度が醸成されかねません。もちろん，彼（女）らが意見を述べてはいけないということではありません。また，園長や主任の意見に対しても，安心して異なる意見を述べることのできる雰囲気があれば問題ありません。「下意上達」モデルとしての「協働型」園内研修の目的は，保育者が相互に対話することです。そのためには，一部の保育者の発言に限られたり，議論の進捗とは無関係に管理職やベテラン保育者によって結論づけられたりするような園内研修から脱却することです。こうした園内研修のデザインは，園長などの管理職や主任にしかできない役割です。

　園長や主任がファシリテーターになることには，どのようなメリットがあるのでしょうか。仮に，彼（女）らが議論の牽引者として機能し，自らの考えに即して園内研修が進められるとしたら，保育者が主体的に思考し，相互に対話するような風土の形成は難しいでしょう。また，管理職の考えに従う雰囲気のもとでは，保育者の動機や意欲も高まりにくく，職場の活力低下を招きかねません。こうした状況においては，保育者同士でティームワークを形成し，保育を取り巻く状況の変化に対応することは難しいと言わざるをえません。保育者が同僚と連携を密にし，園が組織として成長するためには，園長や主任が自ら語るよりも，保育者相互の語り合いを促すことが大切です。保育者は，対話

を通して明日の保育を展望することができますし，その展望に向かってティームワークを形成することができるのです。園内研修は，同僚と知恵を出し合い，一緒に考え，行動する場でもあるのです。

4　園内研修の転換と「7つの習慣」の反映

（1）園内研修のとらえ方を転換する

　本書は，「協働型」園内研修のデザインを探求したものです。換言すれば，保育者が園内研修を楽しむための「7つの習慣」をどのように反映するのかを探る試みであると言えるでしょう。しかしながら，こうした新しい習慣が園の中で根づくためには，園内研修に対する従来のとらえ方を転換しなければなりません。以下，これまでの議論をおさらいしながらいくつかの転換の必要性を述べます（表2-4）。

　第1に，「上意下達」から「下意上達」への転換です。トップダウンからボトムアップへの転換と言い換えることもできます。園長などの管理職が示した1つの方向にしたがって保育者の意思疎通を図ったり，突発的トラブルに対応したりするときには，「上意下達」モデルが機能します。しかし，保育を取り巻く状況の変化に常時対応することを考えると，「下意上達」モデルへの転換も必要です。それぞれの保育者が主体性を発揮し，組織として学び合うような風土の醸成が求められます。

　第2に，「類似の意見の提示」から「多様な意見の創出」への転換です。保育者が特に意識することなく（あるいは良かれと思って）行っている日頃の保育に対して気づきを得たり，新たな発見をしたり，子どもを見るまなざしが変化したり，自分の考えを再構築したりするためには，いろいろな意見や考え方に出合うことが大切です。園内研修における「多様な意見の創出」は，保育者にとって解釈の幅を広げ，自明性を問い直す機会をもたらします。

　第3に，「緊張感を伴う園内研修」から「安心感を伴う園内研修」への転換

第 I 部　園内研修と質的アプローチのコラボレーション

表 2-4　「協働型」園内研修で重要なとらえ方の転換

転換(1)	上意下達（トップダウン）から	下意上達（ボトムアップ）へ
転換(2)	類似の意見の提示から	多様な意見の創出へ
転換(3)	緊張感を伴う園内研修から　→	安心感を伴う園内研修へ
転換(4)	問題解決型アプローチから	ポジティブ・アプローチへ
転換(5)	自分の考えを主張する園長・主任から	語り合いを促す園長・主任へ

です。「多様な意見の創出」を図るためには，「安心感を伴う園内研修」であることが不可欠です。「同調プレッシャー」「評価プレッシャー」「経験年数プレッシャー」「完成度プレッシャー」など，保育者が感じるプレッシャーを軽減し，リラックスした雰囲気の中で自由に対話し，率直に何でも言い合えるような園内研修をめざしましょう。

　第4に，「問題解決型アプローチ」から「ポジティブ・アプローチ」への転換です。保育者としての自分の課題はなにかを見定め，反省し改善に努めることも大切ですが，いつも「ダメ出し」ばかりでは，保育者の意欲は喪失してしまいます。園内研修における管理職の重要な役割の1つは，個々の保育者の強みや持ち味を発見し，それらを最大限に発揮できるように支援することです。

　第5に，「自分の考えを主張する園長や主任」から「語り合いを促す園長や主任」への転換です。園長などの管理職や主任という肩書きを有した人の意見は，時として水戸黄門の印籠のように，大きな発言力を伴います。彼（女）らの意見に対して，それとは異なる解釈を提示するのは保育者にとって至難の業です。つい自分が発言したくなる気持ちもわかりますが，自分の考えを主張するよりも「語り合いを促す園長や主任」として機能することが学び合う組織を形成し，園全体の成長につながります。

（2）「関係の質」を高める場としての園内研修

　大手航空会社の全日空（ANA）は，社員一人ひとりが会社としてではなく1つのチームとして考えたり，行動したりすることを習慣化しており，その際，同僚同士の「関係の質」を高めることを重視しているといいます（ANA

ビジネスソリューション, 2015)。同僚同士の「関係の質」が高まれば, 互いに尊重し合い, チームで考えるようになり, 相互理解が深まり, 信頼感が生まれ, その結果「思考の質」が向上します。「思考の質」が向上すれば, メンバーがそれぞれ気づきを有し, 情報が共有され, 当事者意識をもつことができ, その結果「行動の質」が向上します。「行動の質」が向上すれば, 仕事の成果が出たり, エラーやミスがなくなったりするなど, 「結果の質」に反映します。この「関係の質」→「思考の質」→「行動の質」→「結果の質」の流れは, 米国マサチューセッツ工科大学 (MIT) のダニエル・キム (Daniel Kim) 教授が提唱した「組織の成功循環モデル」と呼ばれる理論です (ANA ビジネスソリューション, 2015)。同僚とのチームワークの形成が求められる保育所, 幼稚園, 認定こども園においてもこの理論は, 示唆的であると言えるでしょう。

この理論で特に興味深いのは, 「結果の質」(目に見えてわかりやすいもの) を重視するよりも, 「関係の質」(目に見えないわかりにくいもの) を重視することが, 自ずとチームの結果に結びつくという点です。たとえば, 園長などの管理職は, 日頃から結果を求められることも少なくありません。しかし, 過剰に「結果の質」の向上ばかりを躍起になって追い求めてしまうと, 他の保育者への指導や命令が増えてしまい, ひいては同僚同士の「関係の質」の低下を招きかねません。同僚同士の「関係の質」が低下すると保育者は, 全員で協働し知恵を絞って解決するようなことができなくなってしまうため「思考の質」が低下します。また, 管理職の指導や命令の下では, 保育者は受け身になってしまうため, 「行動の質」が低下します。挙げ句の果てには, 管理職が企図した「結果の質」は, さらに低下するというわけです。

本書が企図する園内研修を楽しむための「7つの習慣」もまた, 「組織の成功循環モデル」の理論と親和的です。「7つの習慣」を園内研修に反映し, 同僚同士の「関係の質」を高めることをめざしてみてはいかがでしょうか。

（3）「7つの習慣」を導くツールしての KJ 法と TEM

本書の第Ⅱ部・第Ⅲ部では, KJ 法と TEM を活用した園内研修を紹介しま

第I部 園内研修と質的アプローチのコラボレーション

す。従来，KJ 法と TEM などの質的アプローチは，研究者が用いる研究方法論として位置づけられてきました。しかし本書は，それを保育者が園内研修に用いることで「7つの習慣」を導こうというわけです。H幼稚園やS保育園の園内研修を対象に，ツールとしての KJ 法と TEM の活用が保育者になにをもたらしたのか，これらの活用を通して保育者はなにをどのように語り合ったのか，そしてどのように自らの保育を振り返り，どのような子ども理解を形成したのかを解明します。

　保育者にとって保育実践は，誇りのようなミッションに支えられた生身の仕事であるとともに，つねに手応えや喜びという正の感情，不満・不安・悩みなど苦労を伴う負の感情が生起する営みです（秋田，2011）。こうした状況においては同僚同士が連携し，専門家として学び合うことが大切です。そのことが互いの保育を創造し合い，交流し合うような自律的連帯感（佐藤，1996）を形成します。個々の保育者が安心してその場に参加し，胸襟を開き，本音で話し合うこと，風通しを良くし，自らの感情を率直に表すような風土を築くことが，持続可能な園内研修を行ううえで重要であると言えるでしょう。

　さあ，あなたの園でも，そこに参加する保育者が居場所感や居心地の良さを感じ，自分の保育についての胸中をつい吐露したくなるような，そんな「無理なく」「楽しく」「継続的な」園内研修をはじめてみませんか。そのための補助輪やビート板として，KJ 法や TEM の活用を知っていただけたら幸いです。早速第Ⅱ部では，KJ 法を用いた園内研修の紹介からはじめましょう。

第Ⅱ部
KJ法が拓く「協働型」園内研修

第3章

園内研修をデザインするツールとしてのKJ法

1　園内研修とKJ法

　ここからは，第Ⅰ部で紹介されたKJ法の基本的な手順や園内研修での用い方について，保育現場に沿ったテーマや実践例を想定しながら詳しく見ていきます。本節は，その前段階に当たる内容ですので，基本の手順をまず知りたいという方は，第2節からご覧ください。では，KJ法の園内研修の用い方について解説します。

（1）KJ法とはなにか？

　KJ法とは，文化人類学者の川喜田二郎によって開発された研究方法で，名前の頭文字（K：川喜田，J：二郎）から名づけられています。川喜田（1967）は，人々の生活の現場に出向き，地域や民族のありのままの現実を解き明かすというスタイルの研究（野外科学研究）を行ってきました。こうした現場を対象とした研究は，実験室という限られた場で行う研究とは異なり，想定外のことが起こったり，偶然おもしろい事例に出合ったりします。このことは，予測できない子どもの活動に出合ったり，子どもならではの心に響く言葉を聞いたり，遊んでいる姿のありのままに感動したりなど保育現場の日常に近いと感じませんか。川喜田は，こうした「ひじょうに複雑な世界」を読み解くために試行錯誤した経験をもとにKJ法を考案しました。

▶KJ法はどのように生み出されたのか？
　それでは，KJ法が野外科学研究の現場でどのように生み出されていったの

かを紹介します。

　川喜田（1967，1970，1996）が文化人類学者として，日本の農村部や異国の地で野外科学研究を行う際，住民の様々な生活ぶりを観察しなければなりませんでした。その内容は，どんな環境に住んでいるのか，どんな歴史を経てきたのか，どんな道具を使い，どんな経済生活をしているのか，社会生活や政治生活，宗教や信仰，芸術，世界観や価値観はどうなのかなど多岐にわたっていました。

　これらを観察するだけでも大変なのですが，それだけでは学問，研究にはなりません。これらを研究成果としてまとめ，世に発表するためには，観察した内容を記録し，分析するためにデータとしてまとめる必要がありました。観察で得た記録すべきデータは，何グラム，何メートルなど数量化できるものは少なく，「○○村は霜害がでる」「△△村は作物を荒らすヤマネコが存在」「□□村の祭りは西側の広場で行う」のように，数量化できないデータがほとんどであり，膨大な量になっていたため，記録方法から工夫しなければならない状況にありました。

　また，記録されたデータ量の多さに加え，記録する内容が多種多様であったため，どういった方法でまとめていけばよいのか，どうやって結論にたどり着けばよいのかについても模索していました。

　このように，記録の方法に悩み，そのまとめ方にも悩んでいた川喜田は，ある村へ調査に行った際に，KJ法に至る発想を得ました。

　1つめは，観察内容を端的にまとめカードに記録するという発想です。観察した内容をノートに記録していくとまとめられなくなる経験をしていましたが，戦後資源が少なかった時代，名刺大の書き損なった図書カードの裏を利用して記録をとったことがヒントとなりました。図書カードのサイズでは，自然と書くことのできる内容量が制限され，端的に短い言葉で記入せざるをえなくなります。それぞれの記録内容が短くなり，まとめやすくなったため分類するときも役立ちました。

　2つめは，それらのカードを並べ変えながら，記録を組み合わせることで，

まとめていく分類法を発見したことです。記録した内容が端的に書かれたカードだったため，机の上にすべてのカードを並べ，目を通すことができました。そうすることで，バラバラで意味が見通せなかったものが，自然と内容が近いカードの束ができてくるとともに，全体の構図が深くまとまっていくことに気づいたのです。また，できた束を紐解いていくと，全体の構図は残しつつ，まとめてきた思考の流れがカードを振り返り，見直すことができることも発見しました。

　このように川喜田は，自身の研究方法に悩みながら，いろいろな手順や方法を試すことで，KJ法を確立していきました。

（2）なぜ園内研修にKJ法を用いるのか？

　こうしたKJ法を保育現場の園内研修に用いることにはどのような意義があるのでしょうか？　ここでは4つの点を説明します。

▶ティームワークの向上

　1点めは，ティームワークが高まるという点です。川喜田（1967）は，野外研究をティームで行わなければならないときに，ティームでの作業をいかにうまく進めるかが重要であると言っています。KJ法は，テーマをティームのメンバー全員で話し合って考えるところからはじまるため，異なるメンバー間で共通の目的をもちやすく，手順も明確になっており同じ作業を共にできる観点から，成果が上がります。また，ティームを構成する人数は，少人数での集団をつくることを推奨しており，具体的には，3，4人から10人程度としています。

　園内研修においても，園の保育者全員参加の場合，複数担任のクラスの保育者参加の場合，3歳以上児クラスまたは3歳未満児クラスで集まった場合など，1人で行う場合はなく，必ず複数人で行われます。その際，経験年数や役職の違いがあると，保育者の関係性によっては，園内研修の雰囲気や方向性が，意見の強い立場の保育者の方向に引っ張られていくかもしれません。しか

し，KJ法を使用した場合，各々が発言を記したすべてのカードを用いて統合していくため，個々のどんな意見も議論に上がり，自然とティームワークが形成されていきます。そうして，ティームワークが高まることによって，園内研修のテーマに基づく問いの答えに対して成果もみられるようになります。

▶意見の表出と共有のしやすさ

　2点めは，意見が共有しやすい点です。川喜田（1967）は，1人ずつの頭の中にもっている知識や情報を，討論によって共通の場に出すことが必要だと言っています。自由に意見を述べ，自分の意見が笑われる心配はせず，批判をしたり自己規制をしたりしないことが重要です。このことに加え，多量な意見を出すことで，いろいろな角度からアイディアを出し，他人の意見からも触発され，さらに意見を出したり，意見同士を結合させたりしていくことが重要です。先に述べたように，テーマに直接関係することだけでなく，「関係があるかもしれない」と感じたことがあれば，意見を出すことが後に統合する際に意味をもってくるということにつながります。また，KJ法を経験する中で，意見をカードに書き合いながら，出てきたカードについて質問をすることで，真意が伝わったり，討論する中で共通理解がもてたり，誤解のない新たな表現方法が発見されていきます。

　園内研修ではどうでしょうか。発言をする人，しない人は分かれたりしていませんか。たとえば，新任の保育者は発言できていますか？　園長や主任や園内研修の講師がしゃべりっぱなしにはなっていないでしょうか？　KJ法を用いた場合，その人その人の経験の中で，今もっている知識や情報を自由に発言したり，カードに書くことができます。発言に躊躇してしまう人もいるかもしれませんが，カードに記入することは，発言するよりもハードルが低いのではないでしょうか。また，他者の意見を批判せず，自分の意見も自己規制しない方法であり，正しさや役立つといった視点ではなく，関係があるかもというくらいのスタンスで意見が出せるので，経験年数や役職に左右されず，気軽に意見を出すことができ，意見交換や議論が活発になります。

第Ⅱ部　KJ法が拓く「協働型」園内研修

▶テーマの選びやすさ

　3点めは，身近なテーマが選択できる点です。川喜田（1967）は，テーマの選択において今課題だと感じているテーマを選ぶことが必要であると言っています。KJ法の修得が未熟であったとしても，職場において困っていることをテーマとして設けることで，研修に取り組みやすくなります。また，KJ法を用いた研修をはじめようと意識したときの方が，KJ法の手順を意識し，流れにしたがって進めることができます。

　日々保育をする保育者にとっては，忙しい中，園内研修をしようと思っても自主的に行うことは，なかなかむずかしいかもしれません。ここまでで気づかれたかもしれませんが，KJ法を用いて園内研修を行う際の準備物は，カード（付箋）とペンと大きな模造紙のような紙だけです。つまり，KJ法を用いた園内研修をしようと思えば園にあるものですぐ行うことができます。保育をする中で，困ったことがあったときや，気になることが出てきたとき，そのときがKJ法を用いた園内研修をはじめるきっかけになります。子ども理解，保育の質の向上，保育者の力量形成，保護者対応，行事の内容の検討等，どんな問題意識からでもはじめられます。

▶成果と達成感が実感しやすい

　4点めは，実りある成果を生み出しやすい点です。川喜田（1967）は，KJ法の良さについて，少数意見まで活用されることで実りあるものになると言っています。熱心な園内研修の結果，価値のあるものを具体的に生み出すことができたという保育者の充実感，感情的な満足感が現れます。KJ法を用いた園内研修そのものに満足する感情があると，お互いの気持ちの面までを含んだコミュニケーションがうまくいき，参加意識も高まっていきます。さらに，自分にとってまだ達成したことのない保育を創造的にできるようになった感覚まで味わうことができるのです。忙しく日々の保育を行っている保育者にとって，園内研修は，ハードルが高いかもしれません。しかしKJ法を園内研修に用いた場合，目に見えて結果がわかり，そのことが園内研修の充実感を高め，自分

第3章　園内研修をデザインするツールとしての KJ 法

の意見を発言することができたという達成感を味わうことができます。KJ 法
を用いた園内研修を経験することによって，持続的な園内研修が可能になると
思います。

（3）研究方法論から園内研修のツールへ

　ここまで，KJ 法の特徴から園内研修での使用の可能性を探ってきましたが，
ここからは，具体的に保育現場で KJ 法を用いた園内研修の実践や，その方法
を部分的に用いている実践から，その工夫点を見ていきましょう。

　第1に，岡（2013）の実践における工夫点は，発言までの時間をしっかりと
る点と，付箋を見ながら発言できる点です。すぐに発言を求め，意見が出ない
ことを防ぐためにも，発言前に考える時間を設けることで，しっかりと考える
ことができるからです。そうすることで，時間をかけて頭の中にある自分の考
えを付箋に書き出すことができます。さらに，自分の意見を1つずつ付箋に書
き留める手順を踏むことで，付箋を見ながら発表できるほか，先に同じ意見を
言われてしまう不安がなくなります。このことから，他の保育者の意見に耳を
傾ける精神的な余裕が生まれるとしています。

　第2に，秋田ら（2011）の工夫点は，自分の意見を紙に書く時間を設ける点
と，保育者参加型の研修である点です。保育という仕事は，立ち止まって自分
の頭で考える時間がなかなかとれない仕事であり，保育者同士でじっくり話を
する機会も少ないため，自分の意見を発表する前までに書く時間を設けること
が必要となると言っています。書くことで，自分の心の中を見つめ言葉にする
チャンスも生まれ，文字に書くことで自分の考えていたことが再認識できます。
そうして，発表する際には自分の意見が決まった状態になるので，他の保育者
の話も聴ける状況になります。また，保育者参加型の研修は，自分を振り返り，
他者と対話し，そのプロセスを通じて，子どもの育ちにどのようにかかわるこ
とが大切なのかを気づき合い，学び合う場になりえると言っています。たびた
び現場では，保育者間のコミュニケーションに問題が生まれることもあります。
しかし，研修の中で，他の保育者の意見を無視したり，否定したりしないこと

51

を基本ルールとして前向きな雰囲気をつくることで，研修に参加する保育者間の関係性の風通しを良くすることにつながるとしています。

つまり，KJ 法を用いて，付箋などの紙を使用したり，時間を設けたりすることで意見が述べやすくなるということは，保育現場での園内研修を考えた場合，KJ 法がコミュニケーションの向上にもつながる保育現場ならではの研修ツールになりえると言えます。

2　KJ 法を用いた園内研修の進め方

ここからは，第 1 節の内容を踏まえつつ，具体的に KJ 法を用いた園内研修の進め方について述べていきます。ぜひ園内研修で KJ 法を用いて新たな知識の発見を体験してもらい，日々の保育に還元できることを願っています。

それでは，まず第 1 項で準備するものについて示します。第 2 項からは具体的に園内研修の進め方について述べていきます。

（1）準備するもの

KJ 法を用いる場合，園内研修に必要なものは，保育現場にあるものを使用することで対応できることが魅力です。また，園にない場合でも身近な文房具屋や100円均一ショップですべてそろえることもできるので，園内研修を始めるきっかけも身近になります。

▶付箋（カード）の準備

カードでももちろん良いのですが，付箋がよりおススメです。付箋は，色もいろいろあり，書き込める大きさの種類も豊富ですし，グループ化する際や各グループにタイトルをつけるときにも貼ったり剝がしたりが自由にできるので話し合いながら考えを視覚的にとらえることが容易になります。

また，付箋の色に意味をつけ，たとえば黄色の付箋は個人の意見を表す，青色の付箋は小グループの意見を表す，赤色の付箋は中グループの意見を表すと

いうこともできます。このように，複数の色がある付箋やペンなどは，園内研修を始める際にそれぞれの色の意味を決めておくとスムーズに研修を進めることができます。また，意見を出し合ったり，グループ化をしているときに，必要に応じてその意味を変更したり，追加したりもできます。

▶模造紙，またはホワイトボードの準備

付箋に意見を記入した後に貼り付けるものは，模造紙でも良いですし，机に置ける大きさのホワイトボードでも可能です。職場にある模造紙だと，貼ったり剝がしたり，文字を直接書き込むこともでき，完成した図解も保存できる点が良いところとなります。ホワイトボードがある場合は，付箋を使いつつも，ホワイトボードに書いたことも消したりでき，繰り返し使えるという点が良いところとなります。模造紙だと鉛筆で書けばもちろん消すことができますが，ホワイトボードだと，たとえばグループ同士の関係性を考えて，ああでもない，こうでもないと議論しているとき，消すのも一瞬で消せますし，マーカーの色や太さを利用すれば，視覚的に見やすく，より共通理解を得られるものができると思います。しかし，完成した図解を保存することが難しく，再度模造紙に書き直す必要があります。

▶ペン・マーカー，各筆記具の準備

付箋とホワイトボードを使用した場合，様々な色と太さのペンとマーカーがあると良いです。たとえば，黒色は個人の意見を記入する，黒色の太字は小グループの付箋に記入する，赤色は中グループの付箋に記入するなどの使い分けをすると便利です。

（2）探りたいテーマを具体的に設定する

準備物がそろったところで，次は園内研修で取りあげるテーマ，つまり今現場で保育者が感じている問題点を明らかにする段階に入ります。

第Ⅱ部　KJ法が拓く「協働型」園内研修

▶テーマの設定

　テーマの設定は，園の実情に合わせて行います。その際，「なにをテーマにするか」をはっきりさせることが大切になります。今後の作業の基本になりますので，ここをおろそかにせず，しっかりと意見交換をしながら決めていきます。

　注意点ですが，1つめは，上の立場の人が，「○○を園内研修のテーマにします！」と決めて，園内研修を行うときです。もちろん園長が主導の場合も多くあると思いますが，保育者が日々保育を実践する中で考え，悩んだり，挑戦したりしている営みの中で出てくるテーマとは異なる場合があります。保育者の目の前にある課題を取りあげるときの方が，取り組みやすいと言われていることを踏まえ，テーマを絞っていけると良いと考えます。2つめは，問題点が具体的になにを明らかにしようとしているか，ということです。なぜその問題点を解決しなければいけないのかということについて，テーマを決めた人と，一緒に研修をする人で，議論をしながらすり合わせを行うことが必要になります。

　また，園長が視野を広くもちつつ，各クラスや年齢ごとにテーマを決めるための時間を準備することができた場合，担任の困り感や悩みを引き出し，1年を通して時期時期に研修テーマを決めさせて，1つずつ考えていけるチャンスを園内研修として提示できると良いと考えます。これは1例ですが，このように考えると，園内研修を行う保育者が問題点を自分たちで考えて話し合い，テーマを設定していくことが大切だと思います。

▶具体的な参加人数とテーマ

　園内研修に参加する保育者の構成人数は，3，4人の班，クラスの担任ごと，子どもの年齢ごと，3歳以上児・3歳未満児別，職員全員のいずれかとなります。研修の内容は，「○児の発達の課題」「運動遊びの質」「保育者のスキル」「新指針・要領の改訂」「年間の保育計画」「運動会の種目」「保護者対応」「子育て支援」「自園の強み」などとなります。

54

第3章　園内研修をデザインするツールとしての KJ 法

　ここからは，具体的に，「A 保育所で働いて良かったところ」というテーマで KJ 法を用いた園内研修を行った場合を想定してみましょう。テーマの設定の背景は，A 保育所では，新年度を迎え数ヶ月が経過した際，新任保育者は仕事について悩んでおり，先輩保育者も新任への指導を悩んでいました。そのため，先輩保育者は，新任保育者が少しでも明るい気持ちで保育を行うことができるように，このような園内研修を設定しました。参加保育者は，すべてのクラスの担任です。

（3）思いついたことを付箋に書き出す

　テーマが決まったら，次はテーマに関することを話し合っていきます。あらかじめ決めた色の付箋とペンを使い書き出して，質問をし合いましょう。他者の意見を批判しないこと，自分の意見を自己規制しないことが大切です。自身の経験や知識をどんどん出していきましょう。もちろん，なにが必要な情報かは決まっていないので，関連があるかどうかわからなくても，なんとなく感じたことまでを書き出すことに意味があります。その際，自分の意見の要点を書こうとし過ぎるばかりに，過度に言い換えたり，表現を抽象化させ過ぎないようにします。また，1つの付箋に内容が2つ以上入っている場合は，あらためて2つの付箋に分けて書き出せば OK です。

　注意点です。自分の意見を大切にするとともに，書いて終わりではなく，他者の意見に対しても関心を示し，議論を広げていきましょう。自分の経験から出てくる意見を出し，それに関することについて話をして，質問をし合い，最終的な問題解決のために，様々な意見の書かれた付箋をつくっていくことが大切であると言えます。

　A 保育所で働いて良かった点を付箋に簡潔に書き出してみた結果は，次の通りになりました。ここでは，まだバラバラです。

第Ⅱ部　KJ法が拓く「協働型」園内研修

・子どもの成長が見られる	・シフトが早く出される	・時間通りに終わる	・保護者に頼られる	・同僚に頼りにされる
・後輩ができた	・信頼してくれていると感じる	・笑顔がうれしい	・行事（運動会）を完遂できた	・卒業式までやり遂げた
・園長と会話が弾む	・保育の意見が取り入れられた	・休みがとりやすい	・踊りの振り付けを褒められた	・家から近い

（4）付箋を共有しグループ化する

　目の前にたくさんの量の付箋が並んでいる状態になりました。次は，付箋同士で関連があるものをグループとして集めていきます。まずは出てきた付箋をしっかりと読み直して，質問があればこの段階でもお互いに聞き合い，自分たちの感性を大切にして，書かれている内容が近いと感じる付箋同士を集めて小グループをつくっていきましょう。

　その際，自分が書いた付箋だけでなく，他の保育者が記入した付箋も読み返しつつ，それぞれが提案したり，質問したりしながら付箋の組み合わせを考えていきます。つまり，自分が出した意見も大切にしながら，他者の意見も同じように扱いながら，それらを組み合わせて小グループをつくります。

　そうすると，以下のような小グループに分けることができました。

　けれども，・家から近いは，どのグループにも入りませんでした。このようにもしもどこのグループにも入らない付箋があったとしても，大丈夫です。

第3章　園内研修をデザインするツールとしての KJ 法

残った付箋はそれだけで意味をもつものかもしれません。また，小グループの中に入らなくても，中グループ，または大グループの中に入ることもあります。

▶タイトルを考える

　さらにその特徴を表すタイトル（一行見出し，要約的な言葉）を考えていきます。ここでの注意点ですが，最初から「新任保育者の悩みを解決するため」のように「○○というグループをつくる」と決めて付箋を分けていくことは，KJ 法では行いません。付箋を読み，そこから感じたこと，その理由，どう考えたのかという思考のプロセスを大切にしながらグループにまとめていき，そこから導き出されることをタイトルとして記入してください。この際，付箋の色やペンの色を変えると，見やすくわかりやすくなります。

　上記の小グループにタイトルを付しました。タイトルは○印で表しています。

▶小グループから中グループ，そして大グループへ

　さらに，小グループができたら，次に中グループをつくっていきます。必ず小グループから中グループをつくっていくという手順を守りグループ化していきます。補足ですが，園内研修のテーマによっては，中グループまででグループ化が終わり，大グループまでつくれないときもあります。

　小グループのタイトルに着目し，中グループを考えていきます。さきほどのカードとして小グループに入らなかった・家から近いは，中グループには取り入れることができました。大グループは特に考えられませんでした。

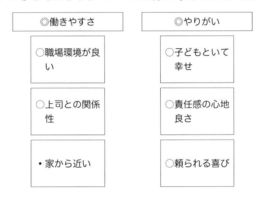

（5）グループ同士の関係性を探る

　みんなのアイディアでグループがつくられてきました。次はそれらをどのように配置すればよいのでしょうか。地図や設計図になるような，目で見てわかりやすい図解をつくるということを考えます。

　グループ化したものをどのように配置するとテーマに対する解決策となるかが見えてくるかを考えます。模造紙やホワイトボード上で置き直しながら話し合っていきましょう。そうすることで今まではバラバラだったグループもその関係性が見えてきます。

　その際，グループ化されたテーマごとに内容が似ているもの，近いと考えたものを近くに並べていくと良いです。そうして見えてきた関係性を線でつないだり，矢印で示したり，○で囲んでみたりすることで，次のステップに進みや

第3章　園内研修をデザインするツールとしてのKJ法

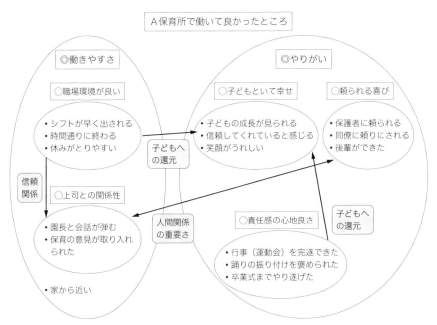

図3-1　A保育所で働いて良かったところの図解化

すくなります。さらに，どのグループが起点となって図がつくられているかということも併せて考えると良いと思います（図3-1参照）。

（6）図解をもとにストーリーをつくる

できあがった図解をもとにストーリーをつくっていきます。実際の園内研修では，ストーリーを書き出しながら口頭で発表をするという形が多いと思いますので，無理に文章化をめざすことはありません。

ストーリーを考えていく際も起点となる図解を決め，グループ同士をつなぐ流れを書いていきます。そうして，園内研修で問題とした問いに対する答えを導き出していきます。

発表のために文章をつくる際，難しいと思われるときは，大グループから中グループ，小グループ，小グループをつくっている最初に個人個人で書いた付箋に戻ることもヒントになります。

59

第Ⅱ部　KJ 法が拓く「協働型」園内研修

　そうして，書かれている内容と図解で示されたグループ同士の関係性とを結びつけながら，近隣の関係のある内容を言葉にしていきます。隣り合った関係性のあるものから順々に文章にしていくと良いです。

　文章を書く順序は，図解のイメージ通りに進めなければと意識せず，どちらの矢印に進もうか，どこの丸と丸の関係を書き出していこうかということを固定せず，書きやすいところからはじめても大丈夫です。

　それでは，「A 保育所で働いて良かったところ」のストーリーを発表したいと思います。

　A 保育所で働いてよかったところは，働きやすさとやりがいの 2 つに分けることができます。

　働きやすい点は，職場環境が良く，上司との関係性も良好であるところです。職場環境としては，シフトが早めに知らされ，時間通り勤務が終わり，休みがとりやすい点が挙げられます。上司との関係は，園長と会話が弾むとともに，保育の意見が取り入れられる点が挙げられます。また，保育者によっては，園から近い点も働きやすさにつながっています。

　やりがいを感じられる点は，子どもといて幸せを感じられ，頼られる喜びを感じ，責任感に対しても心地良さを感じられているところです。子どもといて幸せを感じるときは，子どもの成長を見ることができ，信頼されていると感じられ，笑顔がうれしいという点が挙げられます。頼られる喜びでは，同僚や保護者にも頼られたり，頼りにされたり，後輩ができたことでも頼られる経験をしている点が挙げられます。責任感の心地良さでは，行事（運動会）を完遂できたり，踊りの振り付けを褒めてもらえたり，卒業式までやり遂げることができた点が挙げられます。

　以上から，職場環境の良さが，上司との信頼関係を育んでおり，このことが他者から頼られる喜びへとつながり A 保育所の人間関係を形づくっています。また，職場環境の良さと責任感の心地良さが相まって，保育を通して子どもに還元され，やりがいも生み出しています。

3　第Ⅱ部の目的と構成

　ここまで，具体的な KJ 法の手順と園内研修に用いる可能性について見てき

ましたが，いかがでしょうか。

　園で問題となっていることへの解決策を考えるうえで，準備するものも簡単に手に入り，ティームワークも高められる KJ 法を用いた「協働型」園内研修をしてみたいと思ってもらえればうれしいです。

　ただ，第3章では，実際に保育者のみなさんが KJ 法を用いた園内研修の話はまだでてきませんでした。そこで，第Ⅱ部の以降の章では，実際に KJ 法を用いた園内研修を行った事例を取りあげ，その際保育者のみなさんがどのように取り組み，なにを感じていたのか，またどのようなことに気をつければ研修が実りあるものになるのかを見ていきます。

第4章

KJ 法を用いた園内研修は
保育者になにをもたらすか

Introduction

　第3章では園内研修において KJ 法を用いることの意義と進め方について見てきましたが,「どのように進めていけばよいのか……」と不安に感じる人もいるのではないでしょうか。実際,保育者のみなさんに KJ 法を用いた園内研修の感想について聞いてみると「前にやったことがあるけど……,ちょっと難しかった」とか,「KJ 法？って言葉を聞いただけで,一歩気が退けちゃう……」などの意見も聞かれます。

　そのような意見に応えられるように,本章では園内研修で行う KJ 法の特性について明らかにしたいと思います。これまで KJ 法を用いた園内研修に関する実践報告はいくつかなされています。たとえば,ある保育園では研修の事前準備として,保育者が付箋に自身の意見を記入することが求められたことで,多くの意見が集まるようになり,活発な意見交換がなされるようになりました（今井・石田, 2016）。また,各保育者の考えを付箋に記入することで,自分と異なる意見や考えを視覚的に理解しやすくなる（岡, 2013）と言います。

　しかし,これらの実践報告は,研修を企画する園長や主任の立場から KJ 法を用いた園内研修の概要を示しているので,研修に参加した保育者が,具体的に KJ 法のどのような手順にメリットを感じたり,また,難しさを感じていたかはわかりません。そのため,本章では,KJ 法を「協働型」園内研修を支えるツールとして,より有効に活用できるようにするために,保育者の感想を分析して KJ 法の特性を探っていきます。

1 本章で扱う園内研修

（1）H幼稚園での園内研修

　2012年10月にH市立H幼稚園でKJ法を用いた園内研修を実施しました。この幼稚園は全6クラス，定員210名，常勤保育者が13名です。この研修の目的は「遊びの中で子どもがなにを学んでいるか」をとらえるものでした。この時期に子ども理解をテーマに研修を実施した意図は，10月という年度の中間時期には，担任としてはある程度の子ども理解が蓄積されている一方で，同僚保育者から語られる新しい視方にも触れることで，子どもに対する新たな一面の理解が可能になると考えたからです。

　なお，保育者と共に，私たちも園内研修で使用するビデオを準備したり，研修の手順を示したり，議論を促したりするコーディネーターとして園内研修に参加しました。参加者を6～7名の2班に分けたうえで，第3章で説明した手順を基本に，以下のように実施しました。

〈事前準備と配布物〉
□ 3分程度の映像事例
□ 付箋（各保育者に10枚程度配布した。必要に応じてさらに記入ができるように各
　　　班に30枚程度の付箋を置いておいた）
□ 模造紙
□ マジックペン
□ パソコン・プロジェクター，スクリーン等一式
□ キャンディー等のお菓子（和やかな話し合いのために効果的）

第Ⅱ部　KJ法が拓く「協働型」園内研修

〈研修の手順〉

手　順	時間	作業内容
手順① 導　入	10分	スライドショーを用いて，研修の目的，KJ法を用いた園内研修の特徴や大まかな作業手順を説明。
手順② 映像事例の視聴	3分	題材となる映像事例を視聴する。 映像に出てくる子どもに焦点を当てて，H幼稚園の保育場面を撮影した約3分間のビデオ映像を，参加した保育者全員で視聴した。 映像事例は，筆者らが事前に観察に入り撮影した。
手順③ ビデオ映像中の対象児の学びを付箋に書き出す	12分	再度映像を視聴しながら，「ビデオ映像中の子どもは鬼ごっこからなにを学んでいるか」の観点で，各人の考えを名刺サイズの付箋に記入した。 このとき，私たちは子どもに対する見方に正解／不正解がないこと，付箋1枚に1つの事柄を記入すること，可能な限りいろいろな考えを書き出すことを保育者に伝えた。 映像が終わった段階で，3分程度筆記のための時間を設ける（その間，音声なしで映像を再生）。そのあとで，もう一度同様の手順を繰り返す。
手順④ 付箋のグループ化	45分	参加した保育者4〜5名の班ごとに，それぞれの保育者が記入した考えを模造紙上に配置し，意味が類似していると思われるものごとにまとめた。 作業中は，スクリーンにて，無音で映像を流し続けた。
手順⑤ グループ化した付箋のネーミングの案出		グループ化された付箋の共通性を言い表すネーミングを案出するとともに，それぞれの付箋のグループ間の対比や関連を模造紙上に図示することで，対象児に関する情報の関係性を示した図を作成した。
手順⑥ グループ化した付箋同士の関係を図で表す		
手順⑦ 作業の総括	5分	これまでの作業を通して得られた気づきや子ども理解について整理し，明日以降の保育でできることを展望した。
手順⑧ 成果発表	10分	各班に作成された図の内容を簡潔に説明してもらい，研修を通して得られた子ども理解や明日からの実践に活かせそうな点について発表してもらった。
手順⑨ まとめ・後片付け	5分	園長先生を中心に，研修全体を総括した。

〈研修で使用した映像事例の概要〉

対象児：A太，B太，C太，D太，E太（4歳男児）

映像の再生時間： 3分05秒

第4章　KJ法を用いた園内研修は保育者になにをもたらすか

映像事例のトランスクリプト（文章に記録し直したもの）：

　　Ａ太，Ｂ太，Ｃ太，Ｄ太，Ｅ太はままごとをして遊んでいたが途中で，Ａ太が「俺，警察だからパトロールに行ってくるから！」と言う。Ｂ太とＣ太，Ｄ太，そしてＥ太も「俺も，警察やる」とその遊びに乗る。

　　すると，Ａ太は「みんなが警察だったら，捕まえる人ばっかりになる！　泥棒もいないと！　Ｂ太とＥ太は今から，（手元にある棒を）持って逃げるでしょ。それを俺が追いかける」と言う。

　　Ｂ太とＥ太は少し顔をくもらせ「俺も警察やりたい」と言う。Ｃ太は「じゃあ，警察ばっかりだから，Ｂ太とＥ太は逃げる警察ね。嫌だったら，遊びに入れさせない」と言う。Ｂ太は「ずるい，俺も捕まえたい」と怒る。それに対して，Ｄ太が「じゃあ，ジャンケンで決めたらいいじゃん！　勝った人が逃げる警官で，負けたら追いかける警官」と提案する。

　　子どもたちはその提案を了承してジャンケンをし，Ｄ太とＥ太が追いかける警官（オニ役），Ａ太，Ｂ太，Ｃ太が逃げる警官（逃げ役）をすることになる。

　　Ｄ太とＥ太は「Ａ太を最初に捕まえるぞー！」と言う。Ａ太は「ちょっと，なんで俺なん!?」と笑いながら走っている。しかし，Ａ太は速くなかなか捕まらない。

　　Ｄ太とＥ太は相談して，Ａ太を園庭の角にある土管に追い込んだ。Ｄ太はＥ太がＡ太を土管の穴に追い込んだのを見ると，自身は土管の反対の穴に回り，2人でＡ太をタッチした。すると，Ａ太は「俺ばっかりねらうのはずるい！」と怒り出した。

　　Ｄ太は「タッチされんたんだから，ここで氷るんでしょ！」と言い，Ａ太はそのルールをしぶしぶ飲み込む。

　　その様子を見ながらＢ太は「俺，Ｅ太には（かけっこで）勝ったことあるけど，Ｄ太は（うめ組）一番だから，無理！」とＣ太に言う。Ｃ太は鳥小屋の裏を指して「あそこなら，人来ないよ！」と言う。2人は隠れるが，Ｄ太が自分たちから遠ざかったことを確認すると，Ａ太に近づきタッチして逃がす。

　　しばらくしても，Ａ太，Ｂ太，Ｃ太はなかなか捕まらず，Ｄ太とＥ太は「俺も，逃げたい！」と怒るが，Ａ太は「そんなん，だめだって」と言う。Ｄ太「もう，やりたくない!!」と怒り，泣き出す。

　　それを見たＣ太は「みんな，逃げたいから，そろそろおしまい。次は，Ｄ太とＥ太が逃げる番ね」といい，役が変わったことで再び警察（オニ）ごっこが始まったのだった。

65

〈研修で記入された付箋の一例と実際の園内研修の様子〉

テーマ:「遊びの中から子どもはなにを学んでいるのか」

映像事例の視聴を終え,対象児の学びを付箋に書き出し(写真4-1),グループ化しました。

写真4-1　ビデオ映像中の対象児の学びを付箋に書き出す

その後,グループ化した付箋に名前をつけました(写真4-2)。グループ化された付箋の一例は下記の通りです。

写真4-2　グループ化した付箋のネーミングの案出

第4章　KJ法を用いた園内研修は保育者になにをもたらすか

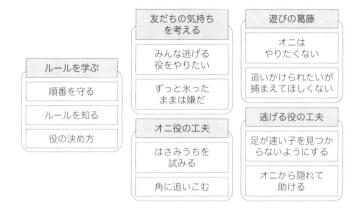

　また，グループ化した付箋同士の関係を図で表し（写真4-3），遊びの中での子どもの学びについて参加者全員で共有して（写真4-4），園内研修を終えました。

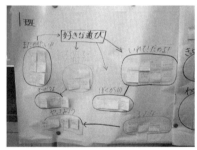
写真4-3　グループ化した付箋同士の関係を図で表す

写真4-4　成果発表

（2）保育者へのインタビューとその分析

▶どのようなインタビューをしたか

　保育者へのインタビューは，KJ法を用いた園内研修とは別日の2013年2月，園児の降園後にH幼稚園の遊戯室で前述の研修に参加した保育者のうち6名を1組にして約1時間半のグループインタビューを実施しました。私たちはKJ法の特性を探るために，①「KJ法を用いた園内研修の感想」，②「過去に体験した別の園内研修と手応えが異なる点はなにか」という2つの質問を用意し

67

第Ⅱ部　KJ法が拓く「協働型」園内研修

表4-1　研究協力者のプロフィール

保育者名（仮名）	性別	保育経験年数	H園での勤務歴
安部先生	女性	1年	1年目
菊池先生	男性	6年	1年目
西川先生	女性	5年	2年目
中田先生	女性	17年	1年目
黒田先生	女性	22年	3年以上
福井先生	女性	34年	3年以上

注：インタビュー調査への協力，インタビューデータの分析，
分析結果の公開などについては承諾を得ている。

て，保育者に自由に感想を語ってもらいました。

　KJ法を用いた園内研修に参加した保育者6名はそれぞれ，4歳児もしくは
5歳児クラスの担任でした。保育者の性別，保育経験年数，H幼稚園での勤務
歴については表4-1を参照ください。

▶どのような分析をしたか

　保育者がKJ法について，どのような印象をもったかを調べるため，インタ
ビューの音声データを文章に起こし，Steps for Coding and Theorization（以
下，SCAT：大谷2011）を用いて分析しました。この方法論は，インタビューか
ら得られた語りや，アンケートの自由記述などの言語データから，話者が本来
伝えたかった意図を探り，それが適切に伝わるような言葉である「構成概念」
をつくります。そして，つくられた構成概念をすべてつなぎ合わせていき，文
章化することで，話者が本来伝えたかった意図を適当に理解することをめざし
ます。

　分析の具体的な手順は次の通りです。①文章に起こした音声データから，
KJ法を用いた研修で保育者がメリットや難しさを感じていたと考える語りを
そのまま抜き出しました。②その語りを一般的な言葉に置き換えました。③置
き換えられた言葉の意味を補足する概念を記入しました。④ ①～③の言葉を
考慮して，語りの意味を適切に表すような構成概念をつくりました。分析過
程の一部を図4-1に示しています（SCAT分析で使用する表のデータは http://

第4章　KJ法を用いた園内研修は保育者になにをもたらすか

テクスト	〈1〉テクスト中の注目すべき語句	〈2〉テクスト中の語句の言いかえ	〈3〉左の項目を説明するようなテクスト外の概念	〈4〉テーマ・構成概念（前後や全体の文脈を考慮して）
自分の考えたことを文章で書き表そうと思ったら，なかなか思うように書けなかったけど，こう言葉で話すから自分の言いたいことを文章にするんじゃなくて，自分の言葉で伝えていけたのがよかったです。	文章にするんじゃなくて，自分の言葉で伝えていけたのがよかった	話し言葉	未完成提示	自分の言葉発信体験

言葉の置き換え，概念の追加を段階的に行い，構成概念を作成

図4-1　SCAT分析の一部

www.educa.nagoya-u.ac.jp/~otani/scat/#09 からダウンロードできます）。

　こうしてつくられた構成概念を KJ法の付箋を並べ替えてグループ化する方法と同じように，カテゴリーごとに振り分けていきます（以下〔　〕はカテゴリーであることを示します）。そうして，メリットに関しては，80の構成概念が見つかり，6つのカテゴリーに分けられました。難しさに関しては，5つの構成概念が見つかり，2つのカテゴリーに分けられました。そして，それぞれを文章として作成しました。SCAT の標準的な仕方では，構成概念をつなげて，インタビュー中の話者の意図をストーリーライン，理論記述としてまとめます。しかし，ここでは「KJ法を用いた園内研修のメリットとはなにか」「KJ法を用いた園内研修の難しさとはなにか」という複数の視点で分析しているため，多数の構成概念がつくられました。それらを整理して理解できるようにグループ化しました。

第Ⅱ部　KJ法が拓く「協働型」園内研修

表4-2　KJ法を用いた園内研修のメリット

カテゴリー名	カテゴリーの定義	構成概念の一例
〔同僚保育者の視点に気づく〕	同僚保育者の視点を知ることで，自分にはない新たな視点を獲得したり，同僚保育者に対する理解が深まる。	【他者視点の新鮮さ】 【他者視点の獲得】 【保育観理解】
〔想定外の子どもの姿を発見する〕	多角的な視点で対象児を理解することで，その子に対する新たな一面の発見や保育の見通しを獲得できる。	【俯瞰的理解】 【展望の自然発生】 【知的興奮】 【子ども像のブレークスルー】
〔語り合った成果を視覚的に実感する〕	多様な視点による対象児理解の蓄積を視覚的に認識し，語り合いへの自身の貢献や成果が実感できる。	【前進の実感】
〔周りの目を気にしないで考えを発言しやすい〕	周囲に左右されずに自分の思いついた考えを発言できる。	【発信体験】 【自分の言葉】 【直感提示】 【構成不要性】
〔自分の考えが受け入れられる〕	意見を否定されることなく，最後まで同僚保育者に聞いてもらえることで，保育者個人の受容感を高めつつ，語り合いの場にも肯定的な雰囲気がつくられる。	【受容感】 【肯定的雰囲気】 【素朴な受容】 【セーフティメソッド】
〔参加者全体で取り組めていることを実感する〕	KJ法では付箋を整理，グループ化するにあたり，その情報を補うために保育者間で質問が行われ，語り合いが促進される。	【対話促進性】 【他者窓口】 【説明誘発性】 【ティームプレーの充実】

2　KJ法を用いた園内研修のメリット

（1）インタビューの分析からわかったこと

　KJ法を用いた園内研修のメリットを説明する要素として80の構成概念が見出され，さらに，それらの構成概念から6つのカテゴリーが生成されました（表4-2）。以下，園内研修における KJ 法活用のメリットをインタビューデータから説明します。

第4章　KJ法を用いた園内研修は保育者になにをもたらすか

（2）同僚保育者の視点に気づく

　保育者同士で付箋に書いた対象児への視点や考えを出し合う作業を通して，各保育者は同僚保育者の視点を知ることができます。このような作業で，保育者は自分にはない新たな視点を獲得したり，同僚保育者に対する理解が深まったりする可能性があります。

例1　自分にはない保育に対する視点に気づかされる

> 中田先生：（付箋を出し合う段階で）①人の意見を聞いて，ああそうか，そういう見方もあるんだとか，そういう考え方もあったとかいうのを，別に教えられるとか，こうしなさいって言われるわけじゃないけど，（付箋が）出されてる中で気づかされたっていうか……。

例2　同僚保育者の保育観を知る機会となる

> 福井先生：（各保育者の記入した付箋を見て）②（同僚保育者が）ああ，こんなことを見てたんだとか，こんなこと思って見てたんだとか，うん。そこが一番面白いかな。

　下線部①のように，保育者は園内研修で他者の意見や考えを聞くことによって，自分にはない保育に対する新たな考え方に触れていることがわかります。その他にも，下線部②のように，同僚保育者の考えや意見を聞くことで，その人の保育観を知り同僚保育者への理解が深まることを感じていることがわかります。

　付箋を用いない園内研修においても，保育者同士で保育について語り合うことで，保育者一人では獲得できないような他者の多様な視点を獲得することができます（大豆生田ほか，2009）。このように付箋に記入して各保育者の考えが目に見えることで，保育者は，ただ語り合うとき以上に同僚保育者の考えを認識しやすくなります（ベネッセ次世代育成研究所，2011）。またKJ法以外の付箋を使った園内研修においても，同じようなメリットが得られると思いますが，KJ法を用いた園内研修では，手順④〜⑥で付箋を共有する機会が設定されて

71

第Ⅱ部　KJ法が拓く「協働型」園内研修

いるため，より同僚保育者の保育に対する視点に気づきやすくなると言えるでしょう。

（3）想定外の子どもの姿を発見する

付箋を用いて対象児の情報を収集，整理することで，対象児を多角的な視点で理解することが可能になり，その子の新たな一面が発見され，保育についての新たな見通しが獲得できる可能性があります。

例3　付箋の情報を整理，グループ化することで想定外の子どもの姿に気づく

西川先生：（KJ法を行った感想を尋ねられて）研究保育をして，それぞれの考え（付箋）を分類して，③最後文章になったときに，あっ今のクラスって，こういう姿があるから，こうなってるんだとかっていうのがわかったときに，わあーそうなんだって，なんかすごい納得するものというか……。

例4　想定外の子どもの姿の発見から保育の見通しが整理される

黒田先生：④見たことをこう書いて……子どものつぶやきだったり簡単な短い言葉なんだけど集めていってみんなで話していくと，ああ子どもってこうだったんだねとか，このクラスの子は，（付箋として出された）いろんな経験があるから，私が（保育の中で）見た，あの子（対象児）の姿につながったんだというのがわかった。

例3のように，西川先生は保育者間で対象児についての考えを整理し，関係づけていくことで，多様な視点からの対象児理解が可能になると感じていました（下線部③）。また，黒田先生は子どもの姿を段階的に理解し整理することで，語り合う前には想定できなかった対象児像を獲得したことで，新たな視野が広がったと感じていました（下線部④）。このように，ベネッセ次世代育成研究所（2011）の知見と同様に，付箋を整理しグループ化することが，保育者に想定外の子どもの姿を発見させると言えるでしょう。

第4章　KJ法を用いた園内研修は保育者になにをもたらすか

（4）語り合った成果を視覚的に実感する

　対象児についての情報がホワイトボードや模造紙上でまとめられるにつれて，多様な視点からの対象児理解が蓄積され，それを視覚的に認識することで，自身の語り合いへの貢献や成果が実感できます。

例5　語り合った成果を視覚的に実感する

> 黒田先生：（付箋をグループ化する作業で）⑤全部の付箋がすべて活かされるのが，こうみんなでこう話し合って，シェアしながらできていく過程が実感できるから楽しい，みたいな感じですね……。

　下線部⑤より，黒田先生は対象児の情報が整理され，情報同士の関係性が表されるにつれて，対象児への理解が蓄積されることを視覚的に認識していました。また，自身が記入した付箋が，そのような理解の一部分になっていることが認識できるため，語り合いに貢献していることも実感していました。

　このように，KJ法を用いることは保育者に新たなアイディアを発見させるのみならず，各園の保育でめざす方向性を共有させます（ベネッセ次世代育成研究所，2011）。さらに，付箋を整理，グループ化する過程の中で，対象児への理解が深まることや，保育者自身が語り合いに貢献していることを可視的に実感することを手助けします。

（5）周りの目を気にしないで考えを発言しやすい

　KJ法では語り合う前に自分の考えを短い語句で付箋に記入します。このような手順により，保育者は周囲に左右されず発言できていた可能性があります。

例6　他の保育者が言っていない意見も出しやすい

> 安部先生：（付箋に考えを記入する段階の感想を尋ねられて）⑥最初も自分の考えをバーッと付箋紙に書くから，（自分が）書いたっていうのをどんどん出すことができて，他の人が出せてない，出してない意見も，私がこういうのを書いたって出せたし……。

73

第Ⅱ部　KJ法が拓く「協働型」園内研修

例7　文章の構成を気にせずに付箋に考えを書きこめる

> 安部先生：（付箋に考えを記入する段階の感想を尋ねられて）⑦もう，自分の思うまま書けるし，長い文章とか，敬語を使って書いたりしなくていいし……。

　安部先生は，語り合いの流れを気にせずに，付箋に自分の考えを直感的に記入して発言することや（下線部⑥），付箋には文章の構成などを気にせずに考えを記入することから，思いついたことを発言しやすいと感じていました（下線部⑦）。KJ法の手順では，保育者は語り合う前に考えを付箋に記入するため，自分の意見を途中で同僚保育者の意見に合わせて変えることができません。そのため，保育者は同僚保育者と，たとえ意見が異なっていたとしても，お互いに思ったことを机上に出し合う状況がつくられるため，異なる意見を出すことが避けられることなく，語り合い前に感じたことを発信しやすいと考えられます。

（6）自分の考えが受け入れられる

　KJ法では，すべての意見を組み合わせる手順が付箋を使用することで担保されています。そのため，保育者は自分の意見を否定されることなく，他の保育者に最後まで聞いてもらうことができます。これにより，保育者個人の受容感が高まると言えるでしょう。また，このように各保育者の受容感が高まることが，語り合いの場にも肯定的な雰囲気をつくることにつながる可能性があります。

例8　自分の考えが否定されないことで保育者が発言することへの安心感が高まる

> 中田先生（付箋をまとめていく感想を尋ねられて）⑧自分の意見はちゃんと残してもらえるし，「そういう考え方もあるんだね」みたいなかんじで否定されてないし，⑨決して「駄目」とかそういうかんじでは言われないので，ああ自分の思いは出してもいい，大丈夫だなって安心できた。

　下線部⑧のように，中田先生は対象児を理解する際に，自分の発言の中の情

第4章　KJ法を用いた園内研修は保育者になにをもたらすか

報が，同僚保育者から必要／不必要の評価や区別をされることなく，受け入れられると感じていました。このように，語り合いの場で自分の考えを否定されないことにより，各保育者は安心して，意見が出しやすいと感じていました（下線部⑨）。つまり，KJ法を用いた園内研修では，保育者の発言は同僚保育者から否定的にとらえられないため，保育者個人が受容されることで生じる安心感が，語り合いの場の雰囲気にも広がり，保育者集団の安心感も高まると考えられます。

（7）参加者全体で取り組めていることを実感する

　KJ法では，付箋を整理してグループを編成するにあたり，付箋同士の関係を考慮する必要があります。しかし，付箋1枚あたりに書き込める情報量は限られているため，それら付箋の情報を補うために保育者間で質問がなされます。これが語り合いの促進につながる可能性があります。

例9　付箋の情報を補うために保育者間で質問し合う

> 中田先生：（1枚1枚の付箋の内容を確認するときに）⑩文章が短いので，ちょっと説明してもらわないとわからないことはあるじゃないですか。そういうときには「これなんで？　誰が書いた？」とか言って「ああ私です」って言って，「このとき，何があった？」みたいなのを聞けるので，みんながちょっとしゃべるチャンスもあったから……。

　下線部⑩のように，中田先生は，園内研修の全参加者と対象児理解の内容を考えることによって，保育者間で語り合いができると感じていました。KJ法のこのような作業により，特定の保育者ばかりが発言する（田中ら，1996）のではなく，様々な保育者に発言機会が与えられます。そして，保育者間の語り合いが促進すると考えられます。

75

第Ⅱ部　KJ法が拓く「協働型」園内研修

3　KJ法を用いた園内研修の難しさ

（1）インタビューの分析からわかったこと

　ここまでKJ法のメリットについてみてきましたが，一方でKJ法を用いた園内研修の難しさを説明する要素として5つの構成概念が見出され，それらの構成概念から2つのカテゴリーが生成されました（表4-3）。

　参加者のKJ法に対する理解の程度や，コーディネーターによるKJ法の進め方に関する説明の仕方によって，保育者は園内研修でKJ法を用いることに難しさを感じ得ることが明らかになりました。その点に留意してKJ法を用いれば，より効果的に実践できると考えられることから，以下KJ法を用いた園内研修の難しさの2つのカテゴリーの詳細について，インタビューデータから説明していきます。

（2）量プレッシャー

▶量プレッシャーとは

　保育者はKJ法で考えを目に見えるようにしたことで，各保育者の記入した付箋の枚数や1枚の付箋に記入された情報量などを意識することになり，焦りを感じていました。

例10　付箋の枚数が少ないことへの焦り

菊池先生：（全員で付箋を書き込む段階の感想として）箇条書きですらなにか，⑪えっ，隣の先生とか，すごい書いてるな。なにも気づけてない自分がおったりして，わぁヤバって思う。

　下線部⑪のように，菊池先生は付箋に考えを記入したことで，同僚保育者との発言数を可視的に比較できるようになり，自分が「何も気づけていない」かのように感じて，焦りや劣等感があったそうです。KJ法では，付箋1枚に1

第4章　KJ法を用いた園内研修は保育者になにをもたらすか

表4-3　KJ法を用いた園内研修の難しさ

カテゴリー名	カテゴリーの定義	構成概念
〔量プレッシャー〕	付箋の枚数や1枚の付箋に記入された情報量などを意識することで生じる焦り。	【量プレッシャー】 【「量＝能力」観】
〔手順プレッシャー〕	KJ法などの研究手順の適切さに対する不安や手順通りに遂行しなければならないという焦り。	【手順全うプレッシャー】 【断片化不安】 【ピンポイントプレッシャー】

つの考えを書きこむため，付箋の枚数が考えの数を示すことになります。KJ法における付箋の使用はメリットがある一方で，このように保育者間で付箋の量を比較させ，自分の量が少ない場合，劣等感や焦りなどを感じさせ得ることが明らかとなりました。保育者がこのように感じる背景には，コーディネーターによる視点の豊富化を意図した「可能な限りいろいろな考えを出す」といった教示が影響しているのではないかとも考えられます。

▶量プレッシャーへの対応策

　このようなプレッシャーを感じさせない環境づくりとして，手順①導入においてコーディネーターは参加者に2つの説明をしたほうがよいでしょう。

　1つは，なぜKJ法を用いた園内研修をするのかという理由をしっかりと伝えることです。つまり，いろいろな考えの記入された付箋をグループ化していくことで，1人では思いつかないような気づきを得るためにKJ法を行うため，手順③で保育者個人が多くの付箋を出すことよりも，手順④～⑥で付箋を共有して話し合うことが重要であることを伝えておく必要があるでしょう。とはいえ，このような説明をしても，プレッシャーを感じる人はいると思います。そこで，2つめとして，各保育者によって見方に個性があることを伝えます。映像の中から，対象児の行動，心情，目線などの様々な点に気づくのが得意な保育者もいれば，対象児の心情を周囲の子どもとのかかわりの中からじっくりと読み取ることが得意な保育者もいます。しかし，そこに優劣はなく，むしろ，それぞれの得意な見方を出し合えることがKJ法を用いた園内研修では大切であることを伝えておきましょう。

77

第Ⅱ部　KJ法が拓く「協働型」園内研修

（3）手順プレッシャー

▶手順プレッシャーとは

　また保育者は，KJ法などの研究手順の適切さに対する不安や手順通りに遂行しなければならないという焦りを感じていることが明らかになりました。

例11　付箋への記入の仕方が適切かどうかの不安

> 西川先生：（子どもの姿を書くときに）⑫2，3行とか箇条書きで書くように言われたとき，でも，考えた内容はもっとあるんだけどなっていうのがあって，これをどう書いたら良いんだろうって……。

例12　研究手順と成果がどう結びつくのかわからない

> 中田先生：（子どもの姿を見て記録を）とってる段階とか（エピソード記述や付箋に子どもの姿を）書いてる段階は「⑬これはほんとにエピソードになるのかな，付箋を合わせて話し合いになるのかな」とか，ずっとそういうのばっかり考えてしまいました。

　保育者は下線部⑫のように，付箋に子どもの情報を短い語句で記入することに難しさを感じていました。また下線部⑬のように，保育者がツールに不慣れな場合，それを活用することが園内研修の成果とどのように関連するかの見通しがもてずに不安を感じている人もいました。このように，保育者はKJ法に限らず，一定の手順があるツールを用いた園内研修において，自分が適切な手順でできているか不安を感じ得ることが明らかになりました。つまり，保育者は，特定のツールとその手順が成果とどのように関連するのかを自身が理解できていないと，ツールを用いることに不安を感じ，研修への参加自体にプレッシャーを感じることが想定されます。

▶手順プレッシャーへの対応策

　これらのプレッシャーを軽減するためのアドバイスは次の2つです。第1に，付箋に短い語句で記入することに難しさを感じている人には，コーディネー

78

ターがあらかじめ手順④～⑥で付箋の内容を詳しく説明する機会があることを伝えておくとよいでしょう。それでも，自分の気づきを付箋に十分に書ききれないと感じているのであれば，その内容をいくつかのキーワードに分けて記入しても良いでしょう。

たとえば，しっぽ取りの映像を見て「AくんはBくんが好きだから追いかけたいけど，でも，そうするとBくんに嫌がられてしまうので遠慮してしまう。また，Bくんばかり追いかけると，Cちゃんに「Bくん，ばっかり」と怒られて困っている」ことに気づいたとします。

これを1枚の付箋にすべて書きこむことは難しいので，「AくんはBくんが好きだから追いかけたいけど，でも，そうするとBくんに嫌がられてしまう」の部分は「好きなのに近づけない」とします。

「Cちゃんに「Bくん，ばっかり」と怒られて困っている」の部分は「Cちゃんへの気遣いとBくんに近づきたいとの葛藤」と書きます。

また，全体を通して「人間関係により十分に楽しめない」と書くこともできるでしょう。このように少しずつ気づいた内容を分けて付箋に記入してみてください。

第2に，KJ法の手順が研修の成果とどのように関連するか見通しがもてない人には，先ほども述べたように，KJ法を用いた園内研修では，いろいろな考えの記入された付箋をグループ化していくことで，1人では思いつかないような気づきを得ることが目的であることを丁寧に伝えておきましょう。はじめは不安でも研修の目的が明示されていると，安心して研修に取り組めるはずです。

4 作業手順からみた KJ 法を用いた園内研修の特徴

ここまで，園内研修で KJ 法を用いることに，保育者は6つのメリットと2つの難しさを感じていることが明らかになりました。なお，ワークショップ型の園内研修（岡，2013）やビデオ記録を用いた園内研修（ベネッセ次世代育成研

究所，2011）でも，同じようなメリットが得られると言われていますが，ここでは，KJ法を用いた園内研修の特徴について改めて整理して考えたいと思います。

（1）KJ法を用いることで得られる気づき

保育者は次のような気づきが得られることでしょう。保育者個人にとっては，付箋への記入により各々の考えが見えることで〔同僚保育者の視点に気づく〕ことができます。一方で，保育者集団にとっては，目に見えるようになった多様な視点を検討することを通して，自分一人では思い浮かばないような〔想定外の子どもの姿を発見する〕ことができたり，語り合いの結論の進展を目に見える形で確認することで〔語り合った成果を視覚的に実感する〕ことができます。このように，付箋への記入により個人の考えと語り合いの内容が見えるようになることは，保育者個人と集団の両面に異なる気づきをもたらすと言えるでしょう。

（2）KJ法を用いることで促される語り合い

保育者が自身の考えを他者に発信することに困難さを感じている場合，語り合いを促すことが考えられます。ここでは，先ほども紹介した園内研修における語り合いの困難さ（濱名ほか，2015）が，KJ法を行うことで，どのように軽減されるのかを考えていきます。なお，以下の「同調プレッシャー」「評価プレッシャー」「完成度プレッシャー」の詳細については，第2章第2節を参照してください。

まず，保育者は語り合う前に自分の考えを付箋に記入するため，他者の考えに左右されず〔周りの目を気にしないで考えを発言しやすく〕，他者と同じような意見を出そうとする「同調プレッシャー」が軽減されます。この時，多くの考えを出すことが求められることから，多様な意見が出る語り合いが促進されると言えるでしょう。また，付箋1枚に1つの事柄を語句程度で記入する制約があるため，保育者は文章を書くうえでの配慮や考えの根拠までをしっかり

と言葉にする必要がなく，「完成度プレッシャー」が軽減され，発言が促されると考えられます。

　次に，付箋の内容を考慮して類似した意味のグループをつくるとき，出された付箋の情報はすべて，対象児を理解するための情報の１つとして扱われます。情報が出されるたびに対象児への理解に関する結論は変化していくため，出された考えが語り合いの流れに適切かどうかを検討する必要がなくなります。こうした手順により，保育者は〔自分の考えが受け入れられる〕と感じて，周りの保育者に否定されるのではないかという「評価プレッシャー」が軽減されると考えられます。また付箋をグループ化する際，付箋紙の語句を一目みるだけでは，その意味を理解することが難しいため，保育者は付箋の情報や根拠を補うために質問し合い，各保育者が発言する機会が増えることで〔参加者全体で取り組めていることを実感する〕ことができます。このように KJ 法では，すべての意見を採用する前提による，否定されない雰囲気と，付箋の情報を補うために保育者相互で質問し合いながら考えを聞き合うことで，保育者一人ひとりに発言する機会が増えて，保育者全体での語り合いが促進されると考えられます。

（3）KJ 法を用いるときの注意点

　KJ 法を用いた園内研修の進め方によっては，保育者同士での語り合いが困難になり得ることも考えられます。今回の研修では，一部の保育者は KJ 法を行った経験がなかったため，〔手順プレッシャー〕が生じ，円滑に付箋に考えを記入できずにいる姿もありました。また，ある保育者は，コーディネーターが付箋による発信を促そうとして「できるだけ，たくさん付箋に考えを記入してくださいね」と言ったことで，〔量プレッシャー〕を感じて，少数の付箋を出すことに抵抗を感じていました。

　こうした保育者の付箋への記入や付箋を出すことに対する抵抗感が，保育者間の語り合いを困難にさせていました。園内研修では，若手の保育者は自身の経験の少なさから，少数の発言しかできない場合がある（岡，2013）と指摘さ

第Ⅱ部　KJ法が拓く「協働型」園内研修

れていますが，園内研修に新たなツールを導入する場合，保育者の経験年数に
かかわらず発言が抑制され得ると言えるでしょう。ベテラン，新人に関係なく，
新しいツールをはじめから使いこなせる人はいません。それにもかかわらず，
はじめから使いこなそうと肩に力が入ることでプレッシャーが生じ，保育者間
の語り合いが困難になるのであれば，それは本来の KJ 法を用いた園内研修の
効果とはかけ離れるものになります。KJ 法を用いた語り合いは保育者個人の
力によるものではなく，ティーム全体によるものです。そのことを頭に入れて
おくだけで，自分ができなくても誰かがフォローしてくれると思うことができ，
プレッシャーが少し軽減されるのではないでしょうか。

　近年，園内研修で語り合うことの重要性が高まっており（中坪，2013），KJ
法を用いることで，語り合いを促進させる可能性（今井・石田，2016）が指摘
されています。ここで紹介した研究の結果より，KJ 法を用いた園内研修では
保育者の語り合いを促進することが明らかになりました。しかし，その一方で，
KJ 法を用いた園内研修をどのように進めるかによっては，〔量プレッシャー〕
や〔手順プレッシャー〕のような語り合いの困難さを生じさせる可能性がある
ことも新たに明らかになりました。したがって，園内研修で語り合いを促すた
めには，KJ 法の手順や考え方などを理解しないまま活用するのではなく，各
園の園内研修の語り合いでどのような困難さがあるのかを把握し，また KJ 法
の活用によってどのような困難さを軽減できるのかを理解したうえで，園内研
修を進めていくことが重要であると言えるでしょう。

第5章

だれもが発言できる雰囲気を
つくる保育者の振る舞いとは

Introduction

　前章では，実際に KJ 法を用いた園内研修の中で保育者が感じていたメリットと難しさについて明らかにしました。そこでは，語り合いが促される反面，プレッシャーも感じていることがわかりました。

　本章では，第4章と同じインタビューデータを異なる視点から分析し，KJ 法を用いた園内研修中の保育者の「振る舞い」を手掛かりにして KJ 法の特性を探っていきます。ここでの振る舞いとは，園内研修に参加していた保育者の研修に取り組む姿を指します。そして，その振る舞いが保育者同士の関係性にどのような影響を与え合っていたのかについてみていきます。

　園内研修では，園長や主任の役割の重要性が求められるものの（たとえば，上田，2013；早瀬，2015），研修中の保育者の役割や参加姿勢ではなく，発言の困難さが注目されています（たとえば，若林，2004）。特に，若手の保育者は発言を抑制されたり，遮られたりすることがあると言われます（たとえば，村上，2015；清水・北野，2013）。

　また，プレッシャーを感じつつも，語り合いが促されているという状況の中で，経験年数の多い少ないを問わず，保育者の振る舞いは，KJ 法を用いた園内研修のあり方にどのように関係しているのでしょうか。また，だれもが発言できる雰囲気をつくる保育者の振る舞いとはどのようなものなのでしょうか。

　そこで，KJ 法を用いた園内研修を行ううえで，保育者の語り合いが促され，ティームワークを高める「協働型」園内研修を進めていくためには，どのように取り組めばよいのか，そのヒントを保育者の観点から考えていきたいと思います。

第Ⅱ部　KJ法が拓く「協働型」園内研修

1　本章で扱う園内研修

（1）H幼稚園での園内研修

　第5章で扱うのは，第4章でも紹介した，H市立H幼稚園における KJ 法を用いた2012年10月の園内研修です。私たちは，この研修にコーディネーターとして参加しています。

　研修の手順，研修で使用した映像事例は，第4章第1節の第1項を参照してください。

（2）保育者へのインタビューとその分析

　第4章と同じインタビューデータを，第4章とは異なる視点から分析します。保育者へのインタビューの内容は，第4章第1節第2項を参照してください。また，研究協力者である保育者の性別，保育経験年数，H幼稚園での勤務歴については表4-1と同じです。

▶どのような分析をしたのか

　KJ 法を用いた園内研修の中で保育者はどのような振る舞いをしていたかを知るために，インタビューの音声データを文章に起こし，Steps for Coding and Theorization（以下，SCAT；大谷，2011）を用いて分析しました。SCAT の説明は，第4章第1節第2項を参照してください。

　本項では，文章に起こした音声データから，KJ 法を用いた園内研修の中で保育者がどのような振る舞いをしていたかについて構成概念をつくりました。そして，保育者ごとに構成概念をつなげてストーリーラインを作成し，保育者の個別的，具体的な振る舞いを表現するカテゴリーを得ました。そして，それらのカテゴリーが，保育者同士の関係性にどのように結びついているかを考えていきました。詳しいカテゴリーと構成概念については，次の節で説明します。

84

2　各保育者の振る舞いの特徴

　保育者がどのように研修に参加していたか，インタビューデータを分析した結果について見ていきます。

（1）インタビューの分析からわかったこと

　園内研修での保育者の振る舞いの特徴を説明する34個の構成概念がつくられ，保育者の振る舞いを表す6つのカテゴリーに分けられました。そして，保育者ごとに1つから3つカテゴリーが当てはまることがわかりました（表5-1）。なお本章では，カテゴリーを〔　〕で表し，構成概念は【　】で表します。以下に，カテゴリーの定義を挙げます。

○〔敷居低減者〕

　どんな意見も付箋に書き，どんどん発言しており，他の保育者にどんな内容でも発言して良いのだという安心感を与え，発言する敷居を低くさせる振る舞い。

○〔自己防衛者〕

　良い発言をしなければと思い，付箋の提示や，それに関する発言を躊躇する振る舞い。

○〔自己表現者〕

　〔自己防衛者〕でもあった保育者が，研修が進むにつれ，他の保育者の振る舞いの影響を受け，発言は否定されないことがわかったことで，発言する意欲が起こり，発言しようとする振る舞い。

○〔受容提示者〕

　研修は，参加しているすべての保育者の意見を大切にするものだという考えのもと，批判的な発言を避け，どんな意見も受け入れる振る舞い。

○〔良き理解者〕

　聞きづらいと思われる疑問や，些細な疑問を臆することなく質問する保育者

第Ⅱ部　KJ 法が拓く「協働型」園内研修

表 5 - 1　各保育者の振る舞い

	カテゴリー	構成概念
安部先生	〔敷居低減者〕	【未熟さの良さ】【気兼ねなし】【受容的安心感】【ガンガン発言】【発言発信】【怖いものなし】【案ずるより産むがやすし】【中和作用】
西川先生	〔敷居低減者〕	【未熟さの良さ】【気兼ねなし】
菊池先生	〔自己防衛者〕	【正解追究姿勢】【よく見られたい感】
	〔自己表現者〕	【自己表現可能感】【前向き姿勢変化】
中田先生	〔自己防衛者〕	【自己発言・行動抑制】【失敗不可能ストレス】【よく見られたい感】【開示拒否感】
	〔自己表現者〕	【受容的安心感】【安心感蓄積】【先入観破壊】【自己表現可能感】【経験年数無効化】【研修平等感】【聞いていいんだ雰囲気】
黒田先生	〔受容提示者〕	【横一列感】【みんな感】【人間関係の潤滑油】
福井先生	〔受容提示者〕	【振る舞いの気づき】【受容スタイルの提示的役割】【相互理解】【らしさ理解】
	〔良き理解者〕	【若手の役割意義】【質問代行者】【ブレイクスルー】
	〔幼児理解促進者〕	【真実知】【園方針明確化】【まとめ役への期待感】

に対して，研修の雰囲気を良い方向へ変えてくれたと理解を示す振る舞い。

○〔幼児理解促進者〕

　研修を振り返り，自園がめざしている教育理念の再確認を促し，幼児理解を広い視野でとらえ直す振る舞い。

　以下，各保育者の振る舞いを詳しく見ていきます。

（2）発言しやすい雰囲気をつくる振る舞い

　安部先生と西川先生は，経験年数が 1 年目と 5 年目であり，H 幼稚園の中では，経験年数の少ない保育者です。彼女らは，どんな意見も臆することなく伝えたり，記入した付箋もどんどん出していました。このことは，村上（2015）や清水・北野（2013）が指摘していたような，発言ができにくい新任保育者とは異なりました。

　では，園内研修後のインタビューから振る舞いについて考えていきたいと思います。

第5章　だれもが発言できる雰囲気をつくる保育者の振る舞いとは

例1　書いた意見をどんどん出すことができる

安部先生：（自分の考えをバーッと）①付箋紙に書くから，（自分が）書いたっていうのをどんどん出すことができて，他の人が出せてない，出してない意見も，（自分が）こういうの書いたって出せたし。（中略）②どうしても伝えたかったから，伝わるまで伝えてって，すごい周りの先生も聞いてくれるし，自分も発言できる。

例2　知識がないから気楽に出せる

安部先生：（躊躇なく質問をしたり，気楽に付箋を出していることを指摘され）③なんにもわかってないから，考え方もないしね。知識がないから考えることがない。（中略）プライドもないし。

例3　難しかったり，迷ったりしたら聞く

西川先生：（書いた付箋を）隠した記憶はないんですけど，私，書くのになんか書きやすいものもあったんですけど，④逆に短くするのが難しいものもあって。（書き出した付箋でグループをつくる際に悩んだとき）（質問者：そういうときはどういうふうに対応しましたか？）⑤「これってどうですかね」って聞きました。

　安部先生は，下線部①のように，付箋への記入を通して自分の考えや意見を素直に提示していました。また，他の意見を気にせず付箋を出したり，自分の考えを伝えることが良いことなのだとも考えているようです。そのため，経験年数の多いベテラン保育者がいたとしても臆することなく【気兼ねなし】に自分の意見を書いた付箋を提示することができていました。

　次に，西川先生は，下線部④⑤のように，付箋への記入やグループ化で難しさは感じていましたが，迷ったときには他の保育者に気軽に意見を求めることができていました。

　このことは，安部先生と西川先生の保育者としての経験の少なさと，KJ法に対する経験の少なさが，【未熟さの良さ】として研修中に発揮されていたと考えられます。つまり，経験が少ないという保育者自身の自己認識によって，

87

かえって付箋の提示や，不明な点の質問を気軽にできていたのです。この背景には，各自が書いた付箋をまとめていく作業が求められる KJ 法においては，作業を行うタイミングで疑問があった場合，その疑問を発言することが求められますので，質問を出しやすかったということが考えらます。

　以上から，KJ 法を用いた園内研修の中で，安部先生と西川先生は，発言のしやすさ，質問のしやすさを通して〔敷居低減者〕として振る舞っていたと考えます。〔敷居低減者〕には，以下の 2 つの特徴がありました。

　1 つめは，付箋の積極的な提示と，どんな意見も発信していく【ガンガン発言】と【発言発信】についてです。これは，発言者自身の意見表出に対する抵抗感が低いこともありますが，他の保育者からの【受容的安心感】を感じていたからでもあると考えます。たとえば，下線部②の安部先生は「どうしても伝えたかったから，伝わるまで伝えてって，すごい周りの先生も聞いてくれるし，自分も発言できる」の語りのように，先輩保育者などから話を聞いてもらえる安心感を得ていました。このことにより，自分の考えを臆さず提示することが可能であったと思います。

　2 つめは，他者ができないような質問をする振る舞いです。下線部③の安部先生の「なんにもわかってないから，考え方もないしね。知識がないから考えることがない」の語りより，保育者としてはまだまだ未熟であることは自覚しつつも，他の保育者にはしづらい質問を行うことができたという特徴です。

　この 2 つの振る舞いの特徴から〔敷居低減者〕としての保育者は，他の保育者が意見を述べる際の敷居も低くさせているのではないかと考えます。第 4 項で後述しますが，たとえば，経験年数の多い福井先生は，本来ならば KJ 法の方法について研修前までに理解しておくべきだと考えていました。しかし，安部先生は研修中に KJ 法の進め方について質問をしました。これに対して福井先生は，「私らだったら絶対聞けないよね」と，その質問に驚いていました。この反応から，福井先生が暗黙のうちに“求められる発言の質”のような高い敷居を想定していたことが読み取れます。同時に，安部先生の質問が研修の中で受け入れられたことによって，福井先生が抱いていた敷居が下げられた可能

性が考えられます。すなわち，自身の発言の敷居が低かった安部先生と西川先生は，〔敷居低減者〕として，他の保育者の発言の敷居を低くすることに貢献していたと考えられます。

園内研修において，班で話し合うときなど，園長のリーダーとしての役割や，主任の進行役の役割だけでなく，躊躇せず発言や質問をする保育者の振る舞いが，発言や議論を活発にさせることが考えられます。

（3）安心して発言する振る舞いへの変化

次に，菊池先生と中田先生に注目してみます。KJ法を用いた園内研修を初めて経験したとき，彼（女）らは，自分の意見への批判を恐れることによる〔自己防衛者〕として振る舞っていました。しかし，研修を経験した後の感想では，自身の意見を述べることができる〔自己表現者〕として振る舞っていることも読み解くことができました。

▶〔自己防衛者〕としての振る舞い

菊池先生と中田先生は，他園での勤務経験はあるものの，H幼稚園での勤務が1年目でした。そのため，他の保育者にどのように見られるか，どのように思われるかを意識しているようでした。また，中田先生は，KJ法を用いた研修そのものが初めてでした。これらの理由から彼（女）らは当初，園内研修で意見の表出をためらう〔自己防衛者〕として振る舞いました。

例1　他の保育者と自分を比べ，書いた付箋を隠してしまう

> 菊池先生：⑥箇条書きですらなにか，えっ，隣の先生とか，すごい書いてるな。なにも気づけくない自分がおったりして，わ〜ヤバって思う。
>
> （付箋を書いていても出さなかったという中田先生の語りを受けて，菊池先生自身も付箋を隠していたことが）⑦あった気がする俺も，なんか手かなんかで隠して。（自分の意見と他の保育者の意見を比べて）最初なんかちょっと違うかもみたいな。すっと隠した覚えが。

第Ⅱ部　KJ法が拓く「協働型」園内研修

例5　保育経験はあるが KJ 法を用いた園内研修経験がなかった

> 中田先生：初めてここに来て、十何年かは一応保育経験があるのにもかかわら
> ず、⑧（初めて KJ 法を経験して）そういうの（KJ 法の手順）がまったくわ
> からないので、それをまあ変に私もプライドがあったんですかね、やっぱり、
> そういうのもなかなか出せないし、言っちゃいけないのかな、でもわからない
> のだけどと思いながら。（質問者：いまさら聞けないみたいな？）そうなんで
> す。で、⑨変に下手なことも（言えないし）。私、1 年生ですって言っても関
> 係ない、私すごいプレッシャーだったんです。（中略）私の意見を否定される
> んじゃないかというか。

　菊池先生と中田先生は、KJ 法の方法である付箋に記入してみんなの前に出すということに不安を感じているようでした。下線部⑥⑨のように「なにも気づけていない自分」や「変に下手なこと」を言ってはいけないのような言い方から、他の保育者の目を気にしたり、意見を否定される不安感を抱いていたりしている姿が読み取れます。下線部⑦のように付箋を隠す行動の背景には、「プライド」や「プレッシャー」があり、自分の意見を抑制していたのではないかと考えられます。

　こうした菊池先生と中田先生の姿は、〔自己防衛者〕としての振る舞いだったと言えます。

▶〔自己表現者〕への振る舞いの変化

　しかし、研修を経験した後の菊池先生と中田先生の感想からは、自身の意見を述べることができる〔自己表現者〕としての振る舞いも読み解くことができました。

例6　箇条書きで書きやすい

> 菊池先生：（付箋に書くことのメリットとして）なんかやっぱりその⑩箇条書
> きでターッて書けるので、なんかあまり気兼ねなく、ああこんなんあったなみ
> たいなので書けるんで（気軽に書ける）。

第5章　だれもが発言できる雰囲気をつくる保育者の振る舞いとは

例7　意見を受け入れてくれる経験と否定されない経験

> 中田先生：⑪自分の意見は自分の意見としてちゃんと残してくださるし，ちゃんとそういう考え方もあるんだねみたいな感じで否定されないし，⑫決して駄目とかそういう感じでは言われないので，自分の思いっていうのは出してもいい，大丈夫だなって安心できた。

　前述のように，菊池先生と中田先生は，〔自己防衛者〕の振る舞いの特徴がありましたが，下線部⑩のような付箋に気兼ねなく書ける良さについても言及していました。くわえて，下線部⑪⑫のように他の保育者から否定されず，受け止めてもらえる経験によって，自己を表現することへの欲求があらわれていました。

　つまり，菊池先生と中田先生は，研修を通して批判されない安心感を得ることができ，自分の考えを出していけると実感することで，〔自己防衛者〕から〔自己表現者〕へと振る舞いが変化していったと考えます。

（4）すべてを受容する振る舞い

　経験年数が22年の黒田先生と34年の福井先生というベテランの立場にある2人は，他の保育者の意見を受け入れるという〔受容提示者〕として振る舞っていました。

例8　みんなで話し合えて楽しい

> 黒田先生：（付箋をグループ化する作業において，）⑬みんなでこう共通にできるし，⑭分類できないものも大事な1つのどっちにも入らない分だねと分類できるし，全部の付箋がすべて活かされるのが，こう⑮みんなで話し合って，シェアしながらできていく過程が実感できるから楽しい，みたいな感じですね……。

例9　どの意見も受け止めて大事にされることが基本

> 福井先生：⑯全面的にやっぱり受け止めてもらえるっていうのが，どの意見も大事にしてもらえるっていうのが基本にはないと（いけないよね）……。

91

第Ⅱ部　KJ法が拓く「協働型」園内研修

例10　お互いに理解が進み，その人らしさも知れる

> 福井先生：⑰職員間のやっぱりそれ（班ごとの発表）を通してというか理解し合えた，あのKJ法ってほんと⑱ちっちゃい一言からはじまるんだけど，あ　あこの人はこんな考え，こういう人はこう見てるんだなっていう，なんかその人らしさが理解できたっていうのはありますよね。

　22年の経験がある黒田先生は，下線部⑬⑮より，研修に参加していた全員の発言を大切にして研修を進めていたという【みんな感】を強調しているようでした。また，下線部⑭のように，KJ法によって書かれた付箋に対してもすべての意見を大切にしたいという語りが見られました。これらより黒田先生は，ティームとしての保育者集団の大切さを示し，どの付箋も大事にするという，いわば一体感や語り合う心地良さを重視していたのではないでしょうか。

　また，34年の経験がある福井先生は，下線部⑯のように，ベテランの立場として，後輩保育者がどのような意見も受け入れてもらえ，大事にされることを実感することで，研修がスムーズに進むということを意識していたと考えます。また，下線部⑰⑱の語りから，福井先生も同様に，KJ法を用いた研修だからこその，付箋に表された個々の保育者の「一言」の大切さを伝え，そこから相互の理解や「その人らしさ」の理解に努めていたことが読み取れます。

　つまり，黒田先生と福井先生は，研修に参加しているすべての保育者を思い，気持ちを感じ取り，それを受け止めるということを他の保育者に発信するという〔受容提示者〕として振る舞っていたと考えました。

▶語り合いを促す基盤となる〔受容提示者〕

　くわえて，〔敷居低減者〕としての振る舞いが見られた安部先生と西川先生が，気兼ねなく発言できていた背景として，他の保育者から受容される環境があったことが考えられます。たとえば，安部先生が語っていた「自分だけの考えのときもちゃんと受け入れてもらえる」という言葉からも伝わってきます。菊池先生と中田先生についても，自分の意見を否定されない安心感を得られる

92

第5章　だれもが発言できる雰囲気をつくる保育者の振る舞いとは

とともに，発言したい，発言しても良いんだということにつながっている姿が見られます。たとえば，中田先生の付箋のグループ化についての語りで，「分けるときにどうしてもやっぱりそういうの（付箋の説明を求められた際の返答）が必要になるときがある」や，「否定じゃなくて「どういうことだった？」って言って聞ける」ことから，質問をし合う中で否定されないことを感じ取っていたことがうかがえます。

　また，たとえば福井先生の「（自分の意見を）全面的にやっぱり受け止めてもらえるっていうのが，どの意見も大事にしてもらえるっていうのが基本にないと」という語りから，〔受容提示者〕として，研修中に他者の意見を全面的に受け入れ，さらにその意見を大切にするという振る舞いが園内研修においては必要になると考えます。同じ研修に参加している保育者からの受容しているという提示は，園内研修において語り合いを活発にさせる基盤となるのではないでしょうか。

　つまり，園内研修において，参加している保育者が「自分は受け入れられている」と実感できる安心感を与える保育者の存在が必要であり，安心感を高めることにもつながると考えます。

▶〔良き理解者〕の振る舞い

　また福井先生は，前述のように，安部先生が新任だったからこそ可能だったであろう KJ 法のやり方についての初歩的な質問したことについて，〔良き理解者〕として振る舞っていました。

例11　絶対に聞けない質問をした保育者を受け入れる

> 福井先生：（安部先生が，KJ 法の方法についてコーディネーターに質問をし，丁寧な解説を受けたことについて）⑲私らだったら絶対聞けないよねっていうような KJ 法はどのようにしたらいいんですかって。（中略）もうあまりにも（安部先生が）素直過ぎて，私もよう言わん。（中略）それ一つひとつをほんと丁寧にわかりやすく答えていただく中で⑳私たちもね，内心「ああそうだったんだ」とか「そういうことだったんだ」とかいうのを再確認しながらできたい

93

第Ⅱ部　KJ法が拓く「協働型」園内研修

うのはすごくやっぱり，よかったかなと。

　福井先生は，下線部⑲⑳において「私らだったら絶対聞けない」事柄を安部先生が質問してくれたおかげで，あらためて保育者全員で確認ができた点を認めていました。福井先生は，安部先生の素直な質問が，他の保育者にも発言しやすい雰囲気をもたらしたことをインタビューの時点で感じ取っていました。

　つまり，園内研修の方法として基本となる KJ 法の方法という基礎的な質問をする安部先生を否定することのない，〔良き理解者〕としての振る舞いが，安部先生の〔敷居低減者〕の振る舞いと相互に補い合い，研修への参加の安心感に寄与していると考えます。そして，中田先生の「自分の意見は自分の意見としてちゃんと残してくださる」や「決して駄目とかそういう感じでは言われない」の語り（前述下線部⑪⑫）のように，ありのままを受容し，安心感を与えることにもつながっていると考えます。

（5）幼児理解へつなげる振る舞い

　福井先生は，KJ 法を用いたことで，子どもの育ちを確認することを経験し，さらにその経験を通して，園全体の保育，教育の方針についても考えが広がっていくという〔幼児理解促進者〕としての振る舞いがみられました。

例12　子どもの育ち理解へつながった

> 福井先生：（過去，KJ 法を用いた研修では，子どもの姿について，見えてこなかったが，今回の園内研修では，）㉑やっと子どもの育ちが見えてきた中で，やっぱりそれをなんかうまくまとめてくれる人がいるのといないのってやっぱり中身が違うんだなと思いました。（中略）ほんと㉒１枚の紙の中でいろんな子どもの姿，今，うちの幼稚園がやろうとしている求めてる姿みたいなのが見えた気がしたんですよ。

　福井先生は，下線部㉑のように，今回の研修では，過去の KJ 法を用いた研修時には達成できずにいた幼児理解まで到達できたと感じていました。到達点

94

とは，下線部㉒のように，一人ひとりの幼児理解が深まるとともに，H幼稚園全体の保育の見直しや園の教育理念の再確認，再発見にまでつながるということです。

つまり，福井先生は，研修のもつ意味を振り返る視点をもっていたと考えられ，他の保育者の語りでは見いだせなかった，一人ひとりの幼児理解を深める意義と，園の教育理念に対する発見の語りがみられました。このことは，他の保育者に保育の振り返り，保育の再確認，再発見の視点を与え，それぞれの保育者の幼児理解を促進させる可能性のある〔幼児理解促進者〕としての振る舞いと言えるでしょう。

3 保育者の振る舞いは他の保育者にどのような影響を与えるのか

（1）園内研修中の振る舞いがもたらす影響

ここまで，インタビューデータの分析からKJ法を用いた園内研修における保育者の振る舞いを考えてきました。研修に参加していた保育者同士の関係性にどのような影響を与え合っていたのかについてみてきました。

今までの園長や主任のリーダーシップや進行役の視点だけでは見えてこなかった，個々の保育者の園内研修中の振る舞いが影響し合う様子がわかりました。

▶研修の不安を和らげ安心感を与える振る舞い

第1に，付箋の提示や質問を躊躇せず，また意見を隠すことなく言うという振る舞いの保育者がいることが明らかとなりました。この振る舞いが，安心感を与え，同僚保育者の意見を引き出していました。

この安心感は，菊池先生，中田先生に見られた振る舞いの変化のように，研修中に意見を出すことへの先入観を変え，抵抗を和らげることが期待できます。また，園内研修においては若手保育者の発言の難しさが指摘されていますが，

本章では，保育経験が1年目と5年目の保育者が，それより経験年数の多い保育者たちの研修への不安や先入観を払い，発言の抵抗を和らげていたこともわかりました。

しかし，このように〔敷居低減者〕として振る舞うのが，H幼稚園のように経験年数の少ない保育者である必要はありません。研修時に参加している保育者のキャラクターが生きることが大事なのであって，経験年数は関係ないのだと思います。

たしかに安部先生のように，KJ法のやり方についての初歩的な質問をするということは，ベテラン保育者には実行できにくいと思われます。しかし，聞きづらいと思う疑問や些細な疑問だったとしても，経験年数にかかわらず，ベテラン保育者であっても素直に質問するということが，結果的に発言のブレーキを外し，安心して研修に参加できることになるでしょう。

▶ティームワークを高める振る舞い

第2に，他者のどのような意見も受け入れるという振る舞いによって，園内研修において多様な意見の表出を促し，ティーム全体の議論を活発にするとともに，意欲的に参加できるようになることでティームワークを向上させる可能性があると考えます。若林（2004），村上（2015）は，園長，主任によっては，発言が抑制されてしまう点を指摘しています。他方，本章ではベテラン保育者の2名が，どのような発言も受け入れるという〔受容提示者〕として振る舞うことで，他の保育者の意見の表出を促していました。ベテラン保育者は，園長や主任とは異なる立場で，他の保育者の発言を積極的に受け入れる振る舞いや，参加保育者全員で研修をより良いものにしていく振る舞いを通して，「協働型」園内研修を進めていくことを可能にするのです。

くわえて，上田（2013）が，園長の役割として，園内研修を通じての園全体の保育目標の明確化をあげていましたが，園長や主任ではない保育者も同じように園全体の保育について考えることに意味があると考えます。

したがって，園内研修においてKJ法を用いることは，良き理解者としての

振る舞いを促し，発言の敷居を下げる振る舞いを促すことができます。これらの振る舞いが，発言への抵抗を和らげ，安心感や受容感を研修の場につくり出し，園全体の保育の質向上を志向するうえで重要になるティームワークを向上させうると考えます。

（2）自分たちに合った振る舞いをめざして

前項では，KJ法を用いた園内研修の振る舞いに着目して述べてきました。良き理解者としての振る舞い，発言のための敷居を低くする振る舞い，受容することで安心感を与える振る舞いなど，協働的な園内研修をめざした場合，ティームとしての関係性を向上させるために大切なものと考えます。

しかし，一幼稚園の事例から明らかになった振る舞いですので，各園，各保育者に合った振る舞いのあり方を模索する必要もあると思います。なぜならば，H幼稚園とは異なる保育者であり，園内研修の内容や参加人数，参加する保育者のキャラクター，さらに園の雰囲気も異なってくるからです。

各園で行う園内研修において，すぐに自身の振る舞い方に対して，客観的に気づき，実践することは難しいかもしれません。そこで，たとえば，自園のある保育者は「どんな意見も受け入れる振る舞いの役」，ある保育者は「他の保育者の意見を気にせずどんどん付箋を提示する振る舞いの役」として参加するなど，研修前に振る舞いの役割を決めてはじめてみることからでも良いと思います。

そうした中で，各園に合った振る舞いが発見できたり，各保育者なりの振る舞いに気づけたりすることで，より安心して参加でき，どんな意見も言い合える，持続可能な「協同型」園内研修へと発展していくのだと思います。

第6章

KJ法を用いた園内研修の可能性と留意点

Introduction

　KJ法を用いた園内研修は今や様々な保育現場で実施されています（たとえば，今井・石田，2016；矢藤，2016）。KJ法を用いた園内研修と一口に言っても，研修目的を保育者同士の語り合いの促進とする場合（今井・石田，2016）もあれば，保育者の気づきの促進とする場合（矢藤，2016）など様々です。第4章ではKJ法を用いた園内研修のメリットと難しさをKJ法の手順と関連させながら明らかにしてきました。また，第5章ではKJ法を用いた園内研修における保育者の様々な振る舞いを明らかにしました。

　本章では，さらにKJ法を用いた園内研修を効果的に行えるためには，①どのような研修目的が適しているのか，②どのような手順で保育者は気づきを得るのか，③どのようなテーマが保育者同士の語り合いを促すのかという，この3点についてみていきましょう。

1　より幅広い保育現場での活用をめざして

　ここでは，様々な保育施設でKJ法を用いた園内研修を導入しやすくするために，先ほど挙げた3つの課題を検討していきます。具体的には次の3つの観点から整理します。

　第1に，KJ法を用いた園内研修が保育現場でどのように紹介されているかを明らかにします。KJ法を用いた園内研修は各園の課題や研修目的に合わせて実施されていますが，そもそも，どのような研修目的にKJ法を用いるのが適しているのでしょうか。その疑問に答えるために，境ら（2016）の知見を参考にしながら，保育現場にKJ法を用いた園内研修を保育雑誌がどのように紹介

しているかをみていきます。

　第2に，KJ 法のどのような手順で保育者は気づきを得るのかを，中西ら（2012）の知見をもとに考えていきたいと思います。

　第3に，どのようなテーマが保育者同士の語り合いを促すのかを，中西ら（2012）の紹介する事例をもとに補足，検討していきたいと思います。

2　KJ 法を用いた園内研修をより効果的に行うためには

（1）どのような研修目的に KJ 法が適しているのか

▶保育現場でどのように取り入れられているか

　KJ 法は，実践の様々な情報を拾い上げ，保育者一人ひとりの意見を活かす方法論として，古くから園内研修等に導入する（下・有光，1980）ことが提唱されていました。

　以後，KJ 法やその手順の一部を応用した園内研修や保育カンファレンスが多数報告され，話し合いの過程や意見を目に見えるようにする（小川，2004；秋田・松山，2011），手近にある道具・題材を用いて実行できる（中西ほか，2012），参加者の語り合いを促進する（中坪，2015）などの効果や利点が指摘されています。

　こうした報告の多くは，研究論文や保育分野の専門書などにおいて見られるものです。そのため，研修をサポートするために研究者が参加していたり，非日常の取り組みとして実施されていたりといったように，各園が自律的に行う研修とは，やや異なる文脈からの報告も含まれていました。境ら（2016）はその点に着目して，KJ 法やその手順の一部が，現場の保育者によってどのように受け入れられ，活用されているかを把握することをめざしました。そこで研究論文や保育分野の専門書ではなく，保育者が日常的に目にして，情報源としている保育者向けに発行される複数の情報誌を対象に，そこでの KJ 法を用いた園内研修の扱われ方を分析して，同研修の現状と課題を明らかにしています

第Ⅱ部　KJ法が拓く「協働型」園内研修

表6-1　境ら（2016）が分析対象とした保育者向け情報誌

	『保育の友』	『保育ナビ』	『これからの幼児教育』
雑誌名			
発行元	全国社会福祉協議会	フレーベル館	ベネッセ教育総合研究所
創刊年	1953年	2010年	2008年
雑誌の特徴	保育所保育の専門誌として，政策動向や今日的課題の解説のほか，具体的な指導計画のヒントとなる情報を提供。	園長や主任といった，園運営に携わる人を主な対象にしており，研修や人材育成などの内容を頻繁に扱う。	保育・幼児教育を担う保育者に向けて，幅広い調査研究に基づく情報や先進的な事例を紹介。

出所：境ほか，2016をもとに筆者が作成。

（境ほか〔2016〕が対象とする KJ 法を用いた園内研修とは，KJ 法を使用または応用したと明言されているもののほか，カードや付箋への情報の書き出し，それらのグループ化・構造化といった，KJ 法の基本的な手順を踏む研修を指します）。

　それでは保育者向けの情報誌では KJ 法を用いた園内研修はどのように紹介されているのでしょうか。境ら（2016）は『保育の友』『保育ナビ』『これからの幼児教育』の3誌（表6-1）を対象に，KJ 法を用いた園内研修への言及が見られた記事を抽出し，その内容を，巻号，文責者，特集・連載の別のほか，方法の呼称，手順，使用効果，研修の目的の項目に整理しました。

　結果，KJ 法を用いた園内研修の目的は2種類に分けられる（境ほか，2016）とされました。1つは，問題意識を共有したり目に見えるようにしたりすることや，対象に対する認識の拡大といった，KJ 法がもたらすとされる効果を得ることです。たとえば，保育者間で園環境の意味づけを共有する場合が考えられます（詳細は後述します）。ただし，この場合，実践的課題に対する直接的な

結論を得ることを想定していません。

　2つめは，保育課程の編成などの具体的な問題の解決を目的にKJ法が用いられることもあり，限られた時間・財源の中で研修を実現させるツールとして紹介されています。たとえば，運動会の競技のねらいを考える場合が考えられます（詳細は後述します）。

▶どのような研修目的が適しているか

　それでは，①どのような研修目的のときにKJ法を行うのが良いでしょうか。KJ法の各保育者が考えを出し合うという特徴を考えると，1つは，職員全体でそれぞれの気づきを共有するという研修目的が適しています。具体例を挙げると，ある園では，園全体の保育環境を見直すことを目的に，各保育者が園舎の見取り図を見ながら，各場所が子どもにとってどのような場所であるのかを出し合い，保育者同士で園の各場所の意味づけを共通理解できました。このように，KJ法で各保育者の考えや気づきを出し合い，集約させる過程を通して，園全体で実践から得られた知識が共有され，園全体の方向性も見いだされるでしょう。

　2つめは，課題解決のために現状を整理することに適しています。私たちの経験では，話し合いをしているうちに新たな課題が見出されて，結局，解決に至らなかったことがあります。実践の課題は複雑であり，多くの要因が含まれています。そのため，要因を十分に見いださずに議論を進めても，研修時間内での課題解決に至らなかったのだと考えられます。

　一方で，KJ法を用いた話し合いで課題解決に至った例もあります。ある園では，運動会の競技を考える際に，これまでの運動会の反省と現状の子どもの育ち，競技のねらいを出し合ってから，競技内容を考えました。こうしたことで「でも，その前の年はさぁ」と議論が堂々巡りすることなく，競技内容が自然と決まりました。限られた時間の中で解決策を探るには，まずKJ法で保育の現状を把握してみるのはいかがでしょうか。

第Ⅱ部　KJ法が拓く「協働型」園内研修

（2）どのような手順で保育者は気づきを得るか

　KJ法を用いた園内研修のどのような手順で保育者が気づきを得るのかを考える前に，園内研修における「気づき」とはなにかを押さえておきます。「気づき」には複数の定義があります。たとえば，「自分の保育内容や技術に関するもの」と「子どもの内面や見方に関する内面的なもの」（三村，1998）がある一方で，「子どもの表面的な気づきから子どもの内面への考察への変化」と「保育者自身の子どもの見方（とらえ方の傾向）の気づき」（名須川，1997）もあります。

　第4章のKJ法を用いた園内研修で保育者が得られる気づきを整理すると，〔想定外の子どもの姿に気づく〕のような「子どもの内面や見方に関する内面的なもの」（三村，1998）に関する気づきと，〔同僚保育者の視点に気づく〕のような，同僚保育者がどのように子どもを見て理解しながら，意味づけをしているのかという「同僚保育者の視点への気づき」があります。

　では，これらの気づきはKJ法を用いた園内研修において，どのようにして得られるのでしょうか。日々の保育実践の出来事をあらためて振り返り言葉にする機会が少ない保育者は，「子どもの内面や見方に関する内面的なもの」に関する気づきを，KJ法の付箋への記入による，考えを言語化する作業や，付箋のグループ化で考えをまとめる作業により得ることができます（中西ほか，2012）。また，「同僚保育者の視点への気づき」は付箋のグループ化の語り合いの際に得ることができます（中西ほか，2012）。

　第4章の手順と照らし合わせてまとめると，保育者はKJ法を用いた園内研修の手順③の付箋に記入する際に自身の考えを言語化することと，手順④の付箋をグループ化することで「子どもの内面や見方に関する内面的なもの」に関する気づきを得ます。そして，そこから，「子どもの表面的な気づきから子どもの内面への考察への変化」がもたらさされるかもしれません。また，手順④〜⑥の付箋をグループ化するために語り合うことで「同僚保育者の視点への気づき」を得ることができ，普段意識していない「保育者自身の子どもの見方

（とらえ方の傾向）の気づき」にもつながるでしょう。

（3）KJ法を用いた園内研修で語り合いを促すテーマとはなにか

▶「KJ法の活用＝語り合いの促進」とは限らない

　KJ法を用いた園内研修において，語り合いを促すテーマについて考えてみたいと思います。たとえば，ある園では，公開保育の成果と課題というテーマでKJ法を用いた園内研修を実施しましたが，そのときは活発な語り合いにならなかったそうです。なぜこのテーマでは保育者同士の語り合いが促されなかったのでしょうか。以下，いくつかの事例を照らし合わせながら考えていきます。

　まず，KJ法を用いた園内研修で語り合いが促された事例（中西ほか，2012）をみていきましょう。この事例では「子どもは鬼ごっこの中でなにを学んでいるのか」というテーマでKJ法を行い，事前に100枚の付箋を用意していましたが，途中で付箋が足りなくなり追加しました。KJ法における付箋の枚数は，保育者の考えや意見の数を意味するので，保育者からたくさんの意見が出て，語り合いが活発であったことが考えられます。一方で，先ほどの活発な語り合いができなかった園では，どのくらいの枚数の付箋が出たかは明らかではありませんが，きっと付箋の枚数は少なかったのではないでしょうか。

▶語り合いが促されないテーマの特徴①：はじめから結論が設定されている

　前者の「子どもは鬼ごっこの中でなにを学んでいるのか」というテーマと後者の「公開保育の成果と課題とはなにか」というテーマは，どのような点で異なるのでしょうか。

　1点めとして，テーマが「はじめから結論を出そうとしているかどうか」が異なります。前者では付箋のグループ化を繰り返すことで，子どもは鬼ごっこの中で「ルールの理解」「遊びへの意欲」「気持ちの育ち」「人間関係」「遊びの発展」「学習の基礎」「遊びを楽しむ」ことを学んでいるという結論にたどり着きました。逆に，後者では付箋のグループ化をする前から，公開保育の成果と

第Ⅱ部　KJ法が拓く「協働型」園内研修

課題の2つの結論が設定されていました。このように，はじめから結論ありき
で意見を出そうとしたことが保育者の考えを制約してしまい，自由な発想で考
えを出せなかったのではないかと考えられます。

▶語り合いが促されないテーマの特徴②：直感的に考えが浮かばない

　2点めとして，「直感的に感じたことを出しやすいテーマであるかどうか」
も異なります。前者の「子どもは鬼ごっこの中でなにを学んでいるのか」の
テーマは，保育者が日々感じていることを付箋に記入すれば良いため，それほ
ど難しくないでしょう。一方で，後者の「公開保育の成果と課題とはなにか」
のテーマは，日頃の保育実践から感じていることを付箋に記入するわけにはい
かず，深く考え込まないと付箋に記入できないでしょう。

　KJ法のコツとして，深く考えすぎず，自分の感覚で思いついたことを付箋
に記入すること（中西ほか，2012）が挙げられますが，後者のテーマはそのこ
とを妨げます。KJ法では出された付箋をグループ化する過程で語り合いがな
されますが，付箋が少ないとなると活発な語り合いは難しいでしょう。

▶語り合いを促すテーマのポイント

　ここまでをまとめると，KJ法を用いた園内研修で語り合いを促すテーマの
大切なポイントとして，1つは，決められた結論ありきではなく，様々な結
論の可能性が考えられるテーマであることです。2つは，深く考える必要がな
く，日常の実践から考えが思いつきやすいテーマであることが重要だと言える
でしょう。保育者のみなさんがKJ法を用いた園内研修を実施する際には，ぜ
ひその2点を踏まえたテーマを意識してみてください。

3　KJ 法が拓く新たな園内研修の可能性

（1）KJ 法を用いた園内研修の可能性

　さて，第4章と第5章も含めたこれまでの KJ 法を用いた園内研修の知見は，本書の第2章で示したような保育者が育ち合う「協働型」園内研修のための「7つの習慣」に対して，どのような形で補助輪となり得るのでしょうか。結論から言うと，KJ 法を用いた園内研修は保育者に「7つの習慣」を獲得させることを促すと言えるでしょう。以下，第4章と第5章の内容や先行研究を照らし合わせながら，その理由を説明します。

　①多様な意見を認め合おう
　第2章でも紹介したように，「協働型」の園内研修では多様なアイディアを含んだ意見が出ることが大切であり，それによって語り合いが深まります。しかし，頭では理解していても，実際に行うことが困難な場合もあるでしょう。保育者のみなさんには，経験年数の多い先輩保育者が言う意見には説得力があり，なんとなくそれが正解のように感じたことがあるのではないでしょうか。
　それでは KJ 法を用いた園内研修は，どのようにして保育者が多様な意見を認め合うことを促進するのでしょうか。まず，KJ 法を用いた園内研修では語り合う前に自分の考えを付箋に記入するため，他者の考えに左右されず〔周りの目を気にしないで考えを発言しやす〕く（第4章），他者と同じような意見を出そうとする「同調プレッシャー」（第2章）が軽減されます。またこのとき，多くの考えを出すことが求められることから，多様な意見が出ます。また，付箋1枚に1つの事柄を語句程度で記入する制約があるため，保育者は文章を書くうえでの配慮や考えの根拠までをしっかりと言葉にする必要がなくなり「完成度プレッシャー」（第2章）が軽減され，発言が促されると考えられます。KJ 法のこうした点が，園内研修で多様な意見を出すことの補助輪となると考

えられます（第4章）。

次に，付箋の内容を検討して，似たような意味のグループをつくるとき，出された付箋はすべて，対象児を理解するための情報となります。つまり，KJ法のすべての意見を採用しながら考えを整理する前提が，保育者同士の意見を認め合うことにつながると言えるでしょう（第4章）。

②安心感を高めよう

この習慣も，①で説明したようなKJ法の特徴により促されると言えます。

1つは，語り合う前に自分の考えを付箋に記入するため，他者の考えに左右されず〔周りの目を気にしないで考えを発言しやす〕く（第4章），他者と同じような意見を出そうとする「同調プレッシャー」（第2章）が軽減され，保育者の安心感が高まります。

2つは，付箋の内容を検討して，似たような意味のグループをつくるとき，出された付箋はすべて，対象児を理解するための情報となるため，保育者は〔自分の考えが受け入れられる〕と感じて，周りの保育者に否定されるのではないかという「評価プレッシャー」が軽減され，保育者の安心感が高まると言えるでしょう（第4章）。KJ法のこうした特徴が，新人保育者に先輩保育者や同僚保育者から話を聞いてもらえる雰囲気をつくり，「同調プレッシャー」や「評価プレッシャー」を感じにくくさせ，たくさんの発言が出せることにつながりました。また新人保育者の発言の増加が，経験年数の多い先輩保育者にも批判されない安心感を与えることになりました。言い換えれば，KJ法を用いた園内研修におけるすべての意見が採用される前提が，新人保育者の安心感を高めて発言を増加させ，さらにそれが経験年数の多い保育者の安心感も高めて，全体の発言数の増加につながるのです（第5章）。

③個別・具体的な事例をもとに語り合おう

KJ法では，付箋に保育者の思いついた具体的な考えを記入して，グループ化します。そのときに，語り合いの場では付箋の内容を一つひとつ吟味するこ

とが求められるので、個別・具体的な事例を語り合うことになります。

ただし、前節で紹介したように、「公開保育の成果と課題とはなにか」のような日常の保育実践から離れたテーマではなく、保育者が直感的に意見を出しやすい保育実践のテーマ（たとえば「子どもは鬼ごっこの中で何を学んでいるか」「園で育てたい子どもたちの姿」「（研修計画を見据えて）保育者が学びたいこと」「園でどのような保護者対応をしていくか」「行事の感想」など）を設定することが重要です。

④感情交流を基盤に語り合おう

感情交流を基盤に語り合うには他者と感情を共有したり、自分の感情を表出した、いわゆる胸襟を開いた語り合いが重要です。そのためには、同僚保育者の意見を自分とは異なるとして否定的にとらえるのではなく、肯定的にとらえる必要があります。KJ法を用いた園内研修は、同僚保育者の意見を肯定的にとらえる補助輪になり得ます。詳しい説明は①で述べたので省略しますが、KJ法におけるすべての付箋をグループ化して、考えを整理、構造化するという前提がその補助輪になります。

たとえば、「（同僚保育者が）ああ、こんなことを見てたんだとか、こんなこと思って見てたんだとか」（第4章）のように、保育者が同僚保育者の意見を認めていることがわかります。くわえて、「ほんとちっちゃい一言からはじまるんだけど、ああこの人はこんな考え、こういう人はこう見てるんだなっていう、なんかその人らしさが理解できた」（第5章）からもわかる通り、保育者の、同僚保育者の記入した付箋の一言から、相互の理解や「その人らしさ」の理解に努めていた振る舞いも重要です。

このように、KJ法のすべての意見を尊重するという前提が、各保育者の意見を認め合う雰囲気づくり（第4章）と、保育者の同僚保育者の記入した付箋の一言から、相互の理解や「その人らしさ」の理解に努めていた振る舞い（第5章）に影響するため、保育者は同僚保育者の意見を肯定的にとらえ、感情交流を基盤にした語り合いができるようになるでしょう。

第Ⅱ部　KJ法が拓く「協働型」園内研修

⑤コミュニケーションを促そう

①②でも述べましたが，語り合う前に各保育者が考えを短い文言で付箋に記入することで「同調プレッシャー」「完成度プレッシャー」が軽減され，多くの意見が出るようになります。くわえて，KJ法のすべての意見を採用する前提による，否定されない雰囲気と付箋の情報を補うために保育者相互で質問し合いながら考えを聞き合うことで，保育者一人ひとりの発言する機会が増えて，保育者全体での語り合いが促されると考えられます（第4章）。また，参加している保育者が実感をもって「受け入れてくれている」と感じられるように安心感を与えるよう振る舞う保育者の存在（第5章）も，コミュニケーションの促進につながるのではないでしょうか。

⑥園長や主任は各保育者の強みや持ち味を引き出そう

KJ法における，意見や考えをグループ化して新たな知見を生み出す作業は，各保育者の保育への見方を出し合うことになるので，自ずと「この先生は，子どもの細かい表情の変化から，心情を読み取る力があるんだな」とか，「あの先生は，子どものちょっとしたつぶやきを大事に聞いているな」というような各保育者の持ち味・強みを知る機会となるでしょう。しかし，ただ短い文言が記入された付箋で意見や考えを出し合うだけでは，そうした保育者の持ち味や強みを知ることは難しいでしょう。それを可能にするには，付箋をグループ化する作業において，いかに園長や主任などの管理職が各保育者の発言の背景を聞き出せるかが重要になります。たとえば，「（1枚1枚の付箋を吟味するときに）文章が短いので，ちょっと説明してもらわないとわからないことはあるじゃないですか。そういうときには「これなんで？　誰が書いた？」とか言って……」の発言（第4章）のように，管理職が一つひとつの付箋の意図を丁寧に聞くことが，各保育者の持ち味や強みを知ることにつながったと考えられます。

⑦園長や主任はファシリテーターになろう

KJ法を用いた園内研修を進めていくうえでは，管理職などの経験年数の多

い保育者が，ファシリテーターとしてどのように振る舞うかも重要です。

　なぜなら，第1に，KJ法を用いた園内研修では多様な保育者の考えや意見が出ますが，新人保育者は自身の考えをうまく説明できないこともあるからです。たとえば第4章では，先輩保育者が「このとき（子どもに）何があった？」と聞かれたことで，新人保育者は自身の考えをより明確な言葉で伝えることができ，語り合いが促されました。つまり，KJ法を用いた園内研修では，管理職などの保育者がファシリテーターとして，参加者の意見や考えを聞き，他の参加者が理解に困っていると感じたときには理解を促すような翻訳や質問をして，参加者たちの意見や考えをつなげ，整理して，話題を広げたり，深めたりすること（那須ほか，2016）が重要です。

　第2に，付箋のグループ化の際には園長や主任がいかにファシリテートするかが重要になるからです。たとえば，H幼稚園でのインタビューでは「それぞれグループにして，これがどうなるんかなっていう感じだったんですけど（中略）やっぱりそれをうまくまとめてくれる人がいるのといないのってやっぱり中身が違うんだな」という感想も出ました。これより，誰が付箋をグループ化するかが研修の議論の質の深まりに影響すると考えられます。議論の質を深めるには，ファシリテーターが話題を広げたり，深めたりすることが重要です（那須ほか，2016）。つまり，ファシリテーターがどの意見に着目するかが重要になると言えるでしょう。ベテラン保育者は新人保育者よりも，保育の見通しや援助のバリエーションを多くもっている（高濱，2000）ことから，議論の質を深めるためには，園長や主任がファシリテーターになると良いでしょう。

　まとめると，KJ法を用いた園内研修にはファシリテーターである管理職の存在が重要であり，こうした研修の実施が園長や主任がファシリテーターとして振る舞う機会になると言えるでしょう。ただし，研究主任などの立場が上の保育者の発言が語り合いの結論のように扱われる（松井，2009）こともあるので，あくまでも，ファシリテーターをするときは中立的な立場（那須ほか，2016）でいようと心掛けておく必要があります。

第Ⅱ部　KJ法が拓く「協働型」園内研修

（2）KJ法を用いた園内研修の留意点

KJ法を用いた園内研修の留意点を述べていきたいと思います。これまでの知見をもとに，以下の3点に気をつける必要があります。

▶テーマ設定に注意しよう

1点めは，どのようなテーマ設定で実施するかです。先ほども述べましたが，「はじめから結論を出そう」とするテーマでは，保育者の考えを制約することになり，自由な発想の考えが出にくくなります。また「直感的に感じたことを出しにくいテーマ」（たとえば，「公開保育の成果と課題」）だと，日頃の保育実践の中で感じていることを付箋に記入するような気楽さはなく，深く考え込まなくてはなりません。そのため，再度記述することになりますが，①決められた結論ありきではなく，様々な結論の可能性が考えられるテーマであること，②深く考える必要がなく，日常の実践から考えが思いつきやすいテーマで行うことを意識してみてください。

ただし，必ずしも①②を意識したテーマで行わなければならないのではありません。あくまでもKJ法を語り合いの補助輪として考えているので，園内に語り合いが可能な風土であれば，どのようなテーマでも実施できると思います。

なお，語り合いやすいテーマも大切ですが，園の厳しい実態や状況を踏まえて保育の質の改善を目指すのであれば，時には，深く考え込んで意見を出すテーマや，対立するような意見や考えを出しながら議論し園として1つの方向性を探るテーマなどの気軽に語り合いにくいようなテーマも欠かせないと思います。

▶プレッシャーが軽減できるような工夫をしよう

2点めは，園内研修でKJ法を用いることで保育者に新たなプレッシャーが生じてしまい，保育者の行動が制約される場合が考えられます。具体的に言うと，保育者にはKJ法で考えを見えるかたちにしたことで，各保育者の記入

110

第6章 KJ法を用いた園内研修の可能性と留意点

した付箋の枚数や1枚の付箋に記入された情報量などを意識することで生じる「量プレッシャー」と，研究手順の適切さに対する不安や手順通りに遂行しなければならない焦りによる「手順プレッシャー」です（詳しくは第4章第3節参照）。「量プレッシャー」は，コーディネーターの視点の豊富化を意図した「可能な限りいろいろな考えを出す」といった教示が影響していたと考えられました。そのため，実際に園内研修でKJ法を実施する際にはあらかじめ決まった量の付箋を渡したり，ファシリテーターが付箋を多く書くことを勧める教示をするのではなく，テーマに関して気づくことがあれば付箋に考えを記入すればよいなど，できるだけ制約のかからない教示をしたり，ルールを定めていくことが良いでしょう。一方で，「手順プレッシャー」はKJ法の手順に慣れることで解消されると予想されます。

▶同僚保育者を知ることを手がかりに実践を良くしよう

　最後に，KJ法の活用により園内研修で多様な語り合いが可能になりますが，それらの語り合いをどのようにして保育実践に反映させれば良いのでしょうか。これまでの章から，園内研修でKJ法を用いることで保育者同士の語り合いが促されることが確認され（第4章，第5章），その場で多様な気づきが得られることがわかりました（第4章）。第4章と第5章で取りあげた園内研修は子ども理解をテーマに実施していたため，同僚保育者の多様な見方を知る機会となったと言えるでしょう。三村（1998）によると，「気づきを得た」ことが保育者自身の変容にすぐ結びつくのではなく，「気づきを得た」ことは「自分を見つめ直す契機を得た」にすぎず，その自分の内面を見つめる過程により保育者に変容がもたらされる，と言います。そのため私たちは，語り合いにより生じた気づきをどう保育実践に活かすかは，各先生方の課題意識や工夫により異なると考えます。

　可能性として次の2つが挙げられます。1つめは，同僚保育者のがどのような点に注目して子ども理解をしているのかを知り，その視点をくわえて子ども理解をすることです。特に，担任保育者は他の保育者と比べてクラスの子ども

111

とかかわる時間が長く，どうしてもそれまでの問題行動にとらわれて見る傾向にあります（佐木，2005）。一方で担任以外の保育者は立場が異なるため，同じ子どもを見ていてもとらえ方は異なります。佐木（2005）は同じ子どもに対しても，それぞれの保育者がとらえた姿によって，かかわり方が異なると言います。したがって，同僚保育者の視点に気づき，それを含めた対象児理解を行うことが，その子へのかかわり方に変化をもたらすでしょう。子どもへのかかわり方が変われば，子どもも変わり（佐木，2005），自身の保育も変化するかもしれません。

2つめは，同僚保育者の保育行為や保育援助を真似ることが重要であると考えます。そのためには，それらの保育行為や保育援助の意図を理解する必要があります。しかし，読者の保育者の中には，同僚保育者の保育行為や保育援助を見て「なぜ，ここでこのような声かけをするのだろう？」「なぜ，この場面で見守っているのだろう？」と疑問にもちながらも，慌ただしい保育現場で聞けずにいる人が多いと思います。そのような困難さの中で，もしKJ法を用いた園内研修の語り合いから，同僚保育者の考えを知ることができれば，その人の保育行為や保育援助の意図を知る手がかりになるのではないでしょうか。当事者以外の人から見ると，保育行為や保育援助の意図を読み取ることは難しいものです。つまり，同僚保育者の保育行為や保育援助を表面的に理解するだけではなく，その深層の意図を理解したときに初めて，自身の保育実践に反映することができるのではないでしょうか。

これらの可能性を考えると，KJ法により語り合いが促されて多様な意見が出ることは同僚保育者の考えを知る機会となり，ひいては同僚保育者の子ども理解の視点を自身の子どもの見方に取り入れたり，同僚保育者の保育行為や保育援助の意図にも思いをめぐらせたりすることになり，自身の保育実践を良くすることにつながるのではないでしょうか。

第Ⅲ部
TEM が拓く「協働型」園内研修

第7章

園内研修をデザインするツールとしてのTEM

1 園内研修と TEM

ここでは，そもそも TEM とはどのような質的アプローチであり，それを園内研修で用いることがなぜ有効と考えられるのかを検討します。そのうえで，より手軽に園内研修で用いるための方法を提案します。具体的な園内研修の手順や活用例を紹介する前段階にあたる内容ですので，基本の手順や効果などをまず知りたいという人は，第2節からご覧ください。

（1）TEM とはなにか

TEM とは，複線径路・等至性モデリング（Trajectory Equifinality Modeling）の略称であり，対象とする人間の経験や成長・発達などを，時間の流れに即して描き出すことをめざした質的研究の方法論です（サトウ編，2009）。TEM に関する書籍がはじめて刊行されたのは2009年であり，比較的新しい方法論と言えます。しかし，これまでに，保育や教育の分野はもちろん，心理学や福祉学，看護学や経営学といった，人と人とのかかわりを重視する分野の研究・実践において，積極的に TEM の活用が試みられています。なぜ，このように TEM が注目されるのでしょうか。その理由について，TEM の特徴を踏まえながら考えてみましょう。

▶TEM の基本コンセプト

まず，名前の由来ともなっている等至性（Equifinality）と径路の複線性，それに関連するいくつかの概念について考えてみます。これらは，第1章でも解

第7章　園内研修をデザインするツールとしてのTEM

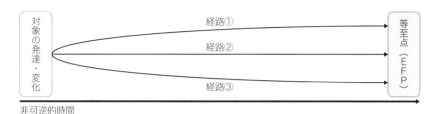

図7-1　TEMの理論的なイメージ
出所：安田・サトウ編，2012を参考に作成

説していますので，おさらいとして，できる限り簡潔にまとめてみます。

　等至性とは，生物や自然環境が異なる径路をたどりながらも，類似した結果にたどり着くといった性質のことであり，ヤーン・ヴァルシナー（Jaan Valsiner）によって心理学研究に取り込まれました（Valsiner & Sato, 2006；サトウ編，2009）。TEMは，この理論に基づき，人間の経験にも，等しく到達するポイント（等至点：Equifinality Point）と，そこにたどり着くまでの多様な経験の径路が存在すると考えています。つまり，おおざっぱに言えば，TEMによって人間の経験や発達のプロセスを描き出すとは，設定した等至点をゴールとして，それに至るまでの径路を詳細に描き出すということなのです（図7-1）。なお，TEMによって描き出された径路図は，「TEM図」や「プロセスモデル」などと呼ばれており，本書でもそれに習うこととします。

▶TEM図を彩る概念

　また，TEMには，等至点までの径路をより豊かに描き出すためのいくつかの概念（表7-1）があります。これらを用いることで，個人が経験した葛藤や周囲との相互作用の様相，個人の経験に影響を与えた周囲や社会，文化からの影響の存在などをTEM図の中に描き，表現することが可能になります（図7-2）。

　具体的に，「保育者になる」を等至点（ゴール）としてTEM図を描くことを想定して考えてみましょう。TEMを用いて，1人または複数名の「保育者になる」までのTEM図を作成する場合，まず，各々が「保育者になる」ま

115

第Ⅲ部　TEM が拓く「協働型」園内研修

表7-1　TEM の主要な概念の名称，略称，意味

名　称	略　称	意　味
等至点 (Equifinality Point)	EFP	多様な径路が収束するポイント，プロセスの一時的な終着点
両極化した等至点 (Polarized-EFP)	P-EFP	等至点の対となるもう1つの終着点
分岐点 (Bifurcation Point)	BFP	各々の選択によって経路が多様に分かれる地点
必須通過点 (Obligatory Passage Point)	OPP	論理的・制度的・慣習的に多くの人がたどらざるをえない地点
社会的方向づけ (Social Direction)	SD	対象者の選択を狭める社会的な諸力
社会的助勢 (Social Guidance)	SG	対象者の選択を広げる社会的な諸力
制度的・理論的に存在すると考えられる選択・行動		実際には生じなかったが，制度的・理論的にあり得たと考えられる選択や行動
非可逆的時間		対象者の経験とともにあり，逆行したり飛び石的にジャンプしたりすることのない持続した時間の流れ

出所：サトウ編，2009を参考に作成

でに経験した具体的な出来事や判断の数々が，一筋の径路として描き出されます。これに対して，表7-1の概念を組み込むことで，できあがった径路の意味をより深く考えたり，さらに必要な情報を加筆したりすることができます。たとえば，径路の中にある「高校を卒業する」や「現場実習をする」，「資格や免許を取得する」といった文化的・制度的に必ず通るといえるポイント（OPP），高校卒業後の進路のように，選択肢が複数存在し，径路が多様に分かれるポイント（BFP）を発見したり，保育者になることを応援する声や不安視させる情勢など，家族や友人，社会からもたらされる進路選択への圧力（SD）や励まし（SG）などを TEM 図に書き込んだりすることができるのです。すなわち，TEM とは，個人の経験を，他でもないその人が生きた場所（環境，社会，文化など）とともにとらえることで，そのかけがえのなさや豊かさ，切実さを味わったり，その経験（たとえば，「保育者になる」）と関連する社会的・制度的な構造（たとえば，保育者をめざすきっかけの特徴や資格取得の仕組み）や問題（たとえば，保育者になることを諦めさせる要因の存在）に気づいたり，その1人の

第7章 園内研修をデザインするツールとしてのTEM

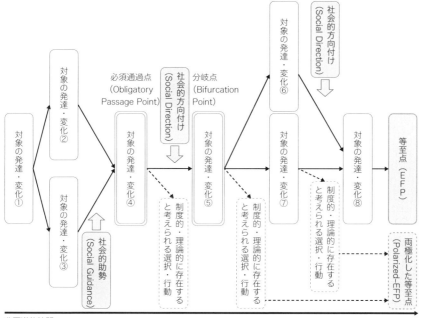

図7-2 概念により各経験の意味や背景が明確になったTEM図

経験をもとに，別人の経験の理解や援助（たとえば，保育者になろうとする人を応援できる養成体制の構想）に役立てたりすることができる質的アプローチなのです。

▶TEMで扱う時間とは

次に，先ほどから何度も登場している「時間」や「プロセス」といった言葉が示すTEMの特徴について考えてみましょう。TEMの最大の特徴として，時間を切り捨てたり，切り刻んだりせずに扱う質的アプローチである点が挙げられます。かかわる相手の経験を，具体的に理解することが大切である質的アプローチや保育などのヒューマンサービスの実践においては，時間を切り捨てないことなどは，当然のことのように思われます。しかし，意外なことに，そうした研究・実践においても，時間の扱い方が，不十分あるいは不適切となり

117

第Ⅲ部　TEM が拓く「協働型」園内研修

得ることが指摘されています（サトウ編，2009）。

　それには，まず，用いる質的アプローチの問題があります。これまでの人間の経験プロセスをとらえるための研究では，KJ 法（川喜田，1967）や修正版グラウンデッド・セオリー・アプローチ（木下，2003）などの質的アプローチが用いられてきました。ここでは，それらの詳細には触れませんが，いずれの質的アプローチにも，収集したデータにある類似した経験などを抜き出し，それらを分類・再配列し，順序性や関係性を示す記号を書き込むことで，人の経験や現象の変容過程を示すモデルを作成するという特徴があります。こうした作業では，データから経験の一部が抜き出され，別の類似した経験の一部と同じグループとしてまとめられるため，それぞれが有していた時間の流れが，破断されてしまうことがわかります（境，2015）。もちろん，この方法だからこそ得られるものも多く，これらの質的アプローチに不備があるということでは決してないのですが，本来の時間をそのように処理するという性質は，十分に認識しておくことが必要です。

　もう 1 つの理由は，時計や暦によって計測することができる外的な時間への依存です。私たちが他者の経験を理解しようとするとき，無意識にそうした外的な時間をものさしのように用います。たとえば，保育者が子どもの経験を解釈する際には，「○歳児だからこの行動は適切（または不適切）」「○日も続いたから，子どもはこの遊びに没頭している」など，その経験の意味や質のものさしを，無意識に外的な時間に求めることがあるのではないでしょうか。たしかに，時にはそうした見方も必要ですが，本来的に人間の経験や時間とは，そのように平均化することができないものです。楽しい時間が一瞬で過ぎ去ったり，苦痛が永遠のことのように感じたりするように，私たちが主観的に感じる内的な時間は，外的な時間と必ずしも一致しません。また，複線径路という用語が示すように，ある経験に至るまでの径路は，その人やその周囲の環境に応じて多様に存在するのです。そのため，平均と比較して遅い・早いと評価するだけでなく，その径路を素朴に見つめ，その人が経験する時間を尊重する視点もまた必要になるのです。

118

第7章　園内研修をデザインするツールとしての TEM

　TEM では，「非可逆的時間」（表7-1）の流れに沿って，対象者の経験を詳細に描いていきます。この時間の流れは，対象者の経験と切り離せない時間であり，巻き戻ることも時計や暦によって刻まれることもありません。TEM を用いた研究では，TEM 図をいくつかの時期に区分すること（たとえば，保育者になろうと決意するまでを第1期，現場実習を経て葛藤を抱くまでを第2期……など）がありますが，そうした際には，〇時間，〇ヶ月，〇年といった方法ではなく，「その人が，〇〇という状態であった期間」などのように，その人にとっての時間の意味を，より具体的に示す名称がつけられます。方法自体は単純ですが，その人が経験した時間と場所に，つねに意識的に，そして素朴に向き合えることは，この質的アプローチの大きな魅力と言えるでしょう。

▶可能性の領域に目を向ける

　最後に，もう1つ，TEM の重要な特徴として，実際には選択されることのなかった経験やその先の径路をも想定し，TEM 図の中に盛り込むことが挙げられます。それらは，「両極化した等至点」（Polarized-EFP）や「制度的・論理的に存在すると考えられる選択・行動」といったかたちで（表7-1），TEM 図に書き加えられます（図7-2）。実際とは異なる経験を想定して分析に含めることは，一見すると，事実と妄想を混ぜ込み，現実を歪めてしまう危険なことのように思われます。これについて，TEM の提唱者であるサトウタツヤは，次のように説明しています。

　「可視化されていない両極化した等至点を組み入れることで，そこに至る仮想的な径路も描き入れることが可能になるし，そうすべきだからである。等至点は研究者が焦点化して抽出するものであるから，研究上，実践上の意義のある物が選ばれやすい。その際，なにかが無かったとかなにかをしない，ことが選ばれるのは少なくなるだろう。だが，等至点として選んだ現象を「なにかをする」として表現しうるならば，必ずそれらとは背反する事象が存在する（「なにかをしない」）。いわば補集合のようなものが存在するので

119

第Ⅲ部　TEM が拓く「協働型」園内研修

ある」（サトウ編，2009）。

　大ざっぱに要約すると，人には多くの可能性があるのであり，現実に経験された内容や TEM 図として描き出されたものは，そのうちの1つに過ぎないということを意識しましょう，可能性も見つめてみましょう，ということです。TEM とは，その人が特定のゴールに至るまでの経験に，ひたすら迫る質的アプローチです。しかし，その中で，ゴールにたどり着くということの価値ばかりが重視され，その途中にあるはずの多様な可能性がないがしろにされてしまうことが考えられるのです。たとえば，「保育者になる」をゴールとした場合では，「保育者にならない」という存在して当然の径路を無意識のうちに忘却したり，価値の低いものとして扱ってしまったりするかもしれません。こうした場合では，人間の経験が，とても単純で幅の狭いものとして扱われるばかりか，全員が脇目も振らずゴールに向かっていくような胡散臭い TEM 図，ゴールに至ることがすべてだと言わんばかりの説教臭い TEM 図になってしまいます。それを意識的に回避するために，TEM では，等至点とは反対の意味のゴールとそれに向かう径路をも想像し，TEM 図の中に書き込むことで，人間の経験をより豊かなものとして扱うことをめざしています。

　様々な特徴を挙げてきましたが，TEM とはなにかを簡潔に述べるならば，その人の経験を，その人が生きた時間や場所を尊重しながら丁寧に描き出す質的アプローチです。したがって，表7‐1にある少し耳慣れない概念の数々は，人の経験の中にある，周囲とのかかわりや葛藤を複雑なままに，豊かな可能性を豊かなままに表現するためのツールなのです。もちろん，TEM の全容は，ここではとても語り尽くせないほど分厚く，そして難解です。しかし，ここで紹介したような基本的な理解から，直感的に取り組むことができる素朴な質的アプローチでもあります。まずは，気軽に試してみる。たとえば，朝起きてから今というゴールに至るまでの自分の経験のプロセスを描いてみるといったことから，はじめてみるのもいいのではないでしょうか。

120

（2）なぜ園内研修に TEM を用いるのか？

　以上のような TEM を，園内研修に取り入れることの意義とはなんでしょうか。ここでは，TEM を用いた保育実践研究などの成果を参考にしながら，子どもや実践に対する豊かな理解の形成，保育者間のコミュニケーションと協働の促進といった2つの観点について，TEM がもたらす可能性を考えてみます。

▶TEM と子ども理解の関係性

　まず，園内研修と子ども理解の関係性から，TEM がもたらす可能性をみていきましょう。保育実践において，保育者が子ども一人ひとりを理解することは，個々の発達や興味・関心などに即した実践を行うための大前提であることは言うまでもありません（文部科学省，2010）。また，ここで言う子ども理解とは，子どもを一般化された発達のモデルや典型例に分類することではなく，目の前の子どもの言動や表情から，その内面を推し量り，共に新たな可能性を模索するような理解の仕方であることも，言うまでもないでしょう。そのため，保育の分野では，こうした子ども理解の形成を援助する様々な記録や省察の方法が提案されてきました。「協働型」園内研修もその1つであり，複数の保育者が，子どもや事例について互いの観点や意見を交流させる中で，対象児がもつ様々な側面や些細な出来事に潜む意味を発見することができると言われています（田中ほか，2010；平松，2011）。また，それらをきっかけとして，子ども理解に即した具体的な援助の方策が生まれてくることも少なくありません（小林・後藤，2004；小川，2004）。他方で，そうした協働による子ども理解のためには，子どもの言動を丁寧に掘り下げようとする柔軟な視座（渡辺，2000）や，普段とは異なる視点から子どもを見つめること，他者の多様な考え方に触れることなどが不可欠であるとも言われています（小田，2010）。TEM を園内研修において用いる意義の1つは，そうした子どもの言動の掘り下げや視点の転換との関連から考えることができます。

第Ⅲ部 TEMが拓く「協働型」園内研修

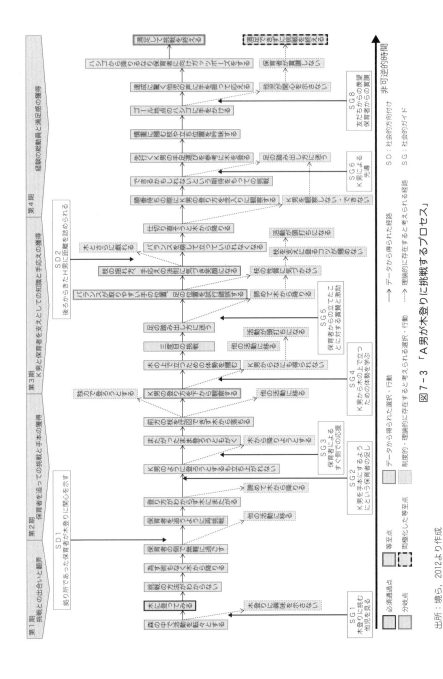

図7-3 「A男が木登りに挑戦するプロセス」

出所：境ら、2012より作成

第7章　園内研修をデザインするツールとしての TEM

　境ら（2012）は，TEM を実践中の子どもの経験を描き出すための方法論と位置づけ，対象児が木登りに挑戦するといった経験（等至点は「満足して挑戦を終える」）の TEM 図化を試みました（図7‐3）。同様に，境ら（2013）は，対象児の「砂場遊びが安定するプロセス」の TEM 図化も試みています。これらの研究は，いずれも，対象児の様子を撮影した映像から，その言動や周囲の様子を短い言葉で抜き出し，それらを並べて TEM 図を描くという手法を用いています。これらの成果を整理すると，TEM には次のような子どもの言動の掘り下げや分析者の視点の転換を促す特徴があることが見えてきます。

▶細かな言動からの子ども理解

　1つめには，対象児の細かな言動に目を向けることで，子どもの意図や出来事間の関連性が浮かびあがるということです。TEM 図を描く過程では，経路上に存在する言動や出来事の一つひとつがラベルとして抜き出されるとともに，それらの順序やつながりが目に見えるかたちで現れます。こうした中で，何気ない行動の裏にある対象児の思いが発見されたり，複数の行動のパターンなどが見いだされる可能性が考えられます。例として，境ら（2012）は，木登りに挑む対象児の興味や目的が，周囲の状況や経験の蓄積とともに微妙に変容していく様子を，TEM 図によってとらえています。また，境ら（2013）では，TEM 図に描かれた対象児の言動の順序や関連性を分析する中で，対象児の砂遊びが安定する条件は，シャベルなどの「道具の獲得」と集団内での「役割の獲得」という2つの出来事が，組み合わさって成立することであるという法則を見いだすに至っています。

▶子どもと環境との相互作用

　2つめは，対象児と環境との相互作用を描き出すということです。TEM では，その人の経験の径路に影響を与えた外的要因を検討し，SD（対象者の選択を狭める社会的な諸力）や SG（対象者の選択を広げる社会的な諸力）として，図の中に明記します。保育中の対象児の経験に対する SD や SG とは，必然的に，

123

第III部　TEM が拓く「協働型」園内研修

他児や保育者，もしくは周囲の場所や物といった保育環境になります。したがって，TEM を用いることで，対象児の周囲に存在する保育環境にも自然と目線が向き，子どもの経験をつくり出す要因として検討することができるのです。実際に，境ら（2012）では，対象児の挑戦の意味が変容する直前に，保育者による応援や挑戦の手本となる他児の出現といった SD や SG がもたらされていたことが明らかになっており（図7-3），対象児の行為の背後に潜む周囲の他者からの影響が鮮明にみられました。

▶子どもの見えない側面を見る

　3つめは，目に見えない子どもの可能性や内面に対する推察が促されることです。前項でも述べたように，TEM には，実際には起こらなかったがあり得たかもしれない事象を想定し，TEM 図の中に書き入れるといった特徴があります。子どもの経験のプロセスの中に，こうした可能性の経路を書き入れることで，対象児の経験の複雑さや奥深さが見えてくる場合があるのです。たとえば，境ら（2012）では，対象児が木登りに挑戦する過程には，挑戦が中断されていてもおかしくない場面がいくつか見いだされました。こうした発見からは，満足して挑戦を終えるという等至点までの経験の中で，対象児がいくつもの葛藤を抱いていたことが推察できるかもしれません。または，それでも中断という選択をしなかった対象児の意思の強さ，選択を迫られた際の癖や傾向などの性格を映し出すものとしても理解できるかもしれません。いずれの場合でも，TEM は実際の対象児に対する理解を深める重要な手がかりとなり得るでしょう。

　以上のように，TEM の分析過程には，子どもの個々の言動を丁寧に扱う作業と，子どもの周囲や目に見えない可能性の領域にまで視野を広げる作業が混在しています。そのため，子ども理解を目的とした園内研修に TEM を導入することで，それぞれの保育者が通常の省察や語り合いとは異なる視点を意識的に駆使し，新たな子どもの一面や援助の方略を協働で発見できる可能性が考えられます。ちなみに，こうした TEM の特徴は，保育者の実践内容を分

析する際，つまり保育者の保育中の経験を理解する場合でも同様に有効です
が（境ほか，2013），園内研修で保育者を対象とした分析を行う際には，1人の
保育者が「まな板の上の鯉」状態にならないよう注意する必要があるでしょう。
また，複数名の子どもの経験を重ね合わせるようにして，1つの TEM 図を
作成することも可能ですが，それ相応の時間や手間がかかります。その方法は，
境ら（2015）を参考にしてください。

▶TEM と保育者の協働の関係性

　次に，園内研修における保育者間のコミュニケーションと協働の促進とい
う観点から，TEM の可能性を考えてみます。保育者同士の語り合いによって，
専門性の向上や問題の解決をめざす「協働型」園内研修においては，各々が自
由に考えや思いを開示することを助長し，そのことが成果として実を結ぶ方法
論を用いることが望ましいといえます。これまでの研究において，TEM には，
そのようなツールとなり得る可能性があることが指摘されています。

　第1に，具体的な言動や出来事の流れとして対象者の経験を描き出すことで
す。TEM 図によって表される結果は，高度に抽象化された概念モデルや心象
風景などではなく，手のひらサイズ化された対象者の経験そのものです（荒川
ほか，2012）。そのため，内容や論点の共有が容易であり，研究者と研究対象
者が，協働で TEM 図を作成することも可能です（安田・サトウ編，2012）。保
育者間で実践について語り合う場合であっても，経験年数や保育観，立場など
の違いによって，話の内容が噛み合わないということが生じるかもしれません。
目の前にある対象児の経験を具体的に描くことを出発点とする TEM の特徴は，
立場の異なる保育者たちが共に語り合うための立脚点をもたらし，保育者の個
性が相乗的に発揮されるためのガイドとなる可能性があるのです。

　第2に，保育者らに自身の感情や経験，あるいは考えの開示を促すという可
能性です。香曽我部（2014）は，保育者養成の教材ビデオの中の幼稚園教諭と
4歳児のやりとりについての TEM 図を作成するという保育カンファレンス
を試み，作業中の保育者らの会話を分析しました。その結果，保育者らが映像

第Ⅲ部　TEM が拓く「協働型」園内研修

の幼稚園教諭の感情や行動を意味づける際には，対象児の具体的な姿などを根拠としながら，自らの解釈を提示するとともに，自分流の対象児へのかかわり方を提案していることがわかりました。また，幼稚園教諭の感情について，自らの経験を例示しながら，共感的に説明を行っていることも明らかになりました。こうした結果をもとに，香曽我部は，TEM が保育者の仮説生成と感情共有を促すツールとなる可能性に触れています。1 つ前の段落で述べたように，TEM 図に書き込まれる情報は，具体的かつ素朴な言動や出来事が中心です。しかし，だからこそ，そうした素朴な言動の一つひとつに対する意味づけの根拠が重要になるのです。特に，協働作業では，意味づけの根拠の説明や互いの意見の調整が必要になるため，その際に，前述したような様々な提案や議論，自分の考えや感情の表出が自然に生じると考えられるのです。

　第 3 に，否定的な発話などを抑制し，会話の相互共有やイメージを共につくりあげる作業を活発化する可能性です。これには，対象児の経験を視覚的にわかりやすく表現する特徴に加えて，実際には生じなかった可能性の出来事までをも考える TEM の特徴が関連すると言えます。香曽我部（2015）では，そうした TEM の特徴に着目し，実際に生じた特定の経験を等至点とする従来の方法ではなく，理想と考える対象児の姿を等至点に設定し，それに至るために必要な経験や保育者の援助のプロセスを描くという保育カンファレンスを試みました。その中では，事例に対する否定的な発話が見られなかった代わりに，対象児の経験の予測や援助のためのアイディアが幅広く案出され，他者のアイディアを土台に，さらに発展したアイディアを述べるような発話の連鎖が起こっていました。この理由について，香曽我部は，話題の中心が想像や未来の事象となったために，現在の実践内容を批判したり，事実関係の正否をめぐって争ったりする状況がなく，自由に発想を述べ，発展させても良いという雰囲気が形成されたことを挙げています。この香曽我部の試みは，事実以外の事象を等至点に置くという斬新なものです。しかし，通常の TEM の分析においても，両極化した等至点（P-EFP）やそれに向かう選択・行動といった想像の領域を検討する手順が含まれています。そこからは，同様に，自由な発想を協

第7章　園内研修をデザインするツールとしての TEM

働で育んでいくような語り合いが期待できるのではないでしょうか。

（3）研究のツールから園内研修のツールへ

　このように，様々な効果が期待できる TEM ですが，実際に園内研修で用いる場合には，研究者が研究のために用いるツールから，保育者などが園内研修で用いるツールとするための工夫が必要です。ここでは，園内研修の進め方の紹介に移る前に，そうした工夫が必要だと考えられる主要なポイントを挙げ，その理由や方法を示します。

　工夫が必要な点として，まず，概念の名称や意味の簡略化があります。TEM は，等至性という概念を軸とした質的アプローチであるため，用いられる用語がかなり専門的で聞き慣れないものになっています。もちろん，これらの概念の名称には，そう名づけられる理由があります。しかし，園内研修で日常的に用いることができるツール，保育者が自分の言葉で語り合えるツールとするためには，可能な限りオリジナルの意味を残しつつも，親しみやすく，直感的に意味を理解できる用語に修正する必要があると考えます。また，概念の中には，「分岐点」や「必須通過点」のように，同じ等至点に到達した対象者を集め，複数の径路を比較する分析の際に，真価を発揮するものもあります。しかし，園内研修で実践事例を検討するといった場合には，対象となる1人の子どもや特定の集団を丁寧に分析するという方が，より一般的であると思われます。その場合は，「分岐点」や「必須通過点」という用語をそのまま用いるのではなく，対象児の経験を左右する重要な出来事を示す「ターニングポイント」を検討するとした方が，違和感が少ないと考えられます。このような理由により，本書で提案する TEM を用いた園内研修では，表7-2のように，オリジナル版の概念を簡略化し，より個別事例の分析に特化した概念を使用することとしました。

　また，TEM を用いた学術研究の多くは，対象者へのインタビューデータを扱っていますが，本書が提案する TEM を用いた園内研修では，実践の様子を撮影したビデオ映像をもとに分析を行うこととしました。遠い過去の物語で

127

第Ⅲ部　TEM が拓く「協働型」園内研修

表 7 - 2　TEM を園内研修に用いるにあたって簡略化した概念の一覧

もとの概念の名称	本書での言い換え	簡略化の意図，内容
等至点	ゴール	事例から TEM 図を作成する作業の目標地点としての意味をもたせるとともに，対象とする子どもの経験の実際の帰結点であることを強調した。
両極化した等至点	「もしも」のゴール	事実と異なる想像のゴールであること，後述する「もしも」の帰結であることを含めた。
分岐点	ターニングポイント	対象児が 1 名の場合では，プロセスにおいて重要な意味をもつ点がわかったとしても，それが 2 つのうちいずれの点に該当するかを判断することは困難であり，作業の混乱を招くと考えた。そのため，2 つの概念を統合し，対象児のプロセスを理解するうえで重要な「ターニングポイント」とした。
必須通過点		
社会的助勢	他者の言動周囲の出来事	対象児の経験に影響を与えた保育環境という意味を強調することで，直感的に付箋に書き出しやすくした。
社会的方向づけ		
制度的・理論的に存在すると考えられる選択・行動	「もしも」	事実とは異なる可能性の領域を想像することを率直に表す言葉として，「もしも」を採用した。

はなく，目の前で展開された数分から数十分の出来事を読み解く園内研修では，直接的に当該の実践を対象とすることが理に適っています。また，ビデオ映像は，文章記録と比べて豊富な情報量を有し，繰り返しやスロー再生などの機能を用いることで，細部に至る分析が可能です（岸井，2013）。そのため，子どもの言動や周囲の出来事をこと細かに分析する TEM と相性が良く，数分程度の短い映像であっても，TEM の持ち味が発揮されやすいと考えました。

　そのほかの主な工夫点としては，分析に付箋を使用することが挙げられます。通常，研究者が TEM を用いてデータを分析する際には，パソコン上での作業が中心になると思います。例として，筆者の場合は，ワープロソフトや表計算ソフトを用いて対象者の言動などを整理した後，プレゼンテーションソフトのパワーポイントを使用して TEM 図を描いています。こうした分析を，協働作業として行う方法を検討したところ，第Ⅱ部の KJ 法でも使用した付箋にたどり着きました。詳しい手順の紹介は次節にまわしますが，貼ったり剥がしたりできる付箋に情報を書き入れることで，内容の順序を入れ替えたり，相互関係を表現するといった作業が容易になります。また，だれがどの情報を出し，

第7章　園内研修をデザインするツールとしての TEM

それらがどのように配置されようとしているのかを全員で共有できることや，付箋を提示したり動かしたりする中で，多くの参加者に発言の機会が生じることなども期待できます。

　なお，こうした工夫を行った理由は，ひとえに，園内研修の場において TEM が活用しやすくなることを願ってのものです。次節では，さらに，分析上の細かな留意点などを説明しますが，それらは絶対的なルールなどではありませんし，現場の状況に応じたさらなる工夫を妨げるものでもありません。各現場の状況を踏まえながら，より良いツールとしてのあり方を共に探っていくことができればと思います。

2　TEM を用いた園内研修の進め方

　それでは，TEM を用いた園内研修の進め方を説明します。以下に紹介する方法は，90分の園内研修を想定したもので，すでにいくつかの保育園や幼稚園で実際に実施されています。ただし，文章記録（エピソード記述など）や KJ 法などに比べれば，園内研修ツールとしての TEM はまだ新しく，発展途上の段階だと考えます。ですので，本書で私たちの経験則を共有していただいたうえで，各現場の実情や目的に沿ったアレンジを加えることは一向に構いません。園内研修ツールとしての TEM を共に育てていくことができれば，本書にとってこのうえない喜びです。

（1）準備するもの

　TEM を用いた園内研修では，実践の様子を撮影したビデオ映像を用います。したがって，ビデオカメラ等の撮影機材のほか，視聴するためのパソコンやオーディオ機器，プロジェクターなどが必要です。文章記録を用いることも可能ですが，記述者の力量や関心に情報の量や質が左右される，保存できる情報量に限界があるといった理由から，TEM の持ち味の1つである，細部にわたる出来事の分析が困難になることが予想されます。また，協働での分析を進め

129

るにあたっては，なるべく大きく鮮明な画面で映像を共有できることが理想的
ですし，話題にあがった箇所をすぐに見返すなど，臨機応変に操作が行えるこ
とも望ましいでしょう。

　もう１つの必需品として，色違いの付箋（４人前後のグループにつき各色50～
100枚）およびその台紙（１グループあたり５枚程度）があります。大きさの目
安としては，付箋はおおむね名刺大の大きさのもの，台紙はＡ３用紙程度が適
当です。TEM を用いた園内研修では，分析作業のほとんどを付箋を用いて行
います。付箋は何度も貼ったり剝がしたりできるため，記述した出来事を考
えながら配置するという TEM 図の作成には最適なツールです。また，限ら
れた枠内で情報を収めようという意識が働くために，後に説明するような，情
報を簡潔かつできるだけ多く書き出すという作業方針が守られやすくなりま
す。また，TEM 図の作成過程では，対象児の言動，周囲の出来事，「もしも」
の出来事といった，性質が似て非なる要素を組み合わせて扱うため，慣れてい
ないと途中で意味が混乱してしまう場合があります。そのため，上記の３つの
要素をそれぞれ別の色の付箋に書き出すような視覚的な工夫が有効です。なお，
どの色をどの要素に割り当てるかは任意ですが，もっとも多くの付箋を要する
のは対象児の言動であり，周囲の出来事や「もしも」の出来事は，それぞれそ
の半量程度必要になる傾向があります。過去に実施した園内研修の例では，４
～５人程度のグループにつき，対象児の言動用の付箋を100枚，そのほか２つ
の要素用に各50枚を準備しました。

　そのほか，話し合いの内容を TEM 図に書き込むためのマーカー，台紙を
複数枚貼り合わせるためのセロハンテープ，作業内容を簡潔にまとめた説明書
きなどがあれば作業が進めやすくなります。

（２）実践の様子を撮影する

　園内研修の事前に，対象児や保育実践の様子を撮影した映像事例を用意し
ましょう。映像は，あらかじめ担当者などを決めて撮影することになります
が，はじめのうちは，市販の映像教材等を使って練習してみるのもいいでしょ

う。基本的には，どのような映像であっても TEM で分析することは可能です。ただし，園内研修をより充実したものとするためには，いくつか留意すべき点があります。

まず，映像の長さですが，はじめのうちは3〜5分程度が適当です。TEMは，対象者の経験を縮小して表現する方法であるため，もとの事例の長さに比例して，分析に必要な時間や労力が増大します。また，映像が長ければ，視聴に要する時間も増すため，10分を超えるような映像を用いた場合では，1回の研修時間で分析を終えることが難しくなります。また，TEM は，1つの事例を詳細に読み解いていく方法論であるため，3分程度の映像事例からでも，横向きＡ3用紙2〜3枚にわたる TEM 図が作成できることも少なくありません。なにより，長大な事例を多大な労力を割いて圧縮するよりも，短い事例をできるだけ丁寧かつ具体的に分析する方が，対象児のかけがえのない経験を理解するという TEM の醍醐味を実感しやすいと思います。なお，映像の長さの調整については，あらかじめ決めた時間内で録画をストップするか，映像編集ソフトなどを用いて必要部分を切り出す方法があります。

次に，映像の内容についてです。ここで大切にすべきことは，TEM で分析することが，有意義だと考えられるかという観点から内容を吟味することです。次のような事例に価値がないという意味ではありませんが，映像の中で目立った起承転結がない，他者や周辺環境との相互作用がない，葛藤している様子やなにかに熱中している姿がないといった場合，その経験を豊かに描き出すためには相当な慣れと感性が必要になります。また，身体や物の動きが少なく，会話中心の映像を用いると，発言内容の書き起こしばかりに労力を費やし，子どもの経験を深く理解するには至らないかもしれません。映像事例が適切か否かの判断は難しいですが，TEM の特徴と照らし合わせて，楽しく取り組めそうかというところを1つの基準にするのが良いと思います。

最後に，カメラアングルについて簡単に述べます。TEM の分析では，1人の対象児の言動と周囲の状況の両方を分析します。そのため，対象児の表情などがわからない遠くからの映像はもちろん，対象児に近づきすぎてしまい，そ

第Ⅲ部　TEM が拓く「協働型」園内研修

の周りでなにが起こっているのかが把握できない映像も，分析にとっては都合が悪いということになります。基本的には，対象児を中心に撮影しつつ，適宜にズームアウトして周囲の様子を撮影範囲に収めたり，対象児にかかわった人や物が，どこから来てどこへ向かったのかを追ったりすると良いでしょう。

（3）ゴール（等至点）を設定する

　映像事例が準備できたら，いよいよ園内研修での TEM 図作成に入ります。作業や議論のしやすさから考えて，4〜5人前後で1グループとして行うのが適当です。まず，TEM 図に表現する経験のゴール（等至点）を設定し，台紙の右端に書き込むか付箋で貼り付けましょう。ゴールというとなにか特別な感じがしますが，要するに，対象児が最終的にたどり着いた具体的な経験です。コマ回しに挑戦する子どもの事例なら「成功したことを保育者に伝える」，登園直後のルーティンワークを撮影した事例ならば「鞄をロッカーに片付ける」など，最後の言動を簡潔に抽出したもので構いません。以後の作業は，このゴールまでの径路を描く，このゴールに至らない場合の可能性を考えることが中心になるので，内容はグループでよく吟味しましょう。もっとも，ゴールは，テーマとする映像事例が決まった段階で，自ずと定まっている場合の方が多いかもしれません。そのため，園内研修の場で全員でゴールを決めるのではなく，事例を準備する担当者があらかじめゴールとそれが貼り付けられた台紙を用意しておき，この手順をとばして，次項で説明するゴールまでのプロセスを描くところから，全員での作業をスタートしても構いません。

　ちなみに，TEM を用いた学術研究では，多くの場合，ゴールとは，研究者がもっとも関心をもち，解き明かしたい経験になります。これは，まず大体のテーマや研究方法を決めて，次に対象者やフィールドと接触する（TEM の場合では，等至点に設定した経験をもつ人物に会う）という研究の流れを考えると，必然のことだと言えます。しかし，自園の事例を園内研修で検討するような場合では，これらの順序が入れ替わっても良いと考えます。保育実践を観察していると，最後に至った結果自体は，取るに足らないことのように思える場合で

も，それまでの過程に，面白い出来事が詰まっていると感じる事例に出合うことも少なくありません。その場合は，先に TEM 図に描いてみたい径路（映像事例）があり，事後的かつ便宜的にゴールを定めてもいいと思います。大切なのは，TEM を用いることで，対象児や保育に対する理解が深まること，保育者間のコミュニケーションが豊かになることです。

（4）付箋を使ってゴール（等至点）までのプロセスを描く

次に，付箋を使って，図7-4のように対象児の経験のプロセスを描きましょう。なお，ここからの作業過程の説明（①～③）は，映像の作成やゴール（等至点）の設定までを担当者単独で行い，他の参加者は，園内研修を通して初めて事例を視聴するという状況を想定しています。

① 全員で映像事例を視聴します。この園内研修は，映像事例を見ないことにははじまりません。まずは，書く話すなどの作業を交えず，どのような対象児が，どのような経験をしているのかを一人ひとりがしっかりと把握できる機会を確保します。

② 再度映像を視聴しながら，対象児の行為や発話，対象児の経験に関係しそうな周囲の出来事などを付箋に書き出します。その際，たとえば「○○をする」「（発言内容）と言った」「すぐ隣で××が○○する」のように，1枚の付箋につき，1つの言動や出来事を簡潔に書き出すようにします。また，対象児の言動と周囲の出来事を別の色の付箋に記入すれば，後で付箋を並べたときに内容の理解が容易になります。1回の再生時間中だけでは，十分な言動の抽出が難しいので，映像を視聴しつつ書き出す→映像終了後に数分間の記入時間を設ける→再度映像を視聴しつつ書き出す……といったように，時間と相談しながら，作業手順を繰り返すとよいでしょう。以下，この作業を行う際の留意点を2つ挙げておきます。1つは，付箋への書き出し作業は，基本的に個人作業として行うことです。仲間と多少の相談をすることは構いませんが，各々の観点が付箋の内容に反映されることで，後で共有する際に

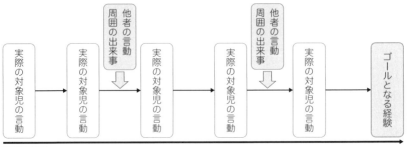

図7-4 作業①～③までの TEM 図の進捗状況のイメージ

議論の幅が広がります。また，対象児の同じ行動でも，保育者間でまったく意味づけが異なるということもあるかもしれません。それらは，子ども理解と仲間とのコミュニケーションを深めるための重要なポイントになり得ます。2つは，あまり考えすぎず，直感的に作業を行うことです。対象児の言動などを正確に書き出すことは大切ですが，詳細な記述や細かな事実確認にとらわれすぎると，そこで手が止まってしまいます。不明なところは，あとで再度映像を視聴したり，他の保育者と語り合う中で確認すると割り切り，できるだけ多くの内容を書き出すように意識しましょう。

③　各自が作成した付箋を相互に出し合い，話し合いながら，ゴールに至るまでの対象児の経験の径路を描き出します（図7-4）。基本的なルールとしては，左から右へという時間の流れに注意して付箋を並べること，対象児の言動を台紙の中央列に並べ，それに対応させるように，関連する周囲の出来事などを台紙の上段あるいは下段に並べることです。このとき，図7-4のように矢印などを書き入れ，対象児の経験と周囲の出来事の因果関係を整理していくと良いでしょう。話し合いの方法には，特に決まりなどはありませんが，まずはスタート地点となる付箋を定め，そこから時間の流れに沿って互いに付箋を出し合っていくようにすると作業が進めやすくなります。TEM 図に対して付箋の台紙の長さが足りなくなった場合には，新たな台紙を継ぎ足すようにします。このように，TEM 図を作成するのですが，情報を付箋に書き出す作業は，各自で行っているために，付箋を出し合う中で，内容が

重複することがあります。そうした場合は，同じ物として付箋同士を重ねて配置するか，重複した内容を折衷させた内容の付箋を新たに作成します。また，映像の同じ箇所から作成された付箋であっても，言動や出来事に対する解釈が異なる場合もあります。そのときは，互いに判断の根拠を説明し合い，互いの視点を交流させたうえで，双方が納得できる付箋を選択するか新たに作成します。このほか，話し合いの過程で，新たに書き出すべき事項が生じた場合は，随時付箋を作成して構いません。

以上が，ゴールまでのプロセスを描く作業ですが，作業の中盤や終盤に再度映像を視聴する機会を設けると，事例に対する理解や語り合いがより一層深まります。時間が許す範囲で，映像事例と TEM 図の間をなるべく多く往復できるような研修設計が理想的です。

（5）TEM 図の「ターニングポイント」と「もしも」を考える

作業①〜③によって得られた TEM 図をもとに，対象児の経験や周囲の保育環境についてさらに掘り下げます。子ども理解を発展させ，具体的な援助の方策やかかわり方を見いだすという点においては，ここからの語り合いこそが重要であるといっても過言ではありません。

まず，子どもの経験の「ターニングポイント」となる箇所を探し，仲間とその根拠などを語り合いましょう。「ターニングポイント」とは，対象児の経験のプロセスが，ゴール（等至点）へとたどり着くことを決定づけた重要な経験のことであり，子どもの内面が大きく揺さぶられた行為や出来事，またはそれらの組み合わせが該当します。ほかの言葉で言い換えるならば，ゴールにたどり着くための「運命の分かれ道」「決定的瞬間」「きっかけ」といったところでしょうか。たとえば，「できないことができるようになる」といったゴールまでには，手本となるような友だちと出会ったり話したりするという「ターニングポイント」が，「継続していた遊びをやめる」といったゴールの前には，「一緒に遊んでいた友だちと仲違いする」といった「ターニングポイント」があるかもしれません。このようなポイントを検討することで，対象児の経験にとっ

第Ⅲ部　TEMが拓く「協働型」園内研修

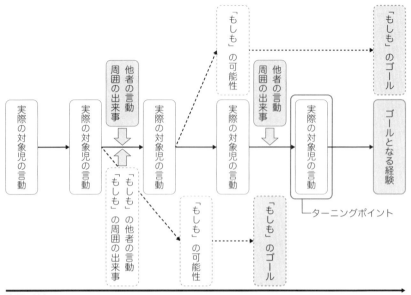

図7-5　最終的なTEM図のイメージ

て重要な他者や環境の存在が浮かびあがります。また，その子どもが大切にしているものや行動の傾向などが見えてくることがあるかもしれません。「ターニングポイント」に該当する言動や出来事の付箋の周りを，マーカーなどで囲んでおくと，作業の内容が保存，共有しやすくなります（図7-5）。

　次に，あり得たかもしれない対象児の「もしも」の経験を想像して付箋に書き出し，グループで話し合いながら，TEM図の中に配置していきましょう。書き出した「もしも」の対象児の言動や出来事は，台紙の下部などの空きスペースに，実際のプロセスから派生するように配置していくと良いでしょう（図7-5）。また，事実とは異なる内容を扱いますので，これまでに用いたものとは別の色の付箋を使用することをおすすめします。この「もしも」を想像し，実際の出来事の中に位置づけるという作業は，他の方法論にはない，それどころか禁忌とされる行為であるため，なにをどのように考えてよいのかわからないという人もいるかもしれません。しかし，多くの「もしも」の種は，これまでに作成してきたTEM図と「ターニングポイント」の中にすでに潜ん

でいます。たとえば，対象児の周囲である出来事が起きたという事実があるならば，それが起こらないという状況とその先にある子どもの「もしも」の姿が，すぐに想像できるのではないでしょうか。同様に，「もしも，周りに友だちや保育者がいなければ」「もしも，この経験がなければ」というように，実際のなにかを除外することで，新たな径路は容易に開拓できます。反対に，「もしも，共感してくれる友だちがいれば」「もしも，適切な援助をしていれば」のように，不足を感じた要素を追加することでの開拓も可能です。後の章でも触れますが，事実をヒントに「もしも」を広げていくと，想像が無意味な妄想へ向かうということは案外起こらないものなのです。このように「もしも」を想像し語り合う中で，ポジティブな事例のネガティブな側面や発展の可能性，ネガティブな事例がポジティブなゴールに向かい得た径路などが様々に明らかになります。そこからは，必要な保育者の援助や環境構成のほか，子どもの興味・関心や発達の可能性が見いだせるかもしれません。また，香曽我部（2015）が指摘するように，事実という制約から解き放たれることで，だれもが気軽に自身の保育観や願いを表明できる活発な園内研修へとつながることも期待できます。

　「ターニングポイント」と「もしも」の両方の検討作業に共通する留意点ですが，これらの作業において重要なことは，なぜそのように考えたのかを語り合うことです。たとえば，「もしも」の姿を書き出した付箋を提示する際には，どういった想定をし，どのような子ども理解から，その「もしも」があり得ると考えたのかを丁寧に議論するようにします。子ども理解やコミュニケーションの深まりとは，TEM 図の結果によってよりも，そうした作業過程によってこそ得られるものです。

（6）保育者として支援の方法を探る

　最後に，これまでの成果について語り合い，これからのかかわりや環境構成の方法を考えます。語り合いや提案の内容は，TEM 図の空きスペースなどに書き留めておくと，作業に参加していなかった同僚や外部の保育者，保護者な

第Ⅲ部　TEM が拓く「協働型」園内研修

どと園内研修の成果を共有することができます。また，いくつかのグループに
分かれて作業を行うような場合では，グループの成果を相互に発表し合う時間
をとると良いでしょう。成果に基づく語り合いですので，なにがどのように語
られるかは，TEM 図次第という面が大きいですが，以下のような事項につい
て，語り合いができるのではないかと思います。

　第 1 に，子どもや実践に対する理解についてです。これまでの作業で，映像
に記録された対象児の言動やその周りの状況がこと細かに整理されました。そ
の中で，当初は気づいていなかった子どもの姿が見えてきたり，事例の新たな
意味が浮かびあがってきたりすることが考えられます。そうした，作業前と作
業後の印象の違いについて語り合うことで，互いが経験した子ども理解や保育
観の深まりを共有し，子どもや実践に対する視野を広げることができるかもし
れません。また，視野の拡大だけでなく，子どもの言動の傾向や「もしも」の
姿を通して，対象児の好みや性格，支援の余地を焦点的に理解し，具体的な手
立てへと結びつけることも可能であると考えます。そのほか，対象児の言動を
介して，その周辺に存在する環境や他者に対する理解も，同様に深まり得ると
言えるでしょう。

　第 2 に，具体的な支援や環境構成についてです。TEM によって対象児の経
験を分析することで，その子どもが抱えている課題や取り組んでいる活動の進
度が見えてきます。また，その子にとって重要な他者や場所，物の存在が明ら
かになったり，「もしも」の想像を通して，めざすべき理想のゴール（等至点）
が得られたりすることもあるでしょう。園内研修の最終段階では，そうした課
題や目標に対して，明日以降の保育でどのようなアプローチができるかを具体
的に検討することが可能です。また，見つかった課題や目標に取り組むという
だけでなく，対象児に対する素朴な理解の深まりをもとに，担任・非担任の立
場を超えて，その子に対して自分だったらなにができるのか，なにをしてあげ
たいのかを語り合うことで，園全体で対象児を支えるための土台を築いたり，
類似の特徴をもつ別の子どもへの支援に活かしたりすることも有意義です。

　このほか，気づいたことや面白いと感じたことを，気軽に語り合ってほしい

138

と思います。園内研修の目的は，子どもや実践に対する理解を深め，明日の保育の方法を探ることにありますが，共に保育を行う仲間がなにを考え，なにを面白いと感じているかを知り，それに対して心を動かすことも同様に重要です。良い仲間関係は，園内研修を活発化し，結果的に子ども理解や援助の開発にもつながります。ぜひとも，TEM を用いて楽しい園内研修をめざしてほしいと思います。

3 第Ⅲ部の目的と構成

ここまで，質的アプローチとしての TEM の特徴を概観し，それを園内研修で用いることの意義や具体的な手順などを明らかにしてきました。しかし，実際に TEM が「協働型」園内研修を実現するツールとなり得るかを確かめるためには，TEM を用いた園内研修を経験した保育者の声に耳を傾け，本書が提案する研修手順のメリットやデメリットはもちろん，研修によってもたらされる子ども理解や学びの具体的なありようを明らかにする必要があります。くわえて，園内研修の規模や時間，頻度などは園によって様々であり，それらによっては，本書が提案する手順をそのまま実施することが難しい場合があります。その場合は，手順を簡略化したり修正したりといったことが必要になりますが，その際には，たんに作業の流れを把握しているだけでなく，一つひとつの手順を行う意味を深く理解していなければ，園内研修自体の意義を損なうことになりかねません。

以下の章では，TEM を用いた園内研修を経験した保育者から収集したデータをもとに，TEM が保育者の子ども理解や育ち合いの促進にどのように貢献し得るのかを明らかにしていくことで，TEM が拓く園内研修の可能性を展望します。

第8章では，園内研修直後の保育者にインタビューを実施し，TEM の各手順が保育者にどのような気づきや感情をもたらしたのかを検討するとともに，研修を通して，どのように対象児に対する理解が構築されていくのかを明らか

にします。続く第9章では，TEM を用いた園内研修の手順の中でも，特に個性的な部分といえる「もしも」の語り合いに着目し，その作業が，どのように保育者の子ども理解やコミュニケーションに寄与するのかを，園内研修中の保育者の会話などの分析から明らかにします。最後の第10章では，複数園の保育者に対するアンケート調査をもとに，本書で提案する TEM を用いた園内研修の実用性を検討します。そのうえで，第8章および第9章の成果と合わせて，「協働型」園内研修を実現するための TEM の可能性と留意点を明らかにします。

第8章

TEM がもたらす日常の一コマからの子ども理解とは

Introduction

　第7章では，質的アプローチとしての TEM の特性を述べたあと，TEM を園内研修のツールとして活用することの意義とその手順を示しました。園内研修に TEM を用いる意義は，①時間の流れに沿った子どもの細かな言動を扱える，②子どもと環境の相互作用を考えられる，③子どもの可能性や内面など見えない側面の推察が促される，④ TEM 図をつくる作業で保育者同士の協働が促されるなどにより，子ども理解が深まると考えられることです。そして，TEM を用いた園内研修の各手順には，これらの特性が反映されています。

　この第8章では，保育者へのインタビューを分析した，私たちの研究（保木井ほか，2016）をもとに，TEM を用いた園内研修の，どの手順が，どのような子ども理解を促すかを述べていきます。学術的な分析の結果をもとに TEM を園内研修に活用する可能性を示した研究（境ほか，2012，2013）や，TEM を用いた保育カンファレンス中の保育者の会話から，語り合いの過程を分析した研究（香曽我部，2014，2015）と比べて，本章では，実際の園内研修で TEM を用いたときの子ども理解の内容を，研修手順と関連づけながら，保育者自身の説明からみていきます。

　これにより，「自分のところの園内研修でも TEM を使ってみようかな」と考えているみなさんにより近い視点から，園内研修で TEM を活用する意義を示せるでしょう。また，各研修手順の意味を明確にすることで，各保育現場の事情に合わせた研修のアレンジなどをする参考になればとも思います。

第Ⅲ部　TEM が拓く「協働型」園内研修

表8-1　研修協力者のプロフィール

保育者名（仮名）	性別	担当部署
安部先生	女性	5歳児クラス担任
菊池先生	男性	5歳児クラス担任
中田先生	女性	5歳児クラス担任
福井先生	女性	主任
新井先生	女性	4歳児クラス担任
石原先生	女性	4歳児クラス担任
小窪先生	女性	4歳児クラス担任
野村先生	女性	研究主任
緒方先生	女性	園長

注：H幼稚園は4歳児3クラス，5歳児3クラ
スの6クラス編成。

1　本章で扱う園内研修

（1）H幼稚園での園内研修

　第4章，第5章でも登場したH市立H幼稚園で，TEM を用いた園内研修を，2014年7月に実施しました。このときも，私たちは，園内研修で使用するビデオを準備したり，研修の手順を示したり，議論を促したりするコーディネーターの役目をとりました。研修に参加したのは，H幼稚園に勤務する，保育経験年数2年目から35年目の保育者9名でした（表8-1）。第4章，第5章のときと年度が違うため，保育者の顔ぶれも変わっています。

▶研修を実施したときの工夫
　この園内研修では，第7章で述べた TEM の概念の言い換え（表7-2）の他に，TEM に親しんでもらえる2つの工夫をしました。1つめは，研修を，「TEM を用いた園内研修」ではなく「プロセスで考える子どもの経験（の研修）」と呼びました。2つめは，園内研修の趣旨を，「子どもの経験を順を追って丁寧に見つめること」とし，目標は，「その子どもにとって大切なものを具

142

体的にとらえること」と説明しました。どちらも，質的アプローチとしての
TEM の特性を，極力，保育の場に当てはまる表現に言い換えたものです。こ
れら表現上の工夫は，現場でこの園内研修を実施するときの説明の仕方として，
参考になると思います。

　研修では，9名での作業のしやすさを考慮して，TEM 図の作成と語り合い
を2つの班に分かれて行い，最後に両方の班が，語り合いの内容を発表する時
間を設けました。手順は，第7章で説明した流れで，下の表のように行いまし
た。なお本章では，手順③や手順⑤の「周囲の出来事」の中に「他者の言動」
も含めることにします。また，研修の準備物は，第9章に一覧を示しています。

〈研修の手順〉
• 手順②～③は個人，手順④～⑦は班での作業
• ビデオ映像は，いつでも確認できるよう小音量で繰り返し再生した

手　順	時　間	作業内容
手順① 導　入	15分	研修の趣旨・目的・用語の意味（ゴール，ターニングポイント，「もしも」など）・研修の全体的な流れ（手順②～⑦の内容）の説明を受ける。
手順② 事例映像の視聴	3分	題材のビデオ映像を視聴する。
手順③ 対象児の言動など を付箋に書き出す	17分	ビデオ映像を再度視聴しながら，その中の「対象児の言動」，それに影響を与えていそうな「周囲の出来事」を，色分けした付箋にできるだけたくさん書き出す。1枚の付箋には1つのことだけを書くようにする。
手順④ 「ゴール」までのプ ロセスを描き出す	15分	書いた付箋を集めて，出来事の起きた順に並べ，横長に3枚ほど連結したA3用紙の台紙に貼っていく。このとき，同じ内容の付箋があれば1つにまとめる。付箋が台紙に収まらないときは，用紙を継ぎ足す。
手順⑤ 「周囲の出来事」 の影響を語り合う	計20分	「周囲の出来事」が，対象児にどのような影響を与えていたかを語り合う。
手順⑥ 「ターニングポイント」と「もしも」を語り合う		対象児の経験のプロセスで，「ターニングポイント」と言えそうな箇所・その理由，「もしも」を想像し，その成り行きを語り合う。
手順⑦ 気づきを共有する	10分	台紙の余白に，気づきを自由に記入する。台紙を黒板に掲示し，語り合った内容を班ごとに発表する。

第Ⅲ部　TEM が拓く「協働型」園内研修

〈研修で使用した映像事例の概要〉

対象児：A子（4歳女児）

映像の再生時間：2分58秒

「ゴール」（等至点）：「砂場に戻る」（下記事例の末尾）

場　面：午前の自由遊び時間での園庭

題材の選定：私たちがあらかじめH幼稚園の保育の様子を撮影し，その中の連
　　　　　　続する約3分間を切り出して題材化

映像事例のトランスクリプト（文章に記録し直したもの）：

　映像のはじめ，A子は，同じクラスのB子と，園庭の砂場の一角にいる。同じ砂場で，男児3名ほどが堀に水を流す様子も見える。

　A子は，自分のすねぐらいの深さの穴から，砂を手でかき出す。B子は，その前にも使っていたと思われるスコップを持つ。B子がA子になにか話しかけると，A子は，穴を指し，「いいよ。この中に入れて」と応じる。そして，砂を握りながら砂場の隅まで歩いていき，砂場のふちの木枠に，その砂を置く（イラストⅠ）。砂場の短辺にあたる，長さ2.5メートルほどの木枠に，それまでにつくったと思われる砂のかたまり約20個がビッシリと並んでいる。

　A子は再び砂をかき出し，今度は砂場の長辺にあたる，4.5メートルほどの木枠に砂を並べる。そこも砂のかたまりがふちの半ばまで並んでいる。

　A子は，砂を握って並べることを繰り返す。B子がスコップで穴に砂を入れはじめると，入れた砂はすぐ使うとでもいうかのように，動きは速く，砂の握りは雑になる。この間，通りかかった男児が，並んだ砂のかたまりを見る。

　6回目に砂をかき出すときと置くときに，A子は，顔を上げ園庭の広い側をチラと見る。そして，10メートルほど離れた，長縄跳びをしている女児たちのところへ走っていく（イラストⅡ）。

　縄は，片方をポールに固定し，もう片方を背の高いC子が持っている。C子の脇には少し小柄な女児2人もいる。3歳児と思われる2人が，フラフープを引きながら通りかかる。また，保育者が近くで見守っているが，画面外のため詳しい様子はわからない。

　C子が縄を回してA子が跳ぼうとするが，「せーの」などの前置きなく回すうえに回転も速過ぎるので，縄がA子の頭に当たるなど，4度中1度も跳べない。それ

でも，A子・C子とも表情は楽しそうでもある。

　次にA子が縄を回す。このとき，小柄な女児の1人が縄を跳ぶ位置に行くが，C子が跳ぼうとするのを見て無言で場所を譲る。A子の回す縄は地面から上がらず。次にC子が回すと，また地面から上がらず。C子は「あー，できん！」と小柄な女児に言い，長縄を放り出す。それをA子が手にとり再度回すと，今度は，中で跳べるほどの高さでないものの，弧を描いて連続して回転する。

　ちょうどC子たちは，別の場所へ行こうとしており，A子が長縄を回すのをチラと見るが特に反応はせず（イラストⅢ），画面外に消える。

　長縄とA子の腕の動きが徐々にずれてきて，20秒ほどで回転が維持されなくなる。A子は，新たに近寄って来ていた3歳児に「回しとって（回しておいて）」と縄を渡し，はじめにいた砂場へ走って移動する（イラストⅣ）。

　題材を決めた経緯の説明を少し加えます。園長先生との事前の打ち合わせで，映像の撮影・対象児・場面は私たちに一任ということになりました。私たちはH幼稚園のそれぞれの子どもの個性を熟知していませんので，映像の主人公をA子にした深い意味はありません。とはいえ，この映像を題材に選ぶ際に，第7章で述べた，TEMが子ども理解に強みを発揮する条件を考慮しました。つまり，第1に，1人の子どもを追った短時間の映像であること，第2に，映像

第Ⅲ部　TEM が拓く「協働型」園内研修

中に，A子が行動を何度か変化させるという身体の動きと起承転結があること，第3に，この映像中に保育者の行動が表立って現れていないことです（この3分間の映像がそうであったというだけで，H幼稚園の保育者が子どもにかかわらないという意味ではありません）。

　映像に起承転結があることで，A子の行動の変化の理由などの語り合いが促されやすいと考えました。また，保育者の行動が表立って現れない場面を選んだことには，保育者のかかわり方の良い／悪いに語り合いが進んで意見を言いづらくなるのを防ぐ意図があります。ただし，研修後に聞いたところでは，担任の石原先生は，自分のA子へのかかわりも含めて語り合いたかったと感じたとのことでした。H幼稚園に語り合いの「安心感」（第2章）の土壌ができていたからこその感想だと思います。このように，語り合いの素地のある園の場合，保育者の行動に焦点を当てた題材を用いるのも良いかもしれません。

〈保育者が作成した TEM 図〉
・2つの班の TEM 図のうちの片方を作図し直したもの

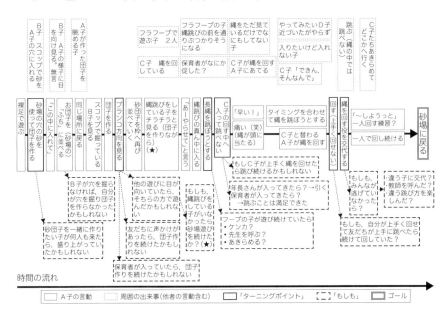

第8章　TEM がもたらす日常の一コマからの子ども理解とは

（2）保育者へのインタビューとその分析

　園内研修のあと休憩を挟んで，参加した保育者 9 名に，研修の感想をたずねる約 1 時間のインタビューを行いました。9 名に一堂に会してもらい，「TEM を用いた園内研修の全体的な感想」「研修手順ごとの手応えや感想」「参加者間での意見の差異や交流の内容」「園内研修や保育実践での活用への手応え」について私たちが質問し，発言したい保育者から意見を述べてもらいました。

　このインタビューを，Steps for Coding and Theorization（SCAT；大谷，2011）を使って読み解きました。SCAT の使い方は，第 4 章，第 5 章で説明済みのため省略しますが，インタビューの発言（などの文字のデータ）から研究の結果までを，飛躍なく分析できるとされる方法です。私たちはインタビューを，「TEM を用いた園内研修の手順ごとに，どのような子ども理解が，なぜ生まれるのか」という視点で分析しました。

　このように，TEM を用いた園内研修を体験した保育者にその実感を述べてもらうことで，保育に携わる読者に近い立場から，子ども理解を深めるツールとしての TEM の意義を示せるのではないかと思います。

2　園内研修の各手順と実感された子ども理解

（1）インタビューの分析からわかったこと

　TEM を用いた園内研修では，特徴的な 4 種類の子ども理解が生まれていました。また，研修手順のうち，A 子の経験のプロセスを描き出す一連の手順（143 頁で示した手順②〜④）・「周囲の出来事」の影響を語り合う手順（手順⑤），「ターニングポイント」と「もしも」を語り合う手順（手順⑥）のそれぞれが，4 種類の子ども理解のいずれかを促すこともわかりました（表 8-2）。そこで以下では，研修の手順に沿って 4 種類の子ども理解の内容を順に述べていきます。ところどころに挿入している保育者の発言は，分析結果の根拠（の一例）

147

第Ⅲ部　TEM が拓く「協働型」園内研修

表 8-2　TEM を用いた園内研修の手順と子ども理解の特徴

手　順	子ども理解の特徴
②事例映像の視聴 ③A子の言動などを付箋に書き出す ④「ゴール」までのプロセスを描き出す	• 〔微細な言動〕への注目 • 2種類の情報源による多様な子ども理解の交流
⑤「周囲の出来事」の影響を語り合う	• A子以外への子ども理解の広がり
⑥「ターニングポイント」と「もしも」を語り合う	• 〔「もしも」の想像〕による子ども理解の多角化

を示したものです。また，分析でつくられた「構成概念」（第4章参照）のうち，結果の全体にかかわるものを〔　〕で表記しています。

（2）微細な言動への注目

　H幼稚園での TEM を用いた園内研修では，まず，映像を視聴し（手順②）映像中のA子の言動を個人で付箋に書き出し（手順③），次に4・5人の班をつくって，書き出した付箋を出来事の順に並べました（手順④）。これにより，映像のはじめから「砂場に戻る」という「ゴール」までの，A子の経験のプロセスがつくられます。

▶映像からの〔微細な言動〕の発見

　これらの作業の中では，子どもと日常で接するときよりも，もっと細かい単位の言動に保育者の注目が集まりました。菊池先生は次のように言っています。

菊池先生：3分弱の映像ですが，（書き出した付箋をつなげると）Ａ3（用紙）が4枚という，すごく長いものにもなって，一つひとつの子どものプロセスとはものすごくたくさんあるのだというのを理解できました。

　子どもに限らず，人は，細かく見れば短時間でいろいろな言動をしています。たとえば，3分間前から今までの自分の様子を思い浮かべてみてください。「椅子に座ってこの本を読んでいた」（と仮にします）とひとことで表すこともできますし，もっと詳しく教えてくださいと頼まれれば，「ページをめくる」「時刻を確認する」等々，合間の細かい言動が挙がるのではないでしょうか。

148

第8章 TEMがもたらす日常の一コマからの子ども理解とは

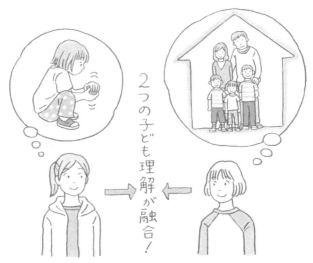

図8-1 研修プロセスづくりを通して〔微細な言動〕が発見された

言動をもっと詳しく教えてくださいと頼まれる機会など普通ありません。しかし,「A子の言動をなるべくたくさん書き出してください」という指示は,まさにこうした〔微細な言動〕(細かい一つひとつの言動をこう呼ぶことにします)を探す作業になっているのです(図8-1)。

▶〔微細な言動〕と子ども理解

この時すでに,〔微細な言動〕からA子の内面がみえるという,子ども理解がはじまっています。たとえば,A子の担任である石原先生は,〔微細な言動〕への注目によって,それまで漠然と思い描いていたのと異なるA子の姿がみえてきたと言います。次の発言は,以前の活動で,他の子が自由遊びに移ったあとにA子1人で製作を続けたエピソードを引き合いに,これまで思い描いていたA子像について述べているところです。

> 石原先生:(A子は)なにかすごく好きなことだと,集中して遊べる子なのだと思っていたのが,今日観ると結構,ああいうふうに目線がキョロキョロと動いているのも,あまりわからないでいた(ことに気づいた)。

149

第Ⅲ部　TEM が拓く「協働型」園内研修

　ここでは，「目線がキョロキョロと動いている」という〔微細な言動〕から，思っていたよりも遊びに没頭していないＡ子の内面が発見されています。「通り過ぎて」しまいがちな〔微細な言動〕が，「縄跳びに移動する」・「砂場に戻る」のようにプロセスとして配列されることで，たんなる一つひとつの動作ではなく，それぞれがつながって，Ａ子の思いというか息づかいを反映するものとして読み取れたのでしょう。

　さらに，〔微細な言動〕への注目自体が，保育場面を見る新たな方法であるとも感じられていました。保育中には，大勢の子どもや先の活動などたくさんのことに気を配る必要があり，１人の子どもに意識を向け続けるのは難しいものです。また，保育後に子どもの姿を振り返る場合などは，〔微細な言動〕まではなかなか思い出せません。そのため，新井先生や小窪先生が言うように，この研修で子どもの言動から汲み出せる情報の多さを，新鮮に感じたのでしょう。

> 新井先生：(題材の保育場面は) いつもの遊びの中で，「ああ，なにかしているなというぐらいで，通り過ぎてしまう事例だよね」というのは出ていた。

> 小窪先生：普段の生活だと，全体的に見てしまうようなところがあるけれども，こうやって１人ずつ，今回はＡ子さんだったのですけれども，(個別に) いろいろな子に視点を当ててみると，いろいろなことが見えてくる。

▶プロセスづくりの作業が〔微細な言動〕の発見をさらに促す

　では，こうした実感が，TEM を用いた研修の中で，なぜ生まれたのでしょうか？　Ａ子の経験のプロセスをつくる中で注目された〔微細な言動〕は，はじめから映像に現れていますので，TEM を用いなくとも，注目したり，そこから子ども理解に至ったりすることは実は可能です。しかし，研修を体験した実感としては，〔微細な言動〕への注目は，研修の手順と深くかかわるものでした。

　第１に，これらの手順では，複数の保育者が書いた付箋を，時間の流れに

150

沿って並べるよう求められます。そのため，映像を再視聴し，自分が気づいていなかったＡ子の言動と，他の出来事との前後関係などを調べる必要が出てくるのです。

第２に，「目線がキョロキョロ動いているので，遊びに没頭していないように見える」などの，Ａ子の内面が発見されてきますが，一緒に作業をしている班の中には，別の解釈をする保育者もいるでしょう。そうした解釈が語り合われることで，次に映像を見るときに，「Ａ子の目線の動きは，遊びに集中できていないように見えるか」のような再確認の視点が生まれます。

このように，対象児の経験のプロセスづくりの手順では，言動や内面の確認の必要が生まれ，映像中の〔微細な言動〕へ注目が向けられていたのです。

> 安部先生：ピンクの紙（付箋）に映像を見ながら子どもの動きなどを書き起こしていくことで（中略）自分が気づかなかった子どもの動きや変化の意見なども聞けて，「こういうことがあったのだな」ということを，映像を見ながら何回も何回も，（中略）見て確かめることができて，映像があるのはとてもいいと思いました。

> 野村先生：何回も（映像を）見ている中で，最初は気がつかなかったところに気がついていったり。それで，他の先生たちと話し合いをしていく中で，自分では気がつかなかったところに気がついたりすることができたと思います。

ビデオ映像が，保育場面のちょっとした出来事への気づきを生むことは，以前より指摘されています（大豆生田，1996など）。しかし，TEMを用いた園内研修は，子どもの言動を書き出し，１つのプロセスをつくるという特徴的な手順を備えています。そのため，たんに映像を視聴する場合などと比べ，繰り返しの映像確認が求められるため，〔微細な言動〕への注目がいっそう促されるのです。

（3）２種類の情報源による多様な子ども理解の交流

本章のテーマでもある子ども理解とは，「その子」への個別的な理解を指し

ています（第7章）。子ども理解には，他でもない「その子」の手がかりとなる何らかの情報源が必要になります（岡田，2009）。ある子どもとのかかわりで得た感触が，その子への理解につながった経験をもつ保育者は多いのではないでしょうか。第2項の「微細な言動への注目」で述べたＡ子理解は，繰り返しの映像視聴により発見が促された〔微細な言動〕を情報源としており，〔映像内の情報源〕による子ども理解と呼べるものでした。

▶〔手持ちの情報源〕を用いた映像の読み取り

　一方で，研修の中では，〔手持ちの情報源〕とでも呼ぶべき情報源も使われていたことがわかりました。これは，クラス担任などＡ子の日頃の様子や背景をよく知る保育者の日々培ったＡ子像のことです。たとえば，主任としてＡ子のクラスにも頻繁にかかわる福井先生の〔手持ちの情報源〕は，次のようなものです。

> 福井先生：日頃の，このＡ子ちゃんは，やはり面白そうなことをいつも見つけては，その場にサッと。言葉はないのだけれども，サッと行動に移すとか，（中略）きょうだいもお兄ちゃんが２人いるなど，とても行動的だということがわかっていた。

　２人の兄がいることと「サッと行動に移す」姿を関連づける見方などは，Ａ子とかかわりの深い保育者だからこそではないでしょうか。

　そして，この情報源の違いが，研修の中での豊かな子ども理解のもとになっていたこともわかりました。つまり，一方では，担任保育者などが，〔手持ちの情報源〕を他の保育者に伝えることで子ども理解が深まります。もう一方で，他の保育者が背景にとらわれず〔映像内の情報源〕で行った解釈も，Ａ子をよく知る保育者のＡ子理解を揺さぶりました。Ａ子をよく知る保育者とそれほどでもない保育者が，協働で互いの子ども理解を豊かにしていたのです。

　〔手持ちの情報源〕による解釈で他の保育者が示唆を受けた例として，長縄を回しているＡ子の気持ちの読み取りがあります。その長縄回しは，はた目にはあまり上手でないものでした。映像の読み取りについて，Ａ子と違う学年の

担任をしている新井先生は，次のように述べています。

> 新井先生：（A子のことを）よく知っている福井先生からも，小窪先生と同じ
> ように，砂場に戻ったのは，「上手く回せたわ」（中略）という思いで帰った
> （という意見があった）。（中略）私は，「自分（A子）は跳びたくて行ったのに
> 跳べなかったから残念」と（A子が）思ったのかと思っていたので，なるほど
> と思って。それこそ，日頃の心の動きや，その子がなにに満足していくのかと
> いうところを（私は）知らなかったので。

　はた目には上手ではないA子の長縄回しでしたが，主任の福井先生や，A子
の隣のクラスの担任である小窪先生は，手本のつもりだというA子の真意を察
しました。それが新井先生には目から鱗だったのです。A子をよく知る保育者
の読み取りから，新井先生がA子への新鮮な見方を得たことがわかります。

▶〔映像内の情報源〕を用いた子ども理解

　他方の〔映像内の情報源〕で，A子をよく知る保育者のA子理解が揺さぶら
れた実感は，前の引用と重なりますが，担任である石原先生の次の発言によく
表れています。

> 石原先生：今日見ると結構，ああいうふうに目線がキョロキョロと動いている
> のも，あまりわからないでいた（ことに気づいた）。（中略）なので，その子の
> 理解と言うべきか，知ってきているようでちょっとわからない部分も，知らな
> かった部分も再発見できて。（中略）（A子は）ちょっとしたお姉さんのような
> 感じのところがあって。私もそういうふうな目線でその子を見ていた。

　その子どもをよく知る保育者の〔手持ちの情報源〕によって他の保育者の子
ども理解が深まることはよくあると思います。TEMを用いた園内研修で興味
を惹かれるのは，担任保育者（ここでは石原先生）の子ども理解も揺らいでい
る点です。これには，一連の研修手順がかかわっていると考えられます。〔映
像内の情報源〕，つまり映像中の〔微細な言動〕は，普段は見過ごしがちである
と述べました。そのため，担任保育者などでも気づかない見方を他の保育者
が提示できるのが，この手順の勘どころなのです。しかもその言動が付箋に書

第Ⅲ部　TEMが拓く「協働型」園内研修

図8-2　〔映像内の情報源〕を用いた子ども理解

かれていて，皆で同じ〔微細な言動〕に注目し，一緒に意味を考えやすいのです（図8-2）。

(4) 〔A子以外への子ども〕への理解の広がり

　A子の，「砂場に戻る」までのプロセスを作成し，次に，「周囲の出来事」がA子にどう影響したかを語り合う手順（手順⑤）に移ります。TEM図（146頁）で言えば，実線枠（A子の言動）と，その上の点線枠（周りの出来事）の関係を考える作業です。

　第7章で述べたように，子どもの経験のプロセスを環境との相互作用の中でとらえるTEMの特性は，対象児（本章で言えばA子）の理解を深めます。本章では，この手順の中でさらに，〔A子以外の子ども〕についてのいろいろな発見も促されることがわかりました。たとえば福井先生は，A子の近くにいた子どもについて語り合ったときのことを，こう述べています。

> 福井先生：年長さんが来たり，こうやって見ている（だけの）子もいたりして，その子もなにも言わずに行ってしまったのだけど，ちゃんとそれは，「ああ，この子が頑張ってつくってすごい」というのを，もしかしたら感じて，お友だちを受け入れる，認めている（と思った）。

第8章　TEM がもたらす日常の一コマからの子ども理解とは

　ここでは，A子が作った砂の団子をだれも壊したりしないからこそ，A子の遊びが続く点が注目されています。A子が団子を並べている砂場の木枠は，砂場への出入りでまたぐ部分です。言われてみればたしかに，A子はずいぶん危なっかしい場所に，団子を置いていたのです。このように福井先生の場合，A子の遊びの成立条件を考えるうちに，周りの子が団子づくりを尊重していたのかもしれないという理解へと，子ども理解の範囲が広がりました。

　また石原先生は，長縄跳びの場面について次のように述べました。

> 石原先生：A子ちゃん（は），「回して，回して」とよく来ることがあるのですけど（中略），私，たしかに「回して，回して」という子には回すけど，（中略），（長縄跳びの近くに）ああやって立っている子は，なにか，どういう思いで立っているのかというのが，この黄色の分（「周囲の出来事」などを書く付箋）も書いたことによって，ちょっとわかったと言うべきか。こうやって周りの子がA子ちゃんだけではなくてなにか思っているから。たとえば，「先生の真似をして回してみたいのに」という子もいたのかな。

　石原先生の場合，「「回して，回して」とよく来る」A子にはよく応対しているが，そうでない子どもの存在にも気づいたという具合に，A子の姿との対比で，子ども理解の範囲が広がっています。

　この手順（手順⑤）では，「周囲の出来事」に意識的に目を向けることが求められます。そのため第1に，福井先生が，A子の遊びが成り立つ要因として周りの〔A子以外の子ども〕を意味づけたように，対象児の言動を，対象児単独ではなく，園の人的環境の中に位置づける理解が促されます。第2に，石原先生がA子の姿との対比で，長縄跳びを見ている〔A子以外の子ども〕の内面を発見したように，対象児を足がかりに，周囲の子どもの子ども理解も促されます。

　このように，TEM を用いた園内研修では，対象児の言動の意味に加えて，周りの子どもがそこにいることの意味や，周りの子どもの内面の理解も深まっていくことが実感されたのです。

155

第Ⅲ部　TEM が拓く「協働型」園内研修

（5）「もしも」の想像による子ども理解の多角化

　TEM を用いた園内研修の次の手順として，A子の行為選択を決定づけた「ターニングポイント」と，実現しなかったけどもあり得た「もしも」について語り合いました（手順⑥）。この手順では，「ターニングポイント」を考えることがきっかけとなって〔「もしも」の想像〕が広がり，語り合いが深まったことがわかりました。そこで以下でも，主に「もしも」について述べていきます。

　この手順での子ども理解の特徴として，2つのポイントを指摘できます。

▶子どもについての〔「もしも」の想像〕

　第1に，〔「もしも」の想像〕により，A子への新たな見方が発見されました。たとえば，一方の班の TEM 図には，「縄跳びをしている子をチラチラと見る（団子をつくりながら）」というA子の言動から枝分かれして，「もしも，縄跳びをしている子がいなかったら砂場遊びを続けたか？」という「もしも」が登場しました（146頁の TEM 図の2つの★印がそれです）。この先の想像から，はじめのA子理解を覆す新たな理解が生じたことを，福井先生の発言からみてみましょう。

> 福井先生：(A子が，周囲を見回す姿について) いつも，「面白いことはないかな」というふうに見ているのだろうというところで終わっていたのですけど，「もしも」を考えることによって，「この子はもしかしたら，1つの遊びに夢中になれない，じっくりと取り組めない部分が逆に言ったらあるかもしれないね」というところをちょっと理解することができました。

　この意味は，「もしも，周囲に縄跳びをしている子がいなかったら」という仮定の先に，「それでも砂場遊びが長続きしない」のようなプロセスが想像され，そこから，実は砂場で「じっくりと」遊べていなかったかもしれないというA子理解に至ったということでしょう。前述の通り，A子が砂場の遊びにあまり没頭していないという理解は，〔「もしも」の想像〕を経なくても到達が可

156

第8章　TEMがもたらす日常の一コマからの子ども理解とは

能でした。しかし，〔「もしも」の想像〕を通して，A子の遊びへの没頭の度合いが，より丁寧に考察されたのではないかと考えられます。

▶保育者自身についての〔「もしも」の想像〕

　第2に，「もしも保育者が……していたら」など，「もしも」の話題が，映像中の保育者に及ぶと，研修に参加する保育者自身の「自分だったらこうする」といった，場面への入り込みが促されていました。安部先生の感想は明快です。

> 安部先生：子どもの「もしも」だけではなくて，私たちの「もしも」というのも考えることができて，すごく楽しかったです。

　保育者についての〔「もしも」の想像〕が行われるとき，その保育者自身の状況判断や保育観が反映されることになるでしょう。したがって，この手順では，研修に参加する保育者が場面に入り込む思考が促されていたのではないかと考えられます。ちなみに，安部先生の班のTEM図に書かれていた保育者の「もしも」は，「もし私だったら，頼まれもしないのに縄を回していただろう」と，「縄跳びの縄を回す先生によっても子どもの活動が変わっただろう」でした。それぞれの保育者が自身の感性に基づく援助を発想し，遊びが異なる展開を見せていく〔「もしも」の想像〕の語り合いの跡が見受けられます。

　このように「もしも」という切り口から，「周囲の出来事」の影響をより丁寧に考慮し，A子をめぐる多角的な視点からの子ども理解が促されていました。くわえて，保育者にまで想像が及ぶことで，保育者としての様々な援助の可能性を考える機会にもなっていることがわかりました。

　この手順は，実現しなかったけどもあり得たプロセスを検討するというTEMの特性を土台としています。それは，次の菊池先生や野村先生の言うように，保育の中では通常しない考え方でした。

> 菊池先生：今まで，自分が保育や子どもを見ていく中で，あまり，「もしも」や「ターニングポイント」を考えたことがなかったので。だから（中略）先生（たち）の，「もっとこういうふうになったかもしれない」という意見が聞けたので良かった。

157

第Ⅲ部　TEM が拓く「協働型」園内研修

> 野村先生：「もしも」と今回言ってくださったことで，1つの事象や1つの心の動きをいろいろな面から見られたということだと思うので，（中略）他の先生からだけじゃなく，自分の中でも，もしこういうふうにしていなかったらどういうふうにしていたのだろうかというところは，なにか聞きたいと思いました。

　こうして，A子の経験のプロセスをつくる手順での〔微細な言動〕への注目が，新たな見方と感じられた（150頁）のと同様に，「ターニングポイント」と「もしも」を語り合う手順でも，保育場面に対する新たな見方がもたらされたと実感されたことがわかりました。

▶確かな「もしも」は確かな事実から

　では，以上の保育者の実感と，研修手順とのかかわりについて考えてみましょう。151〜153頁では，A子の日頃の姿を深く知らない保育者も，〔映像内の情報源〕を使って現実味のある解釈を生み出せたと述べました。〔「もしも」の想像〕でも同様に，担任などではない保育者が，説得力のある想像や場面への入り込みを提案していました。その理由として，緒方先生の発言に注目しましょう。

> 緒方先生：（対象児の背景やその時の状況を）全然知らない人でも，これだけのピンクと黄色の（付箋に書き出した）事実があれば，（中略）「もしも」のところや，それから「ターニングポイント」など，どちらのところも結構いろいろと，この事実をもとに想定して，「もしも」がきちんと出たのではないかなと思うのです。（中略）家族構成など，今までのことがなくても（後略）。

　このように，「もしも」は，先に付箋に書かれた事実からの「枝分かれ」として表現されます。たとえば「B子が穴を掘らなければ，自分が穴を掘り団子をつくらなかったかもしれない」という〔「もしも」の想像〕は，A子がB子と一緒に砂場にいるという点で，実際の出来事と共通します。同じように，「他の遊びに目が向いていたら，そちらの方で遊んだかもしれない」という〔「もしも」の想像〕は，A子が周囲を見回した事実に基づいています（図8-3）。

158

第8章　TEMがもたらす日常の一コマからの子ども理解とは

図8-3　確かな〔「もしも」の想像〕は確かな事実から生まれた

　実現しなかったけどもあり得たプロセスは，具体的なその場の状況に軸足をおいて想像されることで，説得力をもちます。前の手順で，経験のプロセスを丁寧に書き出したことが，〔「もしも」の想像〕を確かなものにしていたのです。

　ところで，実際の園内研修の中では，インタビューで述べたりTEM図に書き込んだりされていなくても，もっと複雑な「もしも」が語り合われたと推測しています。1つの事実に対しても複数通りの「もしも」が一般的にあり得るし，「もしも」の想像の中でさらに複数通りの枝分かれがあり得るからです。そうした，より豊かな〔「もしも」の想像〕と子ども理解の関係については，次の第9章で詳しく述べます。

3　TEMを使って日常の一コマに光を当てよう

　本章のまとめに，TEMを用いた園内研修が促す子ども理解と，保育現場におけるTEMの意義について，園内研修の中と外という観点から述べていきます。

（1）映像と研修手順の相乗効果：園内研修の「中」

　TEMを用いた園内研修の中では，映像と研修手順の相乗効果が2つの点で

159

第Ⅲ部　TEM が拓く「協働型」園内研修

写真 8-1　映像を確認する保育者たち

起きていました。

▶相乗効果1　個別・具体的な事例の掘り下げ

1つめは、情報源としての映像と、そこから意味を汲み取る研修手順の相乗効果で、ひじょうに個別・具体的な事例である、日常の一コマからの子ども理解が深まったことです。

今回の研修の題材とした映像は、保育者にとっては何気なく「通り過ぎて」しまいそうな場面でした。普通だったら何の発見もない場面といっても良いと思います。しかし、研修が進むにつれ、その映像から次々に、子ども理解に関する発見が生まれていきました。

TEM を用いた園内研修の各手順に特徴的なその子ども理解は、それぞれの手順が関連し合うことで実現しています。まず、A子の言動などを書き出しプロセスをつくる作業（手順②～④）が、〔微細な言動〕に目を向けさせ、A子の息づかいを映像から読み取らせました。また、「周囲の出来事」の丁寧な書き出しは、続く作業での〔A子以外の子ども〕など周囲に目を向けることと（手順⑤）、現実味ある〔「もしも」の想像〕（手順⑥）を可能にしました。つまり、映像に現れていた言動が下地となり、そこへの丁寧な注目を促す研修手順が合わさって、保育者の子ども理解が広がっていったのです（写真8-1）。

▶相乗効果2　多様な意見の交流

映像と手順の相乗効果の2つめは、映像と研修手順によって保育者同士の多

第8章　TEMがもたらす日常の一コマからの子ども理解とは

写真8-2　付箋を見ながら語り合う保育者たち

様な意見の交流が起きていたことです。

　園内研修の中で，〔映像内の情報源〕に基づくA子像が発見されたことを述べました。そして，A子をそれほど深く知らない保育者が，〔手持ちの情報源〕のある担任保育者などと，子ども理解の刺激を与え合っていました。さらに，意識的な〔「もしも」の想像〕は，それぞれの保育者自身の感性での場面への入り込みを促していました。繰り返しになりますが，その時には，映像に基づくA子の言動や「周囲の出来事」によって，根拠となる事実の共有が図られたと考えられます。KJ法を用いた園内研修では，付箋に意見を書き出すことや，意見をグループ化して意見全体の中に位置づける手順のおかげで，異なる意見が共有されやすいと述べました（第4章）。TEMを用いた園内研修も，付箋への書き出しが協働を促す点でKJ法と似ています。しかし，TEMを用いた園内研修では，各自の意見というよりも，意見の根拠となる「情報源」を書き出し，語り合いを支える点が，独特であると言えます（写真8-2）。こうした特性の違いから考えると，園内研修で，たとえば，あるテーマについて皆の意見を構造化する過程での視点の交流をめざす場合はKJ法，保育場面を皆で丁寧に見つめる中での視点の交流をめざす場合はTEM，といった使い分けができるでしょう。

　ここまでの話をまとめると，保育現場におけるTEMとは，第1に，個別・具体的な日常の一コマに光を当て，事実に基づく多様な意見の認め合いを可能

第Ⅲ部　TEM が拓く「協働型」園内研修

にするツールです。この強みにより TEM は，ある子どもの，他の子どもとの関係・保育者とのかかわり・環境構成などを踏まえた，より現実的な援助に向けた協働への「補助輪」（第2章）となることが期待できるのです。

（2）明日からの保育に光を当てる方法論：園内研修の「外」

　以上で述べた子ども理解を園内研修の中で体験すると，今度は，園内研修の外，つまり日々の保育で研修の体験を活かせる可能性が指摘できます。

　インタビューによれば，保育の中で〔微細な言動〕への注目や〔「もしも」の想像〕をすることはあまりなかったけれども，保育場面の新しい見方であると実感されました。それもそのはず，〔微細な言動〕への注目と〔「もしも」の想像〕は，質的アプローチとしての TEM がもつ，時間の要素を切り捨てない・実現しなかったけどもあり得た選択肢を検討する特性を，研修の手順に組み込んだものなのです（〔微細な言動〕への注目は，短時間の映像を扱うときという限定つきですが）。また，「周囲の出来事」についての語り合いでも，似たことがおそらく起きていました。たとえば石原先生は，あまり意識していなかった，長縄跳びを見ている子どもに，子ども理解が広がりました。つまり，インタビューでは明確には表れませんでしたが，「周囲の出来事」の語り合いでも，〔A子以外の子ども〕の〔微細な言動〕という，新しい見方がもたらされたと考えられるのです。

　TEM には質的アプローチとしての特性があり，研修の手順にその特性が反映されていることを第7章で詳しく説明しました。本章のインタビューから見えてきたのは，その手順の一つひとつが，保育場面への新たな見方をもたらすことでした（図8-4）。その際，TEM は，それぞれの特性が相まって，「その人自身にとってのある出来事の意味合い」を浮き彫りにします。保育の言葉に言い直すならば，研修の手順で促された保育場面への見方が，「その子ども自身にとって大切なもの」を浮き彫りにするということになるでしょう。TEM を用いた園内研修は，このように，TEM の特性を日常の保育場面に適用してみる体験でもあったのです。

162

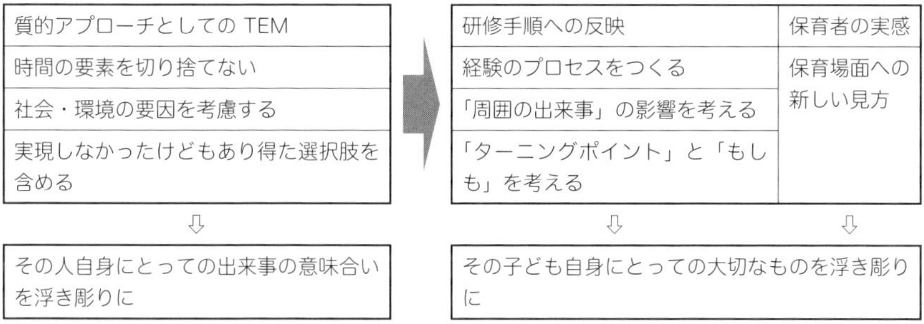

第8章　TEM がもたらす日常の一コマからの子ども理解とは

質的アプローチとしての TEM	研修手順への反映	保育者の実感
時間の要素を切り捨てない	経験のプロセスをつくる	保育場面への新しい見方
社会・環境の要因を考慮する	「周囲の出来事」の影響を考える	
実現しなかったけどもあり得た選択肢を含める	「ターニングポイント」と「もしも」を考える	
⇩	⇩	⇩
その人自身にとっての出来事の意味合いを浮き彫りに	その子ども自身にとっての大切なものを浮き彫りに	

図8-4　TEM の特性と保育場面への新しい見方との関係

　園内研修の中では，映像や付箋や TEM づくりを通して，TEM の特性をゆっくりと味わいました。しかし，保育場面への新しい見方をひとたび体得すれば，日常の保育の中でも，〔微細な言動〕や「もしも」の想像に意識を向けることが可能になるでしょう。

　つまり，保育現場での TEM とは，第2に，明日の自分のクラスの日常に光を当て，新鮮に見えるようにするツールです。TEM は，もともとは研究の方法論として開発されましたが，保育の日常へ返る方法論であると言えるでしょう。

第9章

「もしも」の語り合いで深まる
子ども理解とティームワーク

Introduction

　前章では，TEM を用いた園内研修の手順を通して，どのように子ども理解がもたらされるのかを明らかにしました。第8章の内容は，研修後の保育者の感想や意見を検討したものでした。この章では，保育者らによる園内研修中のリアルな語り合いに迫り，どのような言葉のやりとりの中で，新しい子ども理解が紡ぎ出されているのかに迫ります。

　本章では，「もしも」の語り合いの作業に注目します。事実を描き出すだけでなく，対象児のあり得た姿や活動の新たな展望を想像することは，TEM を用いた園内研修の際だった特徴の1つです。一般的な園内研修では，客観性が重視されがちであり（岡花ほか，2009），想像の内容を口に出すことは躊躇されるかもしれません。それに対して，TEM を用いた園内研修では，保育者の想像や推論を積極的に後押しし，実践に対する広い視野や柔軟な見通し（高濱，2000）の獲得を促したり，子どもに宿る有能さ（大宮，2010）に気づくきっかけになると期待されます。くわえて，香曽我部（2015）は，「もしも」を語り合う場合には，実践の善し悪しや事実内容をめぐって争う必要がないため，園内研修の参加者が自由かつ気楽に意見を表出できたと報告しています。また，他者が語った可能性を手がかりとして，さらに想像を膨らませていくといった語りの連鎖が生じ，言葉の相互共有性が高まるとも指摘しています。こうした香曽我部の研究は，「もしも」の検討作業が，園内研修における語り合いの門戸を開き，保育者らの育ち合いを援助できる可能性を示したものと言えるでしょう。

　この第9章では，「もしも」の検討作業を行う際の保育者らの語り合いを分析し，「もしも」を語り合うことが，保育者らの子ども理解に対して，どのよ

うな影響をもたらしているのかを明らかにします。

1　子ども理解における「もしも」の意義

　保育実践においては，子どもを理解することが重要です。かかわる相手の状態を察して応じること自体は，あらゆる人間関係的な営みの基本であり，わざわざ強調するようなことでも，保育者に備わる特別な専門性でもないように思えます。しかし，子どもの安全や成長に責任をもつことを考えた場合，目の前の子どもの感情や起こった出来事の意味がなんとなくわかるといった理解の仕方では，とても間に合いません。わかりやすい例で言えば，目の前で事故が起こってしまった後に，その原因を正しく理解できるだけでは，保育実践は成り立たないのです。保育者には，子ども一人ひとりの特性や行動を予測し，想定される事故を未然に防ぐための備えが求められるのです（内閣府・文部科学省・厚生労働省，2015）。また，『幼稚園教育指導資料　第3集　幼児理解と評価』（文部科学省，2010）では，幼児理解を「一人一人の幼児と直接に触れ合いながら，幼児の言動や表情から，思いや考えなどを理解しかつ受け止め，その幼児のよさや可能性を理解しようとすること」と説明しています。さらに，それには「……らしい」や「……かもしれない」といったように，保育者が子どもの感情や願いを推量することが必要で，その結果，子どもの行動の意味や課題を発見し，発達を促す保育が実現するとしています。先に挙げた事故を未然に防ぐための予測とも合わせて，保育においては，子どもの未来の姿や起こり得る出来事といった可能性の領域をも含んだ理解の仕方が必要になるのです。

　以上のことは，保育者のだれもが重要と考え，日々心がけていることかもしれません。しかしながら，そうした可能性の領域をつねに見通すということは，それほど簡単ではないようです。高濱（2000）は，計33名の保育者を保育経験年数別（2～4年群，5～10年群，11年以上群）に分類し，実践を想定した事例に対する見立てや対応を比較しました。その結果，対応の困難度が高い事例において，経験者（5～10年群，11年以上群）は，初心者（2～4年群）と比べ

第Ⅲ部　TEM が拓く「協働型」園内研修

て，対象児の成長や働きかけへの反応の予測を多用しており，幅広い「幼児が
とるであろう行動のリスト」を用意し，1つの可能性が実現（もしくは棄却）
されればこのように対応するといったような「推論のチャート」を自身の内に
有していることを明らかにしました。さらに，指導の見通しの面でも，経験者
は「その場の対応の適不適だけではなく，そのような対応がその後の幼児の状
態にどのような効果をもたらすのか，あるいはそのような対応がどのような面
に波及するのかを予測している」ことがわかりました。この高濱（2000）の研
究は，可能性の領域を含んだ子ども理解が，実践経験や知識の蓄積のうえに成
り立つ高度な技術であることを示しています。

　一方で，ベテラン保育者の子ども理解がつねに優れていると考えることも早
計です。大豆生田ら（2009）は，いくら経験を積んだ保育者であっても，自身
の技術におぼれているときには，柔軟に子どもの視点に立つ理解は得られず，
新任者も含む同僚の見方を柔軟に取り入れる必要があると指摘しています。こ
れらを総括すると，子ども理解において次のような課題がみえてきます。1つ
は，経験年数の短い保育者が，子どもの可能性の領域を見通すためのツールも
しくは，見通す視野をトレーニングする方法が必要であるということです。も
う1つは，幅広い他者の視点と接し，自身の子ども理解をより広く，深くする
ための場の構築です。

　こうした課題に対して，TEM を用いた園内研修，とりわけ「もしも」を検
討する作業は，いくつかの示唆をもたらすと考えられます。前章で述べてきた
ように，TEM を用いた園内研修では，実際の対象児の経験だけでなく，あり
得たかもしれない経験も積極的に想像し，実際の姿と関連づけるという作業を
行います。このことは，経験年数の短い保育者に，可能性の領域に目を向ける
ことを促すほか，「幼児がとるであろう行動のリスト」や「推論のチャート」
（高濱，2000）を，TEM 図として実際に表現することで，保育熟達者の思考の
流れを体験できるツールになると考えられます。また，そのような保育初心者
の視点の広がりは，保育熟達者にとって可能性の領域に対する理解を語り合え
る他者が増えることを意味します。このように，TEM を用いて事例の「もし

も」を想像し，議論することは，園内研修における子ども理解の視点を拡げるとともに，保育者の個人的・集団的な成長を促すと期待できるのです。

2　本章で扱う園内研修

（1）S保育園での園内研修

　2013年度，S保育園とその近隣にある系列園のT保育園は，職員同士が語り合い，学び合う場を醸成することを目的とした合同研修計画を立ち上げました。S保育園は，全13クラス，定員250名，常勤・非常勤を合わせた保育者55名の私立保育園であり，T保育園は，全13クラス，定員250名，常勤・非常勤を合わせて60名の保育者からなる私立保育園です。両園では，これまで日常的に園内研修を実施してはいたものの，管理職や外部講師による「伝達型」園内研修が中心であったため，「協働型」園内研修の方法を取り入れ，定着させたいというねらいがありました。計画では，各園が交互に開催場所を提供しつつ，方法や題材が異なる全8回の「協働型」園内研修が予定され，全保育者が偶数回参加組と奇数回参加組に分かれて，それぞれ4回の園内研修を体験しました。実施時間は，18時から19時30分までの90分間であり，1回あたりの参加者数は40～50人程度でした。

　筆者らは，一連の園内研修にコーディネーターとして参加し，園内研修ツールの紹介および研修全体の司会進行を行いました。TEM を用いた園内研修は，第5回から第8回の計4回でした。研修は，参加者を3～5人のグループに分けたうえで，第7章で説明した手順を基本に，以下のように進めました。

〈事前準備と配布物〉
□3分程度の映像事例
□研修内容や手順を説明するためのスライドショー
□付箋（各グループに3色，対象児の言動用100枚，周囲の出来事用50枚，「もしも」

第III部　TEM が拓く「協働型」園内研修

用50枚）

□ 作業内容の早見表（各グループに１枚）

□ 台紙となるＡ３用紙（各グループ３枚以上を準備）

□ 筆記用具

□ セロハンテープ

□ パソコン・プロジェクター，スクリーン等一式

□ キャンディー等のお菓子（和やかな話し合いのために効果的）

〈研修の手順〉

手　順	時　間	作業内容
手順① 導　入	10分	スライドショーを用いて，TEM を用いた園内研修の特徴や大まかな作業手順を説明。
手順② 映像事例の視聴	3分	題材となる映像事例を視聴する。参加者がはじめて TEM を経験する第５回および第６回では，筆者らが他園で撮影した事例を使用（資料）。２回目となる第７回および第８回では，両園の園長先生らと協議し対象クラスを選定したうえで，筆者らが事前に観察に入り撮影した。
手順③ 対象児の言動や周囲の出来事などを付箋に書き出す	12分	再度映像を視聴しながら，対象児の言動や経験，他者の言動・周囲の出来事をそれぞれ異なる色の付箋に書き出す。映像が終わった段階で，３分程度筆記のための時間を設ける（その間，音声なしで映像を再生）。そのあとで，もう一度同様の手順を繰り返す。
手順④ 付箋を出し合ってゴール（等至点）までのプロセスを描き出す	15分	グループで付箋を出し合い，話し合いながらゴール（等至点）までのプロセスを描き出す。今回の研修では，筆者らが事前にゴール（等至点）を設定した。作業中は，スクリーンにて無音で映像を流し続けた。作業時間が10分を経過した段階で，事実確認のためにもう一度音声ありで映像を再生した。
手順⑤ 「ターニングポイント」と「もしも」の検討	15分	グループで TEM 図の「ターニングポイント」について話し合い，該当箇所をフェルトペンで囲んだ。また，あり得たかもしれない対象児の「もしも」の経験を想像して付箋に書き出し，TEM 図の中に配置した。
手順⑥ 作業の総括	15分	これまでの作業を通して得られた気づきや子ども理解について整理し，明日以降の保育でできることを展望した。
手順⑦ 成果発表	10分	いくつかのグループに，TEM 図の内容を簡潔に説明したうえで，直前の総括に基づき，研修を通して得られた子ども理解や実践の展望を発表してもらった。なお，２回目となる第７回および第８回では，対象児のクラスの担任保育者が参加していたため，発表の最後に，担任が参加するグループを指名し，他のグループの意見を踏まえた感想や気づきを述べてもらった。

手順⑧ まとめ・後片付け	10分	園長先生を中心に，研修全体を総括した。

〈研修で使用した映像事例の概要〉

対象児：Ａ男（４歳男児）

映像の再生時間：２分46秒

ゴール（等至点）：木から離れる（下記事例の下線部分）

映像事例のトランスクリプト（文章に記録し直したもの）：

　　年少児とその担任保育者が木登り（実際は，斜めに生えた木の幹を渡っていく「木渡り」に近く，幹の先端にかけられたハシゴに到達することを目標とした遊び）ができる木の周りに集まっている。それに気づいたＡ男は，走ってそこへやってきた。先に木に登りはじめたＢ男に続いて，Ａ男は太い枝を支えにしながら，難なく木に登りはじめる（写真９−１）。Ａ男は，登りつつも目線を下に向け，「Ｃ男うまい！」と，ハシゴに登っていた年少児に声をかける。しかし，あまりにも調子よく登っていったため，前をいくＢ男に近寄りすぎ，「じゃま！」と注意を受けてしまった。Ａ男は素直に歩調を抑えてＢ男と間隔をとった。再び進みはじめた矢先，Ｃ男がハシゴを登りきり，木登りを逆走しようとしているのを発見する。Ａ男は大きな声で「そこから登るんじゃないよ！」とＣ男を注意し，側にいた年少クラスの担任がＣ男を制止する。それを確認したＡ男は，再びゆっくりと歩を進める。しかし，枝と枝の間隔が大きく離れ，木の幹の角度も急な箇所に差しかかったとき，踏み出した方の足がずるずると下にすべってしまい，踏ん張りがきかなくなったＡ男の腰はがくっと落ちた。中腰の体勢になったＡ男は，そのまま下にいる年少クラスの担任に，①「降りる。ねぇねぇ降りる」と宣言した。Ａ男は，その場でしゃがんだまま「どうやって降りればいい？」と，不安そうな表情で年少クラスの担任に尋ねた。保育者は「どうやって降りたらいい？　ジャンプする？」と提案するが，Ａ男は「ジャンプできんよ」と返し，なかなか動こうとしない。そこで，保育者はＡ男のすぐ近くの枝を指し，それに捕まってゆっくり降りるよう促した。それを受けて，Ａ男は近くの枝を支えになんとか立ち上がると，足を滑らせた地点から一段低いところにある枝を足場にして，「よっしゃ」と安堵した様子をみせた。そして，自分のはるか前を行くＢ男を見て，「Ｂ男うまーい」と，笑顔で口にする。直

後，②A男は「ねーねー！　先生ー！」と大声で再び年少クラスの担任に呼びかける。保育者が振り向くと，ゴールのハシゴの前に張られたロープを指差して，③「難しいところあるんよ。ロープをくぐっていかないといけない！」と告げた。また，「あれもしてもいいんよ。ロープ渡っても」と続けざまに話しかける。そこへ，④年中クラスの担任から「うみ組さーん！」と集合の合図がかかる。A男は急いで木から降りた（写真9-2）。

写真9-1　木登りを開始するA男

写真9-2　「木から離れる」A男

〈実際の園内研修の様子〉

　グループに分かれてから映像事例を全員で視聴し（写真9-3），手順に基づいてTEM図を作成しました（写真9-4）。

写真9-3　園内研修の全景

写真9-4　話し合いながらTEM図を作成

　完成したTEM図についてグループ発表を行い，見えてきた対象児の経験やそこから得られた気づきなどを共有しました（写真9-5）。

第9章 「もしも」の語り合いで深まる子ども理解とティームワーク

写真9-5　完成したTEM図をもとにした成果発表

（2）園内研修における語り合いの分析方法

　2014年1月に実施した第6回目の研修時に，事前に協力をお願いした1つのグループ（今村先生，中崎先生，小野先生の3名）の作業中の会話および全体の成果発表の内容を IC レコーダーで録音しました（総録音時間は59分31秒）。この録音データをもとに，「もしも」の検討作業を通した保育者の語り合いの様子と子ども理解への影響を明らかにしていきます。この第6回目の研修は，ほとんどの保育者にとって TEM を用いた園内研修をはじめて経験する機会であり，題材となる映像事例も他園で撮影したものを使用しています。そのため，方法への慣れやこれまでの子ども理解の蓄積の影響が少なく，作業の進行とともに，保育者らの子ども理解が変容していく様子がとらえやすいと考えられました。

　この音声データを文章に起こし，修正版グラウンデッド・セオリー・アプローチ（Modified Grounded Theory Approach：M-GTA）（木下，2003）の手順を参考に分析しました。この方法論は，雑然とした文章データに潜む重要な意味を，「概念」や「カテゴリー」などの形で整理・分類し，それぞれの関係性を矢印などで表現していくことで，対象とする現象や人々の動きをモデル化することに優れています。この方法を一部応用することで，保育者が「もしも」について語り合う中で，子ども理解が形成されていくプロセスを描出することを

第Ⅲ部　TEM が拓く「協働型」園内研修

めざしました。

　実際の分析作業は，次の手順で進行しました。

①　文章に起こした録音データから「もしも」の語り合いと子ども理解に関連すると考えられる発言や連続するやりとりを抜き出し，その解釈上の意味を表す見出しである「概念」を生成しました。たとえば，「もしもそこに先生がいなかったら，声かけやかかわりなどで頼れる人が「降りる」というのを言ったり，提案をされなかったりしたら，最後までもう行くしかないという感じで進んでいたかもしれない」という成果発表の内容は，対象児にもたらされた「社会的方向づけ」を取り除くことで，可能性の姿を想像するという意味の「方向づけの削除」という「概念」が付与されました。

②　次に，関連する複数の「概念」をまとめ「カテゴリー」を作成しました。「カテゴリー」を包括的に説明できる場合は，さらに「コア・カテゴリー」としてまとめました。たとえば，先の「方向づけの削除」の場合では，対となる意味をもつ「方向づけの追加」と合わせて，実際とは異なる対象児の経験を積極的に見いだしていくという意味の「可能性の可視化」というカテゴリーに整理しました。

③　分析の最終段階では，以上の「カテゴリー」および「概念」を一平面上に配置し，矢印等でそれらの動きや関係性を表したモデルを作成しました。

　なお，本書における分析は，上記の目的のために M-GTA の考え方を参考にしたものであり，本来の分析手順とは若干異なっています。M-GTA では，データの収集と分析を往還的に行うことが推奨されており，収集を終えたデータの分析にのみその手続きを応用する本研究の方法は，厳密に本来の手順に従っているとは言えません。しかし，データ中の保育者の語り合いの内容を整理し，それがどのような子ども理解へとつながるか（つながらないか）を解明するにあたっては，データに潜む重要な意味を抽出し，それらの動きや関係性をモデル化することが有効と判断できたため，部分的に M-GTA の考え方を用いています。M-GTA の詳しい手順を知りたい人は木下（2003）や西條（2007, 2008）を，保育実践の分析への活用方法に興味のある人は，境ら（2012）や田

中ら（2013）を，質的アプローチとしての TEM との違いを知りたい人は境（2015）を参照してください。

3　TEM が誘発する「もしも」の語り合いと子ども理解

（1）結果の概要

　分析の結果，11個の「概念」と５つの「カテゴリー」，１つの「コア・カテゴリー」が得られました（表９-１）。「概念」は，主に保育者らが行った作業や思考の内容を示し，「カテゴリー」と「コア・カテゴリー」は，それらをグループとして整理したものです。なお，分析によって得られた「概念」には【　】，「カテゴリー」には〈　〉，「コア・カテゴリー」には《　》を付して示します。

　以上の「概念」などの関係性を検討し，園内研修中の作業や思考の流れをまとめたものが図９-１です。この図９-１は，保育者らが，作成した TEM 図をもとに「もしも」の可能性を語り合うことを通して，〈子ども・場面理解の形成〉と【遊びの継続と展開の可能性】という２種類の《子ども理解の展開》が生じていく様子を表しています。詳細については，第２項で述べますが，ここでは図が示すストーリーを簡潔に説明します。

　園内研修の中で，意識的に【ターニングポイントの検討】や「もしも」の検討を進めていくと，実際に生じたもの以外にA男や周囲の人物がとり得た言動の選択肢，場面に対する複数の解釈の可能性が見いだされます（【選択肢の発見】）。いわば，対象児や場面に対する〈見方の開拓〉が促されます。そうして開拓された見方は，「条件が異なれば，A男の経験のプロセスは別の方向に向かったかもしれない」「自分たちの解釈は，対象児や事例に対する唯一の解釈ではないのかもしれない」といった【解釈の揺らぎ】や，会話の中で相互にイメージを膨らませる【便乗発想】を生じさせ，事実や初期の見立てにとどまらない複数の〈プロセスの派生〉へと結びついていきます。

第Ⅲ部　TEMが拓く「協働型」園内研修

表9-1　データから得られた「概念」と「カテゴリー」の一覧

コア・カテゴリー	カテゴリー	概　念	概念の定義
	〈見方の開拓〉	【ターニングポイントの検討】	子どもの活動が変化した瞬間や転機となった出来事について探したり話し合ったりする
		【選択肢の発見】	事例中の子ども（保育者）がとり得た実際とは異なる言動の選択肢を発見する
	〈プロセスの派生〉	【便乗発想】	他者が発したターニングポイントや「もしも」に重ねて「もしも」を発想する
		【解釈の揺らぎ】	「もしも」の語り合いを通して当初の子ども理解や場面に対する解釈が揺らぐ
	〈可能性の可視化〉	【方向づけの削除】	子どもの経験のプロセスに影響した要因（たとえば保育者の言動など）がなかった場合を議論する
		【方向づけの追加】	実際にはなかった子どもの経験のプロセスに影響する要因が加わった場合を議論する
	〈プロセスの根拠づけ〉	【妥当性の相対的検討】	派生したプロセスや解釈を比較することで妥当性の高いものはどれか議論する
		【本筋の掘り下げ】	子どもが実際のプロセスを選んだ（選ばざるを得なかった）理由や背景を議論する
《子ども理解の展開》		【遊びの継続と展開の可能性】	子どもがより長く，より高度に遊びを展開できた可能性やそのために必要な支援について気づく
	〈子ども・場面理解の形成〉	【妥当な内面理解】	子どもの感情や要求などについて，より根拠や納得を伴って理解する
		【妥当な状況理解】	場面中の人間関係や相互作用，ストーリーなどについて，より根拠や納得を伴って理解する

　複数の経験のプロセスが生じると，保育者らは【解釈の揺らぎ】を解消するために，もとの事例に立ち返りながら，対象児が「もしも」ではなく実際のプロセスをたどった（たどらざるを得なかった）理由を分析したり（【本筋の掘り下げ】），どれがより妥当性の高い解釈であるかを議論したりします（【妥当性の相対的検討】）。このように〈プロセスの根拠づけ〉を行うことで，保育者らは，より【妥当な内面理解】や【妥当な状況理解】が備わった〈子ども・場面理解の形成〉へと至っていました。これらは，複数の〈プロセスの派生〉が，か

174

第9章 「もしも」の語り合いで深まる子ども理解とティームワーク

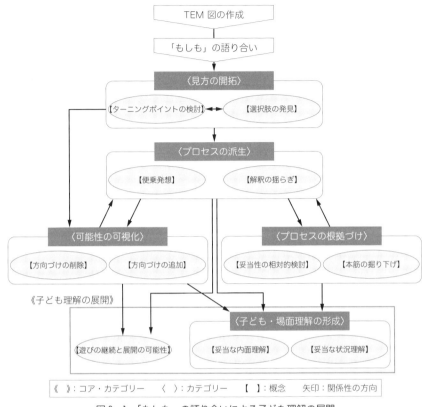

図9-1 「もしも」の語り合いによる子ども理解の展開

えって実際のプロセスや事実に対する理解を深めた例と言えるでしょう。

　他方で,〈プロセスの派生〉が,これまで見えていなかった子どもの可能性や保育の展望を切り開く場合もあります。潜在する「もしも」の可能性に気づいた保育者は,「もしも,この場面で保育者が別の声かけをしていたら」「もしも,実際にはあった出来事が生じなかったら」といったように,本来のプロセスを方向づけた要因の置き換えや削除を試みることで(【方向づけの追加】【方向づけの削除】),映像には現れなかった〈可能性の可視化〉をより積極的に行っていきます。その結果,想像されたプロセスに基づく,子どもに潜在する能力や要求に対する理解がもたらされていました(【遊びの継続と展開の可能性】)。

175

第Ⅲ部　TEM が拓く「協働型」園内研修

　以上が，図9-1の流れです。以降では，語り合いを通した様々な可能性の発見とそこから得られる2種類の《子ども理解の展開》について，「概念」の根拠となった作業中の語りや発表の内容を引用しながら詳しく検討します。

（2）「もしも」がもたらす新たな見方

　まず，図9-1の〈見方の開拓〉の部分について検討します。付箋を並べ，ゴール（等至点）までの TEM 図を作成した後，保育者らは，プロセスの中の「ターニングポイント」となった対象児の言動や周囲の出来事を検討します（【ターニングポイントの検討】）。「ターニングポイント」とは，対象児にとって特に重要な経験や，活動の方向性に大きな影響を与えた出来事のことであるため，一見すると，「もしも」とは関連がないように思えます。しかし，作業中の会話を分析すると，当の言動が「ターニングポイント」と考えられる理由が語られる際に，「ターニングポイント」がない場合を想定した「もしも」の見方が発生する場合があることが明らかとなりました。たとえば，以下の例1の下線部では，映像の保育者の「声」が，A男が「木から離れる」というゴールに向かう「ターニングポイント」であると説明する過程で，「声」がなければそうはならなかっただろうという見方が示されています。このように，実際の経験のプロセスを決定づけた要因について明確にすることは，それとは異なる「もしも」のプロセスを開拓していく端緒となっていることが考えられます。

例1【ターニングポイントの検討】

> 今村先生：このようにジャンプのところ，降りたがっていたのに，もっとなにか楽しいみたいな，と言いながら来て，でもまぁ「帰っておいで」みたいなこの声（トランスクリプト下線部④）がなかったら，多分まだ降りてなかったとは思うけど。
> 中崎先生：うーん。うんうんうんうん。
> 小野先生：これね。

　「ターニングポイント」の検討と並行して行われる「もしも」の検討では，対象児やそれにかかわる他者がとり得た実際とは異なる言動や，事例に対する

176

異なる解釈の可能性についての探索をしていきます。いわば，意識的に，対象児や事例に対する新たな見方を広げるための作業を行います。この中では，例2や例3の下線部ように，「もしも」という言葉を使って想像を膨らませることができそうな箇所が次々と提案され，次に述べる〈プロセスの派生〉のきっかけが見いだされています（【選択肢の発見】）。

例2 【選択肢の発見】

（TEM 図を眺めながら……）
小野先生：もしも先生がそばにいなかったら，最後までやってた。違うか？
今村先生：そうしたらじゃあ，友だちに……。
小野先生：だって，先生が「こっちからジャンプしてれば？」みたいなさ。
中崎先生：先生がいなかったら？

例3 【選択肢の発見】

小野先生：もしも保育者が，何々と言わないと……。
今村先生：じゃあ，もしもジャンプとなったら，先生は，なにしたんだろう？
中崎先生：「ジャンプ」と言わんかったら，ロープで降りる。いや，わからん。

　【ターニングポイントの検討】と【選択肢の発見】は，それぞれ作業の目的は異なるものの，どちらも対象児にとって重要な経験や周囲の出来事について考えることをきっかけに，実際とは異なる「もしも」のプロセスの存在が浮上し，それに対する語り合いを生み出していることがわかります。つまり，2つの作業は，連動して対象児や事例に対する新たな〈見方の開拓〉を促すことで，続く〈プロセスの派生〉のための語り合いの素地をつくり出していると考えられます。

（3）「もしも」によって派生する多様なプロセス

　「もしも」と「ターニングポイント」の検討を通して〈見方の開拓〉が生じると，その先に，実際とは異なる姿やゴール（等至点）が存在する可能性が見えてきます。そうした可能性ついて，さらに語り合いを深めていくことにより，案出された「もしも」の素地に具体的な対象児の姿やストーリーが付与され，

第Ⅲ部　TEMが拓く「協働型」園内研修

当初は一本道だった経験のプロセスが幾重にも派生していきます。

　たとえば，以下の例4では，例1で今村先生が発した「「帰っておいで」みたいなこの声（トランスクリプト下線部④）がなかったら」という発言を受けた中崎先生が，さらにその先の対象児の姿を想像して語っています。その結果，「木から離れる」というゴールに向かうのではなく，木につるされたロープで活動を続けるというプロセスが生じました。香曽我部（2015）では，保育者が可能性の姿を語る際には，先の保育者が発言した内容を援用して，さらに自身の発想を重ねていくようなアプロプリエーションが生じることが示唆されていました。同様に，例4では，今村先生によって提示された可能性に，中崎先生が自身の想像を重ね，さらに，今村先生がそれに便乗して語りを続けていくことで，1つの点でしかなかった想像が，豊かな「もしも」のプロセスとしてつながっています（【便乗発想】）。

例4【便乗発想】

> （例1の検討の続き）
>
> 中崎先生：<u>たしかにこれがなかったら，（引き続きA男は）ロープでなんかしとったかなというのは思います。</u>
>
> 今村先生：<u>たしかに，実際にロープで。</u>
>
> 小野先生：これ，（付箋に）書けばいいじゃん，これ。
>
> 今村先生：ああ。
>
> 中崎先生：<u>あれを使って，降りるなり，あそこに行ったり。</u>
>
> 小野先生：他になにか，あったんかも。
>
> 中崎先生：先生が，かけ声をした（トランスクリプト下線部④）よね。「うみ組さーん」と呼んかったら，あれがなかったら，もう少し遊びが発展していた。

　また，「もしも」と「ターニングポイント」に関する語り合いにより，事例に対する様々な見方が開かれることで，TEM図を作成した際の解釈に揺らぎが生じる場合があります。次の例5では，「木から離れる」というゴール（等至点）に至る「ターニングポイント」として設定した担任保育者の呼びかけについて考える中で，呼びかけの以前に，A男が遊び時間の終わりが近づいて

178

第9章 「もしも」の語り合いで深まる子ども理解とティームワーク

いることを察していたのではないかという新解釈が生じ，下線部のような混乱が生じています。これも，もう1つの経験のプロセスの派生と言えるでしょう。さらに，例6では，実際にあった保育者の反応がなかったらといった1つの「もしも」から，3つのプロセスが派生したことが語られています。語り合いを通じた〈プロセスの派生〉とは，実際のプロセスから枝葉のように「もしも」のプロセスが伸びていくことにとどまらず，「もしも」のプロセスから，さらに複数の道筋が派生していく幅広い可能性を含んでいると言えます。

例5 【解釈の揺らぎ】

> 小野先生：もしかしたら，そろそろもう帰るのがわかったんかね。
>
> 今村先生：絶対ない。
>
> 小野先生：先生が，ああやってこうやって，なにか「今から呼ぶよ」みたいな雰囲気を出していたら，「ああ，ちょっと降りておかないとヤバい。俺，帰れん」みたいになるじゃない。
>
> 今村先生：うわ，それによっていろいろと変わってくる。じゃあ，降りようと思っていたのに，ここで違うことを考え出したみたいな感じになる。

例6 【解釈の揺らぎ】

> ※全体発表より（今村先生たち以外のグループ）
>
> 　（A男が木の下にいた保育者に）「ねー！　ねー！　先生ー！」（トランスクリプト下線部②）と言って，もし先生が反応しなかったら，先生がいなかったら，ひたすら先生を呼んでいたという説と，もう諦めて自分で降りていたかもしれないという説と，逆に登っていたかもしれないという説も出ました。

　こうした〈プロセスの派生〉は，対象児や事例に対する視点の多角化ととらえることができ，意識的に「もしも」を語り合うことが，可能性の領域をも含んだ様々な視点の発生と交流をもたらす装置として機能していると考えられます。

（4）「もしも」によって深まる子ども・場面への理解

　語り合いの中で，豊かに派生していく「もしも」のプロセスですが，それら

179

第Ⅲ部　TEM が拓く「協働型」園内研修

は際限なく広がり続けるだけではありません。語り合いの中で，複数のプロセスや解釈が生じてくると，広がった想像や解釈を検証し，対象児や事例に対するより妥当な理解を得ようとする反対方向の動きが起こってきます。そのようにして生じた語り合いには，大きく２つの種類がみられました。

　１つは，複数の可能性を比較し，より対象児の性格や実際の状況に照らして妥当と考えられるプロセスを採用する語り合いです（【妥当性の相対的検討】）。例７では，木からジャンプして降りるという「もしも」のプロセスの妥当性について（実際には，木の根元までゆっくりと歩いて降りている），Ａ男の言動や内面を見つめ直すことで，当時のＡ男の状況ではジャンプという選択はないと結論づけています。このような語り合いを通して，事例の情報が見直され，対象児にとっての現実的な選択肢かどうかという「もしも」のプロセスの再考がなされていきます。こうした検討作業は，「もしも」が突拍子もない妄想に向かうことを阻止しつつ，対象児の可能性の姿を見いだすうえで重要な意味をもつものと言えます。

例７【妥当性の相対的検討】

> 小野先生：ジャンプするのはちょっと怖い。
> 今村先生：ああ，なにで降りはじめようと思ったかみたいな？
> 中崎先生：最初から怖かったら，登らないじゃないですか。結構登るのは登れたけど，ジャンプするのは，降りる感覚は怖いと思って……。
> 　　　　　　　　　　　　　　（中略）
> 小野先生：ジャンプしたかったけど……。
> 今村先生：多分，「降りる」と言ってから（トランスクリプト下線部①）ジャンプの話が出ているから，なにで降りると思ったか。
> 小野先生：やっぱり，怖くなったんじゃない？

　もう１つは，「もしも」をきっかけとして，実際のプロセスが選択された理由や背景が深まる【本筋の掘り下げ】です。語り合いを通して，多様な「もしも」のプロセスが発生したとしても，事実としては，実際のプロセスが子どもの意思，あるいは様々な諸力によって発生したということには違いありません。時に「もしも」のプロセスは，そうした事実を成立させる要因を映し出す鏡の

第9章 「もしも」の語り合いで深まる子ども理解とティームワーク

ように機能していました。次の成果発表における語りでは（例8），「もしも」の検討と同時に，実際の対象児の言動や状況が整理され，なぜA男が，保育者と会話をしたあと「木から離れる」という実際のプロセスに至ったのかが把握されていることがわかります。このようなグループでは，対象児が実際のプロセスを選んだ（選ばざるを得なかった）理由が「もしも」と同時に検討されることで，事例の必然性と可能性の両方をとらえるに至っていると考えられます。

例8 【本筋の掘り下げ】

> ※全体発表より（今村先生たち以外のグループ）
> <u>A男は，足が滑ったし，ちょっと怖いし，座ろうみたいになって，もうそこで登</u>
> <u>れるのか登れないのかパニック，パニックになって，「降りる，降りる」になって。</u>
> <u>それで，その後に「どうやって降りたらいい？」と先生が言ってくださって木の枝</u>
> <u>を指して，「怖い」と言いながら降りたのですけど，そのときに先生がいなかった</u>
> <u>ら（実際に）最後は（スルスルと）降りているので，（なにも言わず）スルスルと</u>
> <u>降りていたかもしれないというのが出ました。</u>

これら〈プロセスの根拠づけ〉のための語り合いは，対象児の内面や事例の詳細な説明によって裏づけられた〈子ども・場面理解の形成〉を保育者らにもたらしていました。既述のように，様々な「もしも」のプロセスを想像し，それらについて議論を重ねることにより，「もしも」ではなく実際のプロセスを選択した対象児の感情や意図，「もしも」の状況に対する反応から推察される対象児の志向性，一つひとつの言動に潜む意思や葛藤の存在などが表出します。そうした情報を総合していくことで，例9と例10の下線部にみられるように，対象児の内面を丁寧に推し量ることが可能になります。

例9 【妥当な内面理解】

> ※全体発表より（今村先生たち以外のグループ）
> 「うみ組さん」と呼ばれたからできなかった。それがなかったら，もっと登って
> いたかもしれないという意見も出ました。それをもとに考えたのが，<u>総合的にA男</u>
> <u>は，自分のことを見てもらいたいという気持ちが強いかなということで，だから最</u>
> <u>後に，木を降りたときに担任の先生に呼ばれて「ああ～，いってらっしゃい」みた</u>
> <u>いな感じだった。</u>

181

第Ⅲ部　TEMが拓く「協働型」園内研修

例10【妥当な内面理解】

※全体発表より（今村先生たち以外のグループ）

　全体を通して，A男の性格は，好奇心，「やってみよう」というのはあるけど，ちょっと途中で，「降りる」と言ったのは，「怖いな」と思ったから，「やってみよう」と思うけど，やったらちょっと怖かった，怖いけどやってみようではなく，やっぱり降りようとなっているところから，ちょっと小心者なのかなというのと，その前に，なんか「B男，うまい」とか，その後「C男，うまい」とか，他の子のことも観ている発言があったので，なんか周りをよく観ていて，そういうところからも小心者なのかなというのと，自分からは行かないけど，最初に人がしているのを見て，この遊びがはじまったのかなと思いました。

　対象児に対する理解と同様に，事例に対しても，より詳細な理解が形成されています。作業や語り合いを通して，事例の「ターニングポイント」や派生し得た「もしも」のプロセスが明らかになることで，対象児の言動と他者や周囲の環境との関係性の全体構造がみえてきます。このように事例の構造が理解されることで，対象児の言動の説明や予測ができるようになり，具体的な援助や環境構成の提案へと結びつけることも可能になります（例11）。

例11　【妥当な状況理解】

※全体発表より（今村先生たち以外のグループ）

　私たちのグループのターニングポイントは，「降りる」と最初言ったところが，ターニングポイントかと思いました。もし，そこで先生がジャンプを，「ジャンプする？」という声かけをしていなかったら，そのまま降りていたかもしれず，すごく，予想なのですけど，もしかしたら，全体的に遊びの時間が終盤だったのかと思うので，そろそろ遊びも終わるのかと思って，降りようかと考えていたということも考えました。

この場面で，もし自分たちだったら「ジャンプしてみたら？」という提案をせずに，もう少し様子を見て，子どもがどういうふうに降りるのか，考えられるように見守るかなというふうに案が出ました。

（5）「もしも」からみえてくる保育の可能性

　以上の〈プロセスの根拠づけ〉を通した〈子ども・場面理解の形成〉は，「もしも」を検討することで，かえって実際の対象児や事例に対する理解が深まるといったものです。他方で，「もしも」を語り合うことを通して，実際とは異なる対象児の可能性や保育環境のプランが想像されるといった場合もみられました（〈可能性の可視化〉）。

　先に示した例4では，「たしかにこれがなかったら，（引き続きA男は）ロープでなんかしとったかな」「「うみ組さーん」と呼ばんかったら，あれがなかったら，もう少し遊びが発展していた」といったように，保育者の声かけというA男の行動を方向づけた要因がなかった場合を積極的に語り合うことで，その先にあり得た遊びの展開を想像しています（【方向づけの削除】）。この反対に，例12の下線部などでは，実際とは異なる，もしくは実際にはなかった方向づけの要因を導入することで，対象児の活動が継続していた場合の可能性についての議論が行われています（【方向づけの追加】）。こうした中では，事例の内容を詳細に検証することよりも，「もしも」の糸口を探しだし，手持ちの情報をもとに肉づけしていくといった態度が優先されています。

例12　【方向づけの追加】

> ※全体発表より（今村先生たち以外のグループ）
> 　「先生，見てー」（トランスクリプト下線部②）と言って，登ったところを見てもらったときに，保育者が見たときに「おお〜，すごいすごい。もっと行けそうだね」と褒めちぎってみたら，もしかしたら，もっと自信をもって「登ってみよう」という気になっていたかもしれない。

　実際とは異なる対象児の経験のプロセスについて積極的に語り合い，その可能性を可視化していくことで，事例には現れなかった対象児の姿や活動の魅力が明らかになります。今回の園内研修の題材は，A男が木登りを中止し「木から離れる」までのプロセスです。要約すると，やりはじめた挑戦を断念するという内容であり，能力の乏しさや意思の弱さといった，A男に対するネガティ

ブな印象につながるものです。しかし，事実とは異なる「もしも」に対して意
識的になることで，上記の例12の下線部のように，「木登りに成功する」とい
う対極のゴール（等至点）を見据えたうえで，そこに向かうための援助が提案
されるという方向に話し合いが傾いています。この中では，結果として「でき
なかった」という事実を嘆くのではなく，A男が条件次第では成功できる能力
をもっているという前提で議論が進行されていると言えます。また，例13や例
14では，木登りの過程でA男が話題にしたロープに注目し，そこから木登り以
外の別の遊びに発展する「もしも」が想像されています。これらは，対象児が
経験し得た可能性に対する気づきであると同時に，事例の遊具や環境に備わる
活動の可能性の発見であると考えることができます。

例13 【遊びの継続と展開の可能性】

> ※全体発表より（今村先生たち以外のグループ）
> 　もし先生が「うみ組さーん」と呼んでいなかったら，途中でロープの話も出てい
> て，それはもう自分で考えて，違う遊びに発展したという可能性もあるかなという
> のを考えました。

例14 【遊びの継続と展開の可能性】

> ※全体発表より（今村先生たち以外のグループ）
> 　木のことを説明したとき（トランスクリプト下線部③）に，もし（保育者が）話
> を聴いてくれていなかったら，ふてくされて離れていたかもしれないということと，
> 逆にロープの話とかをして，話をそのまま聴いてくれていたら，もっと自信になっ
> て新しい遊びが広がっていたかも。

4 「もしも」の語り合いが拓く子ども理解

　ここまでの分析を踏まえ，「もしも」を語り合うことが，保育者の子ども理
解にとってどのような意義があるのかを整理します。そのうえで，TEM を用
いた園内研修と既存の方法や理論との関連性を検討し，園内研修のツールとし
て特徴を明らかにします。

第9章　「もしも」の語り合いで深まる子ども理解とティームワーク

（1）「もしも」がもたらす子ども理解の展開

　TEM を用いた園内研修では，対象児の経験のプロセスが詳細に描き出されると同時に，可能性の領域に意識的に目を向けさせることで，事実として生じた事柄に隠された対象児の経験や保育の展望，対象児や事例に対する多角的な理解の可能性が浮かびあがることが明らかになりました。このような種々の「もしも」の可能性について語り合うことにより，保育者には，次の2つの《子ども理解の展開》がもたらされると考えられます。

　第1の《子ども理解の展開》は，保育者の間で「もしも」のプロセスの存在が意識化されることで，対象児の実際の経験のプロセスは，様々な可能性の中から選択された1つであるという視野の展開です。このような見方の発生は，「事実」という強力な縛りづけから保育者の発想を解き放ち，次の段落で述べるような，子どもや保育環境への肯定的で柔軟な接近を促す思考ツールになっていました。また，事実以外の多くの可能性が浮上することは，たんに事実の価値が低下するということを意味しません。実際の子どもの経験のプロセスは，幅広い「もしも」が生じる中で，あらゆる可能性の中から選択されたかけがえのないもの，多数の要因によって複合的に形成された必然的かつ奇跡的なものとしていっそう際立って目の前に現れます。そのような事実を見つめ直すことで，例7から例11の下線部にあるような，対象児の性格や保育環境の影響，あるいは現場の状況などが浮き彫りになり，より妥当と考えられる〈子ども・場面理解の形成〉へとつながります。小川（2000）は，子どもに対する援助の筋道を立てる場合には，その子の志向性を理解することが重要であると述べました。対象児が，豊かな可能性の中から特定の経験のプロセスを選んだ（選ばざるを得なかった）という視点から，対象児の内面や事例の詳細に迫る「もしも」の検討作業は，そうした子どもの志向性の理解に対しても有効であると示唆されます。

　第2の《子ども理解の展開》は，「もしも」の可能性について積極的に語り合う中で，対象児や保育の可能性が開拓されるということです。今回の園内研

修では，木登りが達成できないまま中断されたという事例から，Ａ男が遊びを続け成功に向かうというプロセス（例12）や周囲の環境とかかわり新たな遊びを創造するといった（例13，例14），【遊びの継続と展開の可能性】が拓かれました。本章の最初で述べたように，保育における子ども理解の本質とは，子どもに潜在する「よさ」や可能性を見いだすことで，それに寄り添い，伸ばすための実践をつくり出すことにあります（文部科学省，2010）。それに対して，TEM を用いた園内研修での「もしも」の語り合いは，活動が「できなかった」という事例を題材にした場合では，活動が「できた」「広がった」という可能性へと保育者の視点を転換させ，すでにポジティブな意味を含む題材に対しては，その保障やさらなる発展に必要な援助へと目を向けさせるものであると言えます。大宮（2010）は，大人が「豊かな可能性を持った存在」として子どもを認識することで，より子どもの内面世界を見通し，信頼と共感とをもってかかわることができると述べています。「もしも」を語り合う中で見えてくる様々な子どもの姿は，「豊かな可能性をもった存在」としての子どもの側面を際立たせ，可能性を現実のものへと導くための一助となり得るのではないでしょうか。

（2）TEM による「もしも」の語り合いの特徴

　以上のように，「もしも」の語り合いを通して，《子ども理解の展開》がもたらされることが明らかとなりました。しかし，事実以外の子どもの内面や可能性の姿に注目することの重要性自体は，他の園内研修においても同様に大切です。本章の最後に，TEM による「もしも」の語り合いの独自性について簡単に述べておきます。

　まず，「もしも」の検討が作業として明確に位置づけられている点が挙げられます。あらゆる可能性を想定することの意義を頭で理解していたとしても，それが実際の見立てへと反映されるためには，ある程度の経験と知識の蓄積が必要であることはすでに確認した通りです（高濱，2000）。くわえて，園内研修の場において，客観的な事実から外れた事柄や曖昧な事柄を口にするという

第9章 「もしも」の語り合いで深まる子ども理解とティームワーク

ことは，かなりの勇気が必要です（岡花ほか，2009：濱名ほか，2015）。その点，TEM を用いた園内研修は，「もしも」の語り合いを必須の作業として内包することで，自らの解釈を揺るがしたり，固定的な「事実」から逸脱したりすることを肯定させ，積極的な想像やその語り合いを後押しできると考えられます。

　次の同時性として，「もしも」の可能性を付箋に書き出し，実際の経験のプロセスと並行して配置する点が挙げられます。園内研修において，客観的な事実が重視されることの背景には，保育者の思い込みや妄想によって，議論が無制限に拡散したり，子ども理解が歪められたりすることへの恐れがあると考えられます。事実，TEM を用いた園内研修の手順を作成する際には，モニターとなった学生や保育経験者から，「もしも」による現実からの乖離を危惧する声が上がりました。しかし，本章においてみてきたように，園内研修中の「もしも」の語り合いでは，保育者らが協働的に想像の世界を紡いでいくこと，「もしも」を通して，事実関係が精査されていくことが明らかとなりました。この理由として，TEM を用いた園内研修では，「もしも」をたんに語るだけでなく，付箋に書いて可視化することが考えられます。想像を付箋に書き出すことで，個人の頭の中にしか存在しない内容を，参加者全員で共有することができます。また，一時的に語り合いが別の話題に向かったとしても，付箋を頼りにして，再度語り直すということも容易になります。このことが，だれかの「もしも」に，別のだれかが「もしも」を重ねていくような議論を支えた一因と思われます。また，先に実際のプロセスを丁寧に描出し，それを本流として，可能性のプロセスが次々と生まれてくる作業手順であったことが，事実と「もしも」の関連性をつねに意識させ，妄想ではない可能性についての語り合いをガイドしたことが考えられます。

187

第10章

TEM を用いた園内研修の可能性と留意点

Introduction

　第Ⅲ部の締めくくりとなる本章の終盤では，前章までの内容を踏まえ，TEM を用いた園内研修の可能性と留意点を明らかにします。しかし，H幼稚園（第8章）とS保育園（第9章）の調査結果だけで，多様きわまる保育現場の状況を踏まえた知見を提示することはやや困難かもしれません。そこで，第1節では，これまでの各章の成果と課題を整理したうえで，より幅広い現場の保育者の声を集めるためのアンケート調査について提案します。

1　TEM の輪を広げるために

（1）これまでの成果と残された課題

　ここまでの検討を通して，TEM を園内研修に用いることの意義がいくつか明らかになりました。たとえば，第8章では，子どもの言動を詳細に記述していく TEM の手順を通して，日常の些細な事例に潜む子どもの内面がとらえられること，それぞれの視点の違いを活かした保育者間の交流が生じることが示唆されました。また，第9章では，「もしも」の可能性について検討する中で，対象児の意図，保育者などの他者の存在，周囲の保育環境が，複合的に経験のプロセスを形成していく構造が見えてくること，対象児や保育環境の可能性の姿に気づくことで，その良さを伸ばしていこうとする視座がもてることなどがわかりました。こうした成果からは，TEM が，個々人が柔軟な視点をもちつつ，多様な意見をもつ他者と交流するといった子ども理解を育む園内研修の要件（大豆生田ほか，2009；小田，2010）を満たすうえで，有効なツールとな

第10章　TEM を用いた園内研修の可能性と留意点

り得ることがうかがえます。また，子どもの志向性の理解に基づく実践（小川，2000）や，起こり得る行動の予測とそれへの援助のチャート化（高濱，2000）といった専門的な視点をもたらし，保育初心者の成長や熟達者との対等な交流につながることも期待されます。

　ただし，前章までの研究は，あくまでも各1園の，しかも，「協働型」園内研修に対して積極的な園の保育者らへのインタビューなどに基づくものです。この点は，同様に，TEM を用いた保育カンファレンスについて検討した香曽我部（2014，2015）も同様です。質的アプローチを提案する本書では，対象が1つであるからその知見は間違いであるとは当然考えてはいませんし，反対に，対象が多ければいいというわけでもありません。しかしながら，対象が1つであるならば，そこから得られる知見は，どんなに一般的な言葉で言い換えたとしても，もとの対象の特徴と不可分のものになるということも事実です。ベネッセ教育総合研究所が，認定こども園を対象に行った調査（2009年）によると，園内研修の実施頻度や参加する教職員の範囲などは，園の形態や方針によって差異が見られるとともに，どの園でも共通して，時間や機会の捻出に苦慮していることが明らかにされています。また，本書でいう「伝達型」園内研修を採用している園も，少なくないことが推察できます。このような現場の実態を鑑みると，「協働型」園内研修に特に積極的な園で得られた研究成果が，幅広い保育現場にそのまま当てはめられると考えるのは，早計であると言えます。くわえて，発言の文末表現（たとえば，「～ね」「～ます」）などの些細に思える習慣の違いですら，保育者同士の感情認識や語り合いのスタイルに影響するといった指摘（中坪ほか，2012）もみられることから，研究成果の適用については，もう少し慎重に検討する必要があります。

（2）より幅広い保育現場での活用をめざして

　そうした現場の多様性を踏まえて，TEM を用いた園内研修の有効性を検討するためには，さらに幅広い現場の保育者の声を集め，その可能性や問題点を把握する必要があります。たとえば，普段から「協働型」園内研修を行っ

第Ⅲ部　TEM が拓く「協働型」園内研修

ていない園の保育者にとって，TEM を用いた園内研修はどのように感じられるのでしょうか。また，TEM を自園の園内研修に導入することを想定した場合，「協働型」園内研修が定着している園の保育者と，そうではない園の保育者は，それぞれどのような期待や不安を抱くのでしょうか。あるいは，どのような利用価値や応用方法を見いだすのでしょうか。これらの問いに迫ることで，TEM を用いた園内研修の可能性や課題点を，より個々の現場の状況に沿って提示することが可能になります。また，現状の方法が抱える限界，それを乗り越えるための展望などが得られるかもしれません。

　そこで，次節では，複数園の若手保育者が一堂に会して行う合同研修会で，TEM を用いた事例分析と合わせて実施したアンケートをもとに，各参加者の学びの内容や研修方法に対する印象，自園での活用可能性の有無などを明らかにします。最終的には，次節の検討結果と第 8 章および第 9 章の結果とを合わせて，園内研修ツールとしての TEM の可能性と活用の際の留意点についてまとめます。

2　アンケート調査からみえてきた TEM を用いた園内研修

（1）アンケート調査の方法

　H県の私立幼稚園連盟が主催する合同研修会において，保育歴 1 年目から 3 年目の若手保育者158名に，TEM を用いた実践事例の分析を体験してもらいました。若手保育者を対象とする研修で，後述のアンケート調査を行う理由は，第 1 に，保育カンファレンスや園内研修は，若手保育者の育成と強く結びついているため（柴崎・金，2011），その方法は，若手保育者にとって取り組みやすく効果的であることが重要であるとともに，若手保育者の積極的な参加態度が中堅以上の保育者の態度にポジティブな影響を与えると考えられたためです（伊勢ほか，2016）。第 2 に，第 9 章で検討したように，実践場面の詳細なモデル化と，それを基盤とした多様な「もしも」の想像を促す TEM の手順は，

190

第10章　TEM を用いた園内研修の可能性と留意点

若手保育者が，熟達者の思考様式（高濱，2000）を獲得する機会になると考えられるためです。

　研修の主な準備物や手順，所要時間，使用した映像事例は第９章と同様で，次の①〜⑤に示す通りです。①４〜６人のグループに分かれ，保育中の子どもの様子を撮影した３分程度の映像事例（題材は第９章と同様，Ａ男が木登りに挑戦する場面）を視聴，②映像中の対象児の言動，周囲の出来事などをそれぞれ異なる色の付箋紙に端的に書き出す，③作成した付箋紙を出し合い，グループで話し合いながらＡ３用紙上に並べ，設定された「ゴール」（「木から降りる」）までの TEM 図を作成する。プロセスに対して用紙が足りなくなった場合は，新たな用紙を横に継ぎ足す，④グループで話し合いながら，経験のプロセスの「ターニングポイント」となった出来事を検討する。また，実際には起こらなかった「もしも」の子どもの姿を想像し，新たに付箋紙に書き出してＡ３用紙上に並べる，⑤作業中の気づきをグループ内で整理した後，いくつかのグループが全体に向けて発表する。このほか，前章の場合と同様に，各手順の間に，映像事例を見直す機会を設けるとともに，作業中も，映像を消音状態で流し続けることで，参加者ができるだけ映像事例に立ち返ることができるようにしました。

　分析体験の後，事前に配布したアンケートに回答してもらいました。アンケートはＡ４用紙２ページで，年齢などを尋ねる項目に続き，今回の事例分析を通した学びと方法に対する感想を尋ねる項目群，自園でのカンファレンス等の実施状況とそれを踏まえた TEM の活用可能性を尋ねる項目群を設けています。質問への回答は，学びの有無や園内研修の頻度を訪ねる項目を除き，自由記述形式としました。また，この研修会とアンケートにおいては，保育者同士の実践事例の語り合いを表す語として，園内研修ではなく保育カンファレンスを用いていますが，その定義を「子どもの事例について先生方で語り合ったり議論したりする機会」と説明することで，園内研修も含む幅広い名称で呼称される同様の取り組みを包括しました。なお，アンケートの実施に際しては，事前に連盟側に質問紙の原案を提出し承諾を得たうえで，回答者の氏名や所属

191

第Ⅲ部　TEMが拓く「協働型」園内研修

園が特定される心配がないよう，要求する回答者情報は必要最小限にとどめています。

　アンケートは即日回収し，有効な回答が得られた134名のアンケートを，質問の形式ごとに以下のように分析しました。まず，学びの有無などの選択肢形式の質問への回答は，項目ごとに単純集計し，数値を相互に比較検討しました。また，学びの内容などの自由記述形式の質問への回答は，佐藤（2008）による質的データ分析法を参考に，個々の回答の意味を保持するよう注意しつつ，相互比較が可能なコードに変換しました。具体的には，まず，記述された回答内容を意味のまとまりごとに文節化し，それぞれの内容を要約するオープン・コードを付します（例，回答「対象児ではなく周囲の様子まで見ながら考えることができた」→オープン・コード「周囲との関係性も含む総合的な経験の理解」）。さらに，意味が近いコードがみられる場合，それらを包括的に説明する焦点的コードを付しました（例，オープン・コード「周囲との関係性も含む総合的な経験の理解」と「可能性の議論（「もしも」）を通した発見」→焦点的コード「TEMによる視点の拡張」）。以上により生成されたコードを基本として，記述内容の多様性や特徴を検討していきます。以下本章では，生成されたオープン・コードを【　】，焦点的コードを〈　〉で表します。

（2）TEMが保育者にもたらす学びと方法に対する印象

　研修を終えた保育者に，事例分析を通した学びの有無について4件法で尋ねたところ，全体の約95％以上となる計129名から，「とてもあった」（39名），「まあまああった」（90名）という回答が得られました。一方で，「あまりなかった」「なかった」とする回答はそれぞれ4名と1名でした。

　そのように回答した理由についての自由記述の内容は，13のオープン・コードと6の焦点的コードに整理することができました（表10-1）。もっとも大きな割合を占める理由は，〈他者との視点の交流〉を通した学びに関するものです。なかでも，【自分以外の視点に気づくことができた】という理由が多く，TEMによる事例分析を通した他者とのコミュニケーションや映像事例に対す

192

第10章　TEM を用いた園内研修の可能性と留意点

表10-1　学びの有無に対する回答理由の一覧

焦点的コード	オープン・コード	該当数
〈他者との視点の交流〉 （全52件，37.4%）	【他者と視点を共有することができた】	3
	【自分以外の視点に気づくことができた】	40
	【協働的に物事を考えることができる】	5
	【語り合い自体の楽しさ・意義】	4
〈丁寧な場面・事例検討〉 （全33件，23.7%）	【対象児の微細な言動の意味に気づける】	19
	【対象児の経験のプロセスをたどることができた】	14
〈TEM による視点の拡張〉 （全30件，21.6%）	【可能性の議論（「もしも」）を通した発見】	15
	【周囲との関係性も含む総合的な経験の理解】	15
〈方法論に対する理解〉 （全15件，10.8%）	【普段とは異なる見方・方法への関心】	10
	【付箋やモデルを使うことの重要性】	5
〈実践的な示唆〉 （全7件，5.0%）	【保育者の援助の重要性を再認識した】	3
	【自身の日々の援助を見直すことができた】	4
〈現場との乖離〉 （全2件，1.4%）	【現場の状況をイメージできない】	2

注：％は総オープン・コード数に対する割合（小数点第2位で四捨五入）。

る見方の交流が，参加者にとって印象深い体験として感じられていたことがうかがえます。

　次いで多くみられた理由として，〈丁寧な場面・事例検討〉ができたことが挙げられます。【対象児の微細な言動の意味に気づける】は，個々の言動を抜き出す TEM の手順にくわえて，事例として映像を用いたことと，それを繰り返し視聴したことによる影響も大きいと考えられます（岸井，2013）。他方で，【対象児の経験のプロセスをたどることができた】については，子どもの細かな言動が一続きのモデルとして表現される TEM の特徴が反映された学びとして考えることができるでしょう。また，実際には生じなかった「もしも」のプロセスを考える手順や，対象児の行為の選択に影響した外的・社会的な要因を抽出し，個人の経験と同一線上に配置するといった TEM 独自の分析手順を通した学びも，それぞれ15件が挙げられます（〈TEM による視点の拡張〉）。TEM の特徴によって，事例に潜む子どもの可能性や援助の手立てが表出することや，子どもの活動と各種保育環境との関係性が理解できるといったことは，

193

第Ⅲ部　TEM が拓く「協働型」園内研修

第8章および第9章の検討においても明らかになっており，TEM を園内研修等に用いる意義であるとともに，他の方法論に対する独自性であると言えます。

このほかに，語り合いに付箋を用いることの有効性や，普段とは異なる方法・視点を用いることへの単純な驚きを記述したものなど，園内研修等の〈方法論に対する理解〉が広がったということも学びの理由に挙げられています。また，回答数は多くはないものの，個別事例について，周囲の状況や事実外の可能性までをも含めて丁寧に検討する中で，「日ごろの自分の（子どもの）見方，声かけを見直すことができた」などの〈実践的な示唆〉を得たという記述もありました。

その一方で，対象の子どもや環境が自園とかけ離れていて状況がイメージしにくい，自園の実践に活かせそうな部分がなかったといった〈現場との乖離〉を指摘する意見もみられました。

次に，TEM の事例分析の方法として良かった点を尋ねたところ，表10-2のように回答が整理されました。まず，学びの理由についての質問の場合と同じく，他の参加者と視点を交流させたり，考えを共有したりすることに関する内容が多く挙げられました（〈交流の機会促進〉）。TEM を用いた園内研修の手順では，先に，付箋に事例に対する各自の所見を端的に書き出し，それらをグループで出し合って話し合うという手法を採用しています。こうした手法については，通常の議論において発言する際に必要な配慮を緩和し，参加者が気軽に自分の意見を表明することを促す効果が指摘されており（濱名ほか，2015），今回のように異なる園の保育者間で事例分析を行う場合であっても，その語り合いが活発化されたことが考えられます。

さらに，〈映像事例の詳細な分析〉ができるといった趣旨の回答や，対象児の周辺環境や出来事の順序性などを正確に押さえた〈総合的な実践理解〉ができるといった回答のように，個別事例を丁寧に分析するうえでの有効性を挙げた記述が少なからずみられました。また，そうして明らかになった事実をもとにしながら，想像力を働かせて，子どもの可能性や当事者としての対応を検討したり（〈想像の促進・拡張〉），子どもの経験のプロセスにかかわる重要なター

第10章　TEM を用いた園内研修の可能性と留意点

表 10 - 2　事例分析の方法としての TEM の良かった点

焦点的コード	オープン・コード	該当数
〈交流の機会促進〉 （全71件，52.6%）	【異なる視点を交流させることができる】	49
	【事例や考え方を参加者間で共有できる】	10
	【語り合いの機会としての有効性】	12
〈映像事例の詳細な分析〉 （全16件，11.9%）	【映像の内容を丁寧に汲み取ることができる】	16
〈総合的な実践理解〉 （全13件，9.6%）	【対象児・環境・他者等の関係性を理解できる】	7
	【異なる意見を総合して事例を解釈できる】	2
	【個々の出来事の時系列を把握できる】	4
〈想像の促進・拡張〉 （全11件，8.1%）	【可能性を考えて語り合う楽しさ】	3
	【子どものことを決めつけない】	2
	【「自分だったら」という想像を促す】	6
〈重要情報の発見〉 （全12件，8.9%）	【事例の要点や改善点がみえてくる】	5
	【対象児の性格や傾向を理解できる】	7
〈手順の適切さ〉 （全12件，8.9%）	【映像がちょうど良い長さであった】	1
	【3色の付箋紙により視覚的な理解が容易】	9
	【経過に合わせて付箋の移動が可能】	2

注：%は総オープン・コード数に対する割合（小数点第2位で四捨五入）。

ニングポイントに気づいたりできるといったように（〈重要情報の発見〉），事例について掘り下げ，実践の省察や以後の保育の構想につなげることができる方法であると期待する記述もみられました。

　このほか，映像や付箋を用いることの意義を指摘する記述もいくつかみられます（〈手順の適切さ〉）。とりわけ，【3色の付箋紙により視覚的な理解が容易】【経過に合わせて付箋の移動が可能】といったことは，保育者同士の語り合いの活性化や内容の整理を助けるといったかたちで，先に取りあげた〈交流の機会促進〉や〈総合的な実践理解〉などとも関連していると考えられます。このことから，付箋等を用いて語り合いの経過を可視化することの有効性（秋田・松山，2011）があらためて確認されるとともに，対象児の経験を他者や環境とのかかわりとともに図に表現する TEM の方法論的な特徴と，「書く・貼る・剝がす」が容易な付箋というツールの相性の良さがうかがえます。

195

第Ⅲ部　TEM が拓く「協働型」園内研修

表10-3　事例分析の方法としての TEM のわるかった点

焦点的コード	オープン・コード	該当数
〈時間がかかりすぎる〉 （全9件，16.4%）	【所要時間が長い】	4
	【日常の中で時間確保が難しい】	5
〈語り合いの困難さ〉 （全8件，14.5%）	【緊張や不安により発言ができない】	4
	【発言機会が公平ではない】	2
	【意見の重複】	2
〈映像事例の弊害〉 （全12，21.8%）	【ビデオ撮影が必要である】	2
	【撮影された内容が不十分】	5
	【映像中の発言内容が聞き取りづらい】	5
〈ツールとしての改善点〉 （全19件，34.5%）	【手順が難解である】	5
	【ファシリテーションの不適切さ】	14
〈消耗品の大量使用〉 （全5件，9.1%）	【付箋がもったいない】	5
〈事実と想像のバランス〉 （全2件，3.6%）	【憶測で語ることへの不安】	2

注：%は総オープン・コード数に対する割合（小数点第2位で四捨五入）。

　一方で，事例分析の方法としてわるかったと感じた点に関しても，表10-3のように明らかとなりました。特に多くみられた記述は，〈ツールとしての改善点〉を指摘するものであり，【手順が難解である】ことや，個人作業からグループワークへ移行する際の指示など，手順に関する【ファシリテーションの不適切さ】に関連したものでした。これらは，当日のファシリテーター（筆者）の技能や配慮の不足によるところが大きいのですが，短い時間の中で，対象児，その周囲環境，可能性の領域と視点を移し，異なる思考方法を使いわけながら語り合う手順の複雑さの問題であるとも言えるでしょう。

　次に，先述のように，方法としての「良かった点」として映像事例を用いることが挙げられる一方で，〈映像事例の弊害〉を指摘する回答もいくつかみられました。映像事例を用いる場合では，撮影時の状況や撮影者の技量，機器の性能などによっては，【映像中の発言内容が聞き取りづらい】ものになってしまい，言葉によるやりとりを正確に把握できない場合が発生します。くわえて，すべての音声がスピーカーを通して発信される環境では，発言がだれによるも

196

のかを把握することも難しくなる場合があるでしょう。また，本書で取りあげた園内研修では，TEM 図の作成に必要な時間や参加者の習熟度を考慮し，3分程度の映像事例を用いていますが，実践を部分的に切り出した映像では，その前後の様子がわからないなど，題材の情報不足を指摘する回答も得られました。くわえて，保育者として保育を行いながら，映像事例を作成することは困難であるとの指摘もありました。

　また，具体的に自園での活用を想定した回答とみられるものとして，〈時間がかかりすぎる〉〈消耗品の大量消費〉があります。TEM を用いた園内研修では，1事例の検討に90分の時間を要していますが，次項で詳述する各園の園内研修等の実施状況（図10‐1）に鑑みると，すべての園で提案のままの形式で実行することは，難しいと考えざるを得ない現状があると言えます。また，3色の付箋を大量に用いる方法は，内容の視覚的理解や語り合いを促すという一方で，準備やコストの面から，園内研修を継続的に実施する際の妨げとも感じられるようです。

　最後に，語り合いやその内容に対する疑問や不安を示す回答です。「学び」や「よかった点」として，他者との交流に関する記述が多くみられた一方で，集団で議論することに不安感や緊張感を覚える，同じ人ばかりに発言が集中していたといった〈語り合いの困難さ〉を感じた保育者も何人か存在しました。また，TEM の独自性や意義として〈想像の促進・拡張〉が挙げられる一方で，【憶測で語ることへの不安】を表明する意見もみられ，語り合いの中で，〈事実と想像のバランス〉を保つこと，安心して想像の世界を膨らませられる環境をつくることの重要性が示唆されました。

（3）各園の園内研修等の状況と TEM の活用可能性

　分析体験を通した学びや方法への感想に続いて，自園の園内研修におけるTEM の活用可能性に関する質問について検討していきます。しかし，その前に，今回の研修会に参加した保育者が，普段どのくらいの頻度で，どのような園内研修等を経験しているのかを把握しておく必要があるでしょう。

第Ⅲ部　TEMが拓く「協働型」園内研修

図10-1　自園における園内研修等の実施頻度　　図10-2　園内研修等を行う際の方法

　自園における「子どもの事例について先生方で語り合ったり議論したりする機会」の頻度に関する質問には，129名から有効な回答が得られました。各選択肢に対する回答人数を整理したものが図10-1です。図が示す通り，そうした保育者間の議論を，週に1回以上実施していると回答した人数は全体の約21％にあたる27名で，2週間に1回と回答した4名を加えると約24％となります。つまり，全参加者の4分の1程度は，すでに定期的に「協働型」とも近い園内研修を体験しており，園の側でも研修体勢が整っていると考えることができるでしょう。一方で，1ヶ月に1回以下とする回答は98名で全体の75％以上となり，そのうち38名は「行っていない」と回答しています。今回のアンケートでは，回答者に所属する園を尋ねていないため，この結果を単純に保育現場の現状とすることは適切ではありません。また，保育者が，日常会話や雑談などを通して，同僚らとの語り合いを経験している可能性も排除できないでしょう。しかしながら，今回の研修に参加した若手保育者の多くが，日常的に他の保育者と実践事例について語り合う機会を得られていないという事実は，園内研修等の意義や方法を論ずる前提として，見過ごせない課題であると言えます。
　また，語り合いの際に用いる方法について尋ねる項目では（図10-2），エピソードなどの「文章記録を通して」と「特に資料などは用いていない」とする回答が大部分を占めており，ビデオ映像や写真などを用いている園は少ないことがわかります。このことを鑑みると，今回提案したTEMを用いた園内研修は，TEMという方法論が新鮮であるというだけではなく，映像事例を中心に作業を進めるという点でも，参加者にとっては新奇性の高いものであったかもしれません。その他としては，「講師の先生を呼んで」といった「伝達

198

第10章　TEM を用いた園内研修の可能性と留意点

表10 - 4　TEM を自園の園内研修等に活かせそう／活かせないとした理由

焦点的コード	オープン・コード	該当数
〈交流促進の手応え〉 （全22件，23.4%）	【意見交流の機会になる】	8
	【保育者間で語り合うきっかけになる】	5
	【一つの事例について共有・協働できる】	9
〈事例分析の手応え〉 （全18件，19.1%）	【個別事例を検討することの意義】	13
	【ビデオカンファレンスの有効性】	5
〈語り合いの可視化〉 （全17件，18.1%）	【付箋を使用することの有効性】	17
〈「もしも」の実用性〉 （全13件，13.8%）	【可能性を語り合う視点に意義がある】	13
〈実践の表現方法〉 （全9件，9.6%）	【モデル化による理解の深まり】	5
	【記録・伝達の手段として活用できる】	4
〈導入の阻害・忌避要因〉 （全15件，16.0%）	【時間的・体制的な限界】	11
	【ビデオを撮影し続けることが困難】	2
	【継続性・具体性の欠如】	2

注：％は総オープン・コード数に対する割合（小数点第2位で四捨五入）。

型」園内研修のことを示すとみられる回答が3件あったほかは，園内研修を行う場所や状況を回答したものであり，TEM や KJ 法などの質的アプローチを用いているとする記述はありませんでした。

　では，そうした状況にある若手保育者らには，自園の園内研修における TEM の活用可能性について，どのように感じたのでしょうか。前述の研修状況に続いて，自園での園内研修等において，TEM が活用できそうな点があったのかを4件法で尋ねました。その結果，全体の約86％にあたる98名から，「とてもあった」（25名），「まあまあった」（73名）とする回答が得られました。一方で，「あまりなかった」は13名，「まったくなかった」は3名でした。

　そのように回答した理由については，表10 - 4のように整理することができます。また，活用が可能であるとする理由の多くは，前項で紹介した学びの理由や事例分析の方法としての良かった点と重なります。理由として，もっとも多くみられた回答は，これまでの質問に対する傾向と同様に，保育者間の〈交流促進の手応え〉を感じたとするものです。例として，園内研修等を週に1

第III部　TEM が拓く「協働型」園内研修

回以上の頻度で実施していると回答したある園の保育者は，「みんなで情報を整理しやすい，共有しやすい」と記述しており，TEM を活用することで，さらに保育者間の情報共有や協働を促すことができると期待しています。他方で，自園では園内研修を「行っていない」と回答したある保育者は，「園で子どものことを考えるきっかけになると思う」と，そもそもの【保育者間で語り合うきっかけになる】と記述しています。両保育者の記述は，自園での園内研修の方法との比較がなされたものか否かという点で，若干回答の質が異なりますが，大きくまとめると，TEM には，その園の園内研修の定着度に応じて，対話のきっかけとしても促進ツールとしても効果を発揮する可能性があると考えられます。

　次に多くみられた理由は，〈事例分析の手応え〉を感じたというものであり，【個別事例を検討することの意義】と【ビデオカンファレンスの有効性】の2つに分けられます。アンケートへの記述内容からだけでは，それが TEM を用いたからなのか，特定の事例に焦点を当てて議論したからなのかを判断することは困難です。参加者の自園での研修の実施頻度や用いる方法を考慮するのであれば，回答した多くの参加者にとって，個別事例の映像を繰り返し視聴しながら検討するという分析の形態自体が新鮮なものであったとも十分に考えられます。しかし，そうした「協働型」園内研修の経験が少ない保育者からも，「1つの事例を詳しく見ていくことの面白さを感じたから」といった感想が得られた点は重要であり，その要因を詳細に分析する必要があると言えるでしょう。

　以上の〈事例分析の手応え〉とも関連して，たとえば「子どもの姿をまとめるときに，付箋に行動や援助を書き出すことにより，わかりやすく文章でまとめたり話をすることができると思った」のように，付箋を使用することによる〈語り合いの可視化〉を，自園でも活かせそうであるとする記述もみられました。付箋は，特別な機材や方法論等に比べて導入が容易であり（「付箋を使う点は手軽にできるのでいいと思う」），KJ 法をはじめとする幅広い思考ツールとも結びつくなど，語り合いによる成果の実感を促す支援ツールと言えます。

200

TEM による語り合いにおいても，そのことが実現された結果と言えるでしょう。

　また，TEM 独自の作業である「もしも」の検討に，実用性を見いだす記述もいくつかみられました。たとえば，自園の園内研修等において，「もしも」を検討する視点を活用することで，「（前略）本当に起きたときの対応や声かけを考えることができる」といった実践のシミュレーションや危機管理ができるという記述のほか，「（前略）問題点ばかりでなく肯定する面など様々な面を知ることに活かせる」のように，子どもに対する多角的な見方を発見できるとする記述が得られました。第８章および第９章では，保育者が「もしも」について語り合うことの意義を検討してきましたが，こうした声からは，それらのことをあらためて確認できます。

　さらに，作成される TEM 図に，〈実践の表現方法〉としての可能性を見いだしたとする回答も９件得ることができました。オープン・コードの１つは，「具体的に一つひとつの行動や状況を流れに沿って整理できたことが良かった」などの，子どもの経験および実践のプロセスに対する【モデル化による理解の深まり】を期待する記述です。もう一方は，園内研修等の場にとどまらず，個々人が用いる【記録・伝達の手段として活用できる】というものです。例として，「自分がこの表（TEM 図）をつくることで他の先生にも子どもの様子がわかりやすくなると思った」「ここまで１つずつ詳しくは園ではできないが，個人の日々の記録で活用できると思う」などの内容が挙げられます。本書は，どちらかと言えば，保育者間の語り合いを促進するツールという側面から，TEM の園内研修ツールとしての可能性に着目していました。先の回答のように，保育者の側から，実践を記録・表現するツールとしての活用が案出されたことは望外であり，方法論としての可能性を広げるものでありました。

　以上にくわえて，活用できそうな点がなかったと回答した理由，言い換えると，自園の研修に対する〈導入の阻害・忌避要因〉も３つのオープン・コードにまとめられました。もっとも多く得られた内容は，前項の「わるかった点」としても挙げられた〈時間的・体制的な限界〉に関するものであり，１事例の

第Ⅲ部　TEM が拓く「協働型」園内研修

検討に90分という時間を割くことは現実的ではないとする回答や，園の体制として「協働型」園内研修を導入する余地がないとする回答です。アンケートで明らかとなった園内研修等の実施頻度（図10-1）に鑑みても，多くの保育者が集まり，時間をかけて1事例を語り合う機会を直ちに設けることが容易ではないのは明らかです。これは，TEM にかかわらず，新たに「協働型」園内研修を導入しようとするすべての試みにおいて，考慮すべき課題であると言えます。また，実践をしながら【ビデオを撮影し続けることが困難】であるとする意見が得られたほか，自園で活用することのメリットや展望がみえないといった【継続性・具体性の欠如】を指摘する意見も得られました。実際の保育現場では，早急に対応を要する案件や研究保育など多く検討課題を抱えており，時間をかけて子ども理解を深めようとは言っていられない状況があることも確かです。そうした現実的問題の解決の中で，TEM を活用する方途を模索することも，今後の課題であると言えるでしょう。

3　TEM が拓く新たな園内研修の可能性

　この第Ⅲ部では，事後的なインタビュー，園内研修中の会話および発表，アンケートといった様々なデータから，TEM を用いた園内研修の意義や可能性について探ってきました。その結びとなる本節では，第8，9，10章の成果をまとめ，TEM によって拓かれる新たな園内研修の可能性と，TEM を用いる際に留意すべきこと，今後検討していくべき課題についてまとめてみます。

（1）TEM を用いた園内研修の可能性

　園内研修のツールとしての TEM の意義や，子ども理解への影響などについては，すでに各章でまとめていますので，ここでは，本書の第2章に掲げた，保育者が育ち合う「協働型」園内研修のための「7つの習慣」に照らして，TEM がそれらを実現する補助輪となり得る理由について考えていきます。

第10章　TEMを用いた園内研修の可能性と留意点

①多様な意見を認め合おう

　TEMを用いた園内研修は，全員がその場で映像事例を視聴し，その内容を詳細にとらえ，TEM図をつくるという手順を採用しています。そのため，参加者の間には，個々の言動や出来事への意味づけといった細かいレベルで，異なる解釈が数多く出現します。通常，相互の意見が食い違うことは，参加者が対立したり，阻害感を抱くもとになるとも考えられるのですが，TEMを用いた園内研修には，そうした幅広い意見を認め，活かしていく仕組みが備わっているように思います。実際，本章で扱ったアンケートにおいても，多くの保育者が，他者の視点に触れることに喜びや期待を感じていました。

　多様な意見の認め合いを促すと考えられる第1の理由は，その場でTEM図をつくるという作業のスタイルです。完成された事例やエピソードをもとに議論するカンファレンスでは，ついつい間違いを排除し，納得のいく解釈や解決策を絞り込むという作業スタイルになりがちです。それに対してTEMは，研修の中で細かな情報を出し合い，協働で豊かなTEM図をつくり上げるという逆の作業スタイルを採用しています。このことが，参加者間の協働作業意識を促し，限られた時間でTEM図を完成させるために，様々な意見を貪欲に取り入れようとする思考に向かいやすいということが推測されます。

　第2の理由は，扱う内容が細かく具体的なこと，あるいは「もしも」の内容である点です。豊かなTEM図を描くためには，より幅広く，奥深く，映像中の対象児の言動や周囲の状況を拾い上げる必要があります。限られた視聴時間でそれを単独で成し遂げることは，どんなにベテランの保育者であっても困難です。だからこそ，作業の過程において，自分以外の視点の大切さや心強さを実感する機会が多くなる（第10章）と考えられます。また，細かな言動の単位で考えるからこそ，過去に対象児とかかわりがある保育者の視点だけでなく，今この場の映像に集中して解釈する保育者の視点も活かしやすくなります（第8章）。さらに，「もしも」の検討に入ると，正解や間違いといったことがほぼなくなり，だれもが実践をつくる当事者として，柔軟に互いのアイディアを重ね合わせることができるようになるのです（第9章）。

203

第Ⅲ部　TEM が拓く「協働型」園内研修

②安心感を高めよう

　前述のような多様な意見が活かされる作業スタイルは，そのまま，安心して
自分の意見を表出できる理由ともなります。特に，細かな内容や「もしも」の
内容を扱うといった特徴は，些細な気づきであっても作業に貢献する情報にな
る，だれもが事例の当事者になれるといった点で，ベテランと初任者，担任と
非担任などの壁を取り去ることにつながります。このことは，なにが何でも
「正しい意見」を準備しなければならないと思う「完成度プレッシャー」，発言
の良し悪しを過度に気にする「評価プレッシャー」，立場にふさわしい意見を
述べねばならないという「経験年数プレッシャー」（第2章）などを軽減でき
ると考えられます。

　また，アンケートの中に「子どもの姿をまとめるときに，付箋に行動や援助
を書き出すことにより，わかりやすく文章でまとめたり話をすることができ
る」といった記述がいくつかみられるなど，個人またはグループで考えた内容
を付箋に書き出すことが，安心して後の発言や全体発表ができるよう機能して
いたことも明らかになっています（第10章）。第Ⅱ部の KJ 法に関する考察と
同じく，付箋を用いて考えや作業内容を見える化することが，参加者が安心感
をもって園内研修に向かえる環境を支援していると言えます。

③個別・具体的な事例をもとに語り合おう

　子どもの経験のプロセスを丁寧に描き出し，その背後に存在する要因や可
能性までをも描き出そうとする TEM の特徴は，まさしく，個別・具体的な
事例を語り合うことに適していると言えます。TEM を用いた園内研修では，
たった数分間の出来事を丁寧に検討することをめざしているため，普段は（ク
ラス全体を把握するために必然的に）見過ごしてしまう言動に焦点を当て，子ど
もの内面の動きをとらえることが可能です（第8章）。また，周囲の他者や環
境も合わせて書き出し，TEM 図の中に配置することで，対象児とそれらの関
係性（第10章）はもちろん，周辺の他児の内面や保育環境に備わる遊びの可能
性についても，発見が得られる場合があります（第8章・第9章）。

204

第10章　TEMを用いた園内研修の可能性と留意点

　また，TEMを用いた園内研修の特徴は，ただ過去の状況が正確に検討できるということにとどまりません。そこに，「もしも」という考え方が加わることで，その当時，「子どもはどのような可能性を秘めていたのか」「どのような保育の展開があり得たのか」といった語り合いが生まれます。そして，そうした語り合いからは，「私だったらこうしていた」といった新たな保育やかかわりの展望や，数多の選択肢から実際のプロセスを実現させた対象児や環境の性質などが見えてくることもあるのです（第9章）。なにをもって深い子ども理解，事例理解とするかは難しい問題ですが，以上のような語り合いを促すTEMは，それに近づくための補助輪となり得るといっても過言ではないでしょう。

④感情交流を基盤に語り合おう

　香曽我部（2014）では，研修に参加した保育者らが，映像に登場する保育者の援助をTEM図に表す中で，様々な情報を駆使してその保育者の感情を理解しようと試み，また，自らの意見や体験を開示していく過程がとらえられています。本書においても，A子（第8章）やA男（第9章）がどのような感情や葛藤を経験し，なにを願っていたのかが，保育者らによって豊かに分析されています。また，全員が保育の当事者として事例に参加し，自分になにができるのか，その子になにをしてあげたいのかを語り合っています。

　このように，事例に登場する人々が生きた時間・場所を丁寧に描き出すTEMとは，たんに行動を列挙したり物事の順序を解明したりするだけではなく，分析者が対象者の感情に接近し，その経験をなり代わるように理解する方法だといっても過言ではありません。そして，揺り動かされた感情に基づく事例への解釈は，付箋を用いた協働作業の中で開示，交流され，多様な視点を含んだ1つのモデルとなっていきます。第10章で実施したアンケートの中には，「他人と気持ちを共有することで新たなことがわかったりしてとても良かったと思う」や「保育カンファレンスをすることによって子どもの状況や気持ちを職員で共有することができる」のように，語り合いをたんなる意見交換ではなく，「気持ちの共有」と表す回答がいくつかみられました。こうした回答は，

205

第Ⅲ部　TEM が拓く「協働型」園内研修

前述のような特徴をもつ TEM を用いた園内研修が，保育者同士が素直に感情を吐露し，共感し合うきっかけになることを示唆していると言えるのではないでしょうか。

　⑤コミュニケーションを促そう

　ここまで，TEM 図づくりという１つの目標を共有し，細かい言動や「もしも」を語り合う TEM を用いた園内研修では，多様な意見を認め合う雰囲気が生まれやすいこと，安心感をもって参加できることなどを述べてきました。一部繰り返しになりますが，こうした特徴は，「協働型」園内研修の骨子である豊かなコミュニケーションを阻害する４つのプレッシャー（「同調プレッシャー」「評価プレッシャー」「経験年数プレッシャー」「完成度プレッシャー」）を軽減するために有効と考えられます。本章で行ったアンケート調査において，異なる園の保育者が集まる研修であっても，多くの参加者から，視点の交流や語り合いに関する学びやメリットを示す回答が得られたことは，その裏づけと言えるかもしれません。また，そうした語り合いに付箋を用いることも，あらかじめ考えを整理できる安心感をもたらすとともに，必須の作業として付箋を提示する中で，自然と書かれた内容を説明したり，意見が分かれた箇所について議論したりといったコミュニケーションを誘発する重要なポイントであると考えられます（第10章）。

　ところで，本章で若手保育者に実施したアンケートでは，TEM の方法の良かった点として，「子どもの心が動いたポイントを紐解くことができる」「想像を膨らませることで子どもの思いや姿を決めつけずいろいろなパターンを考えることができる」「対象の子どもだけでなくその子を取り巻く先生や友だちの動きにも注目することができた」といった記述が得られました。これらは，習慣③の「個別・具体的な事例をもとに語り合おう」にも直結しますが，コミュニケーションを促すという点でも，大きな意味をもつと考えられます。高濱（2000）が，ベテラン保育者は若手保育者よりも多様な保育の予測や見通しをもっていることを明らかにしているように，ベテランと若手の間には，視野の

第10章　TEMを用いた園内研修の可能性と留意点

広さや未来の展望という点で実践の「見え方」に隔たりがあることが予想されます。こうした隔たりは，両者の語り合いを妨げ，軋轢を生じさせるものとなるかもしれません。しかし，以上のアンケート記述のように，TEMを用いた分析では，若手保育者であっても，事例の隅々や可能性の領域に目を向け，語り合うことを実践しているようにとらえられます。ともすれば，TEMには，ベテラン保育者と若手保育者との思考の差を架橋し，対等な語り合いをもたらす可能性すら期待できるのではないでしょうか。

⑥園長や主任は保育者の強みや持ち味を引き出そう

これまでに述べてきたように，TEMを用いた園内研修には，多様な意見や見方を許容へと導く特徴があります。また，多様な意見や見方がなければ，充実したTEM図は完成させられないという側面もあります。これらの特徴は，保育者一人ひとりの視点や考えの特性が発揮され，互いの成長や子ども理解の発展に貢献する機会を生みやすいと考えられます。園長や主任などの管理職やファシリテーターが，そうした機会を逃さずに取りあげることで，保育者が自信をもって発言し，自分の持ち味を磨いていこうと意識することができるようになると思います。

例として，第8章のインタビューでは，対象児とかかわりが深い保育者による，これまでのかかわりを踏まえた意見と，かかわりが浅い保育者による，主にその場の行動から構築された意見とが交差し，お互いにとって新鮮な子ども理解が発生するといった出来事が語られました。これらは，強み・持ち味というよりも，立場の違いと言えることかもしれませんが，同じように，異なるセンスやポリシーをもった保育者同士が刺激し合い，新たな子ども理解をつくり出すことができれば，個々人にとっても園にとっても，重要な成長の機会になるでしょう。

⑦園長や主任はファシリテーターになろう

TEMを用いた園内研修の大部分は，保育者が自ら考え，協働で作業するこ

とによって構成されています。そのため，TEM を導入した時点で，園長や主任などの管理職は，教授者，指導者，評価者から，保育者同士の語り合いを促すファシリテーターへと歩き出していると言えます。しかし，事例分析を通した保育者同士の語り合いをより活発化させるためには，管理職が，司会者あるいは参加者として研修の輪に加わり，TEM の特徴が発揮されるように，語り合いをリードすることも大切です。TEM を用いた園内研修であっても，発言者が偏ることや，発言することに感じる不安をまったくのゼロにすることはできません。また，対象児の言動などを抜き出すときに，こんなに単純で良いのだろうかと戸惑ったり，現実からの乖離を恐れて，「もしも」の語り合いに入り込めないといった新たな悩みが生じることがあるかもしれません。そうした参加者には，些細な気づきを躊躇せずに発信したり，楽しく自由に発想を広げる管理職がいてくれることがなによりも救いになるはずです。

（2）TEM を用いた園内研修の留意点

最後に，実際に TEM を用いた園内研修を行う際の留意点を，いくつか述べておきたいと思います。それらは，私たちの研究の課題でもあるのですが，現場の園内研修に導入するうえでは，多少の工夫や決断が必要なポイントかもしれません。

1つめは，限られた時間，人員の中で，どのように園内研修を実施するかという問題です。本書の例に限らず，園内研修の新たな方法を提案する趣旨の研究では，研究者がファシリテーターやコーディネーターとして，準備や進行の大部分を担当するという方法が採られてきました。実際には，園内研修等を定期的に実施している園自体が少ない現状が示すように（図10‐1），日々の保育と並行して，「協働型」園内研修を自立的に行うことは，そう簡単なことではありません。特に，TEM を用いた園内研修では，映像事例を作成するための撮影や編集，大量の付箋の準備のうえに90分にわたる緻密な分析を要します。そのため，そうした時間や労力をいかにして捻出するか，もしくは，いかに園の現状にフィットするかたちに改良できるかを考えることも必要になってくる

かもしれません。もちろん，私たちは，そうした労力に変えてでも得られる意味があると考えていますが，保育者が育ち合う「協働型」園内研修を実現するうえでは，無理なく楽しく取り組めることはとても重要な問題になります。

2つめは，現実的な課題や長期的な実践・研究計画との関係性をいかに調整するかという問題です。これは，1つめに挙げた，時間や労力に関する問題とも関連します。TEM を事例検討に用いる利点として，実際に起きたことにとどまらず子どもの可能性を追求できることや，ごく日常的な事例に潜む子どもの特性や物事の複雑な関係性を明らかにできることが挙げられます。しかし，実際の保育現場においては，緊急を要する問題を優先的に取りあげ，具体的に解決策を導き出していかなければならない現実があります。また，実践や議論が一過性の取り組みで終わるのではなく，年間の計画や研究成果として蓄積していくことが求められる場合もあります。そうした場合では，保育者間のコミュニケーションを豊かにしたり，子ども理解の裾野を拡げたりといったことを考える余裕がもてないかもしれません。もっとも，ツールにはそれぞれの特徴があるので，なにもかもを TEM で解決する必要はないのですが，TEM を用いた園内研修の成果を，そうした諸課題にいかに結びつけるのかについては，検討の余地があると言えます。

以上のように述べてきましたが，TEM を用いた園内研修は，参加者が積極敵に作業に参加し，子どもの新しい一面や可能性を発見したり，他者と感情を共有したりすることを心から喜びと感じることができなければ無意味と言えます。実際の現場への導入にあたっては，保育者が抱える負担や課題にできる限り配慮し，研修を楽しむための条件を整えるよう留意することが大切です。

終 章

対話を起こし，プロセス理解を支え，振り返りを促進する
—— 質的アプローチのいかされ方

1 専門的成長を促す「7つの習慣」

　本書が，保育者を幸福に導く園内研修「7つの習慣」に照らしてまとめられ
ている点をたいへん興味深く思います。「7つの習慣」とは，「スティーブン・
R・コヴィー（Stephen R. Covey）博士が，米国建国以来200年間に書かれた成
功に関する文献を調べあげ，人生を幸福に導くための法則を抽出し表現した
ものである（Covey, 1989）」と，編者 中坪氏によって紹介されています。そこ
で抽出されたことに即し，「協働型」園内研修における「7つの習慣」として，
①「多様な意見を認め合おう」，②「安心感を高めよう」，③「個別・具体的な
事例をもとに語り合おう」，④「感情交流を基盤に語り合おう」，⑤「コミュニ
ケーションを促そう」，⑥「園長や主任は保育者の強みや持ち味を引き出そう」，
⑦「園長や主任はファシリテーターになろう」が掲げられています。こうし
た「7つの習慣」を活かした「協働型」園内研修をいかにして実現できるのか，
ということを目的に，本書がまとめられています。

　もっとも，こうした「7つの習慣」はやみくもに採り入れられているのでは
なく，ある根拠のもとに援用されていることを確認しておきたいと思います。
中坪ら（2014）は，62名の保育者を対象に行った自由記述調査により，保育者
がとらえる自己の専門的成長につながる園内研修の4つの特徴を明らかにす
るとともに，現実の園内研修で保育者が感じる4つのプレッシャー（濱名ほか，
2015）を認識してもいます。まず，専門的成長につながる園内研修の特徴とし
ては，①「議論の流れが良くてやりとりに相互性がある」こと，②「話し合い
や発言の質が高い」こと，③「雰囲気や関係性が良くて協議する対象に理解が

ある」こと，④「保育の振り返りや構想がある」ことを，現場の保育者の声からとらえています（中坪ほか，2014）。

　そして一方で，園内研修に参加する保育者がそれぞれに切実に感じている不安や緊張に，①「同調プレッシャー」（他者の意見に同調した方が身のためだろうというプレッシャー），②「評価プレッシャー」（自分の表明する意見が評価されそうだというプレッシャー），③「経験年数プレッシャー」（ベテランらしい意見が求められているのではないかというプレッシャー），④「完成度プレッシャー」（立派な意見を言わなくてはいけないというプレッシャー）が影響をしている（濱名ほか，2015）ことにも配慮しているのです。園内研修において保育者がしばしば感じるプレッシャーは専門的成長を阻みかねません。したがって，こうしたプレッシャーを緩和させ，そこに費やされるエネルギーを保育者としての専門的成長へと換えていくことを可能とするような園内研修を構成するべく，「協働型」園内研修をデザインするための具体的なポイントとして「７つの習慣」が太い幹に据えられていることになります。

（1）「関係の質」を高めることの重要性

　さて，「協働型」園内研修に基づく７つの習慣は，従来型の「伝達型」園内研修に対して「新しい」ものであり，それを根づかせていくことがめざされるわけですが，新しいものを根づかせるのはそう簡単なことではありません。いわば，認識や価値の転換を伴うことでもあるでしょう。もっとも，「伝達型」園内研修もまた，１つの有用な園内研修のあり方です。しかしながら，「伝達型」園内研修が，園長や主任など経験年数の多い一部の保育者などが中心となり，他の保育者に一方向的に知識や技術や情報を伝えるような形態であるという点で，「協働型」園内研修とは一線を画するものであると言えます。その一線を画するところを乗り越えようとする志向性に，認識や価値の転換が必要となるのです。

　「協働型」園内研修を実践するにあたり，園内研修になにを期待するのか，どのような転換が求められているかについて，編者は次のようにまとめていま

終章　対話を起こし，プロセス理解を支え，振り返りを促進する

す。それは1つに，「上意下達」から「下意上達」，つまり，「トップダウン」から「ボトムアップ」への転換です。そして2つめに，「類似の意見の提示」から「多様な意見の創出」への転換が述べられています。3つめは「緊張感を伴う園内研修」から「安心感を伴う園内研修」への転換であり，4つめは「問題解決型アプローチ」から「ポジティブ・アプローチ」への転換です。そして5つめに，「自分の考えを主張する園長や主任」から「語り合いを促す園長や主任」への転換が必要とされています。

　こうした転換を推し進めるうえでその基盤となり，また帰結であるとも言える「関係の質」の向上，という視点は重要です。そして，「関係の質」の向上は集団や組織の成果に結びつきやすい（ANAビジネスソリューション，2015）とする知見は，たいへんに示唆的です。「組織の成功循環モデル」という理論を提唱した米国マサチューセッツ工科大学のダニエル・キム（Daniel Kim）教授によれば，「関係の質」が高まれば「思考の質」が向上し，「思考の質」が向上した結果「行動の質」が良くなり，良好な「行動の質」は「結果の質」に反映するとのこと。すなわち，「関係の質」の向上は「結果の質」の向上につながっていくわけです。この「組織の成功循環モデル」もまた，「関係の質」を高めることに重きをおいて「7つの習慣」を採り入れ実施する「協働型」園内研修の有用性・可能性を，十分に補強していることになります。

（2）子ども理解を促すこと，保育実践を振り返ること

　園内研修において転換がめざされることのうち，とりわけ「ボトムアップ」への転換や「多様な意見の創出」への転換，そして「語り合いを促す園長や主任」への転換としてとらえられているように，本書で焦点が当てられているものの見方は，質的アプローチに通底する特徴と相性がよいものだということができます。本書の執筆者たちが質的アプローチを援用して「協働型」園内研修を構成しようとする意図は，ここに明白です。

　さらに執筆者たちは掘り下げて，「協働型」園内研修に質的アプローチを採用する理由として，より具体的に，「保育者自身の保育の振り返りを支えるこ

213

と」と「子ども理解を促すこと」とを明確にしています。これら2つは相関連することでもあるでしょう。なぜならば，保育者は日々子どもを注意深く観察しながら保育を営みつつ，自分自身の子どもの見方や保育への考え方を振り返り，その振り返りを子どもの保育に活かすようにしている，という循環があると考えられるからです。もしこうしたことに意識的でなかったのなら，意識してみるとよいでしょう。

　しかしながら，こうした保育者における行動レベルと認識レベルの行き来が，必ずしもよい循環となっているとは限らないかもしれません。保育を行うこと，子どもを理解すること，保育について振り返ることは，様々な難しさを伴うことでもあります。そこで本書で焦点が当てられているように，子どもの言動や保育者自身の保育実践の把握や，保育を内省するプロセスに意識的になることを可能にする，質的アプローチの真価が発揮されるわけです。質的アプローチは，対象者の言動の理解はもとより，保育での出来事や子どもの経験に関する自らの解釈や理解が独断的・近視眼的なものにならないようにするためにも，役立つものの見方を提供してくれます。さらには，そうしたプロセスを個人内にとどめるのではなく仲間と互いに共有し対話し合うことができれば，より複眼的な視点・思考を育てることができるでしょう。こうしたことを背景に，「協働型」園内研修に質的アプローチを導入することの意義が，より際立ってくるのです。

2 「協働型」園内研修を実践するための補助道具

　本書では，「わきあいあいとしながらもピリッとスパイスのきいた有意義な学びがあるような園内研修」を実現するという目標に向けて，質的アプローチの中でも KJ 法と TEM とが採用され，援用されています。ここで留意すべきは，決して KJ 法や TEM ありきではない，ということです。あくまで，KJ 法や TEM は，「7 つの習慣」に依拠した「協働型」園内研修を可能にするための補助的な道具である，という位置づけです。それでは，そうした園内研修

終　章　対話を起こし，プロセス理解を支え，振り返りを促進する

はいかにして実現されうるのでしょうか。KJ 法や TEM がそれぞれどのような点に注目され活用されているのか，その輪郭を今一度——本書をなぞるかたちですが——確認しておきましょう。このことは，本書で提案されている「協働型」園内研修の実践可能性を明確にし，また研究上の知見を実践知に転用するそのやり方を知るという点で，大切なことであるでしょう。

（1）KJ 法との相性

　まず KJ 法についてです。KJ 法は，第 1 章で紹介されている通り，種々雑多な情報群を統合し，一見すると無関係なデータから意外な共通点を見つけ出すことを目的とした，新たな発想を生み出す方法です（川喜田，1967）。KJ 法の特徴には，複数人で意見を出し合うことにより，様々な観点・角度からアイディアが生まれやすく，また，他者の意見・考えに触発されてさらに意見を表出したり互いの考えを結びつけていくことができる，ということが挙げられます。KJ 法が，「発想法」（川喜田，1967）とも呼ばれているゆえんでもあります。「意見の表出と共有のしやすさ」があり，ひいては「ティームワークの向上」に資するという点で，「関係の質」を高めることに直接的に働きかけるものであり，よって，「協働型」園内研修にいかされうるわけです。また，保育現場では，子どもの理解，保育の質の向上，保育者の力量形成，保護者対応，行事の内容の検討など，保育実践の中での困りごとや気になること，検討事項などはいくらでもあるでしょう。こうした日常的な「テーマの選びやすさ」もまた，課題であると今感じているテーマを選ぶことが推奨されている KJ 法（川喜田，1967）と相性の良い点です。

　そしてもう 1 つ，「成果と達成感が実感しやすい」ことが，KJ 法の有用性として挙げられています。KJ 法には，多様な考えはもとより少数の意見まで尊重するという価値基盤があります。したがって KJ 法により，職位や立場や経験年数の異なる各保育者がそれぞれにとらえたことをもとに検討を進めることが可能となり，さらには充実感や満足感を得やすくなるということは，重要な利点です。忙しい中で時間を割いて参加する研修の成果を実感しやすい点は，

215

モチベーションを高めてくれることでもあるでしょう。こうした KJ 法を「協働型」園内研修に援用することの良さは，時間をかけて自分の考えをカードや付箋に書き出し，それを見ながら発言ができるという実践上の工夫に支えられてもいるようです。

（2）TEM との相性

次に，TEM に焦点を当てましょう。TEM（Trajectory Equifinality Modeling；複線径路・等至性モデリング）についても，第 1 章で紹介されています。TEM は，人々が経験を重ね，異なる径路をたどりながらも，類似の結果にたどり着くことを示す等至性（Equifinality）の概念を心理学研究に組み込んだ，ヴァルシナー（Valsiner, J.）の理論に基づいています（Valsiner & Sato, 2006；サトウ編, 2009；安田・サトウ編, 2012）。TEM は個人の経験や人間の成長・発達などを時間の流れに即してとらえ，周囲の状況や社会・文化的文脈なども考慮しながら理解し，記述する方法です。ヴァルシナーは，TEM を含む TEA（複線径路・等至性アプローチ）について，①非可逆的時間の次元と，②実現していることとしていないことという次元の 2 次元を用いて人生を描くところに特徴がある（Valsiner, 2017）と述べていますが，これは「もしも」について考える研修のあり方と共鳴するものだと思われます。

とりわけ，編者が，園内研修における TEM の可能性を論じるうえで取りあげている香曽我部氏の取り組み（香曽我部, 2014, 2015）は，「協働型」園内研修を推進するうえで示唆的です。なぜなら，保育者がそれぞれの悩みを感情レベルも含めて共有しつつ主体的に学び合うことや，時間とともにある子どもの行動の可能性を複眼的にとらえるということへの挑戦がなされているからです。論文に即して具体的に述べましょう。香曽我部（2014）は，保育者が自らの経験を例に挙げつつ互いに感情を共有していたことが明らかにしています。それは，TEM 図をともに作成することを通じて，映像内の幼稚園教諭が行う援助の背景や子どもの気持ちを理解する際の文脈を，各自が仮説を生成しながら議論することを基盤にしていました。また香曽我部（2015）は，子どもの

終 章 対話を起こし，プロセス理解を支え，振り返りを促進する

遊びが展開されるありようへの複眼的視点が，砂場付近での砂を用いたままごと遊びのプロセスにおける必要な援助や環境の構成に関する話し合いの中で達成されていたことを明らかにしています。すなわち，園内研修における TEM の活用には，他者の発言に深い部分で（実践的にはもとより感情面での共感を含めて）納得し，それを取り入れ咀嚼し自分の言葉に置き換えて発言することを誘発する可能性や，適切な援助や環境を検討しつつ，子どもの言動にかかわる複数の時間的な展開や展望を促す可能性が備わっている，というわけです。

　こうしたことも含めて編者は，TEM を「協働型」園内研修に援用することの可能性を次のように論じています。それは1つに，対象児と環境との相互作用を描き出すことができることです。くわえて重要なのは，目に見えない子どもの可能性や内面に対する推察が促されることです。このように，子どもを理解するにあたり，取り巻く人的・環境的要因を含め，対象児の細かな言動をつぶさに丁寧に追う作業と，必ずしも観察によっては明らかにならない可能性の領域にまで理解を進めようとする作業とがあります。これらの作業は必然的に，保育者たちが協働で，通常の振り返りや語り合いとは異なる観点から，子どもの意図や新たな一面，出来事間の関連性，適切な援助の方略などを発見することを促進します。同時に，自らの保育実践への振り返りが生じてもいるでしょう。そしてこうしたことは，保育者間のコミュニケーションと協働の推進につながっていくことでもあります。保育者がそれぞれに，自らの考えや意見，その根拠，自らの経験や感情を共有する立脚点が，形成されているのです。

（3）TEM に凝らす工夫

　さらに興味深いのは，こうした成果には，TEM に特徴的な諸概念に工夫を凝らして「協働型」園内研修を構成していることが功を奏している，という点です。TEM でデータを分析するうえでの基本概念に，等至点，両極化した等至点，分岐点，必須通過点，社会的方向づけ，社会的助勢，制度的・理論的に存在すると考えられる選択・行動（可能な径路）などがあります。これらの研究法上の意味については本書で解説されていますので繰り返しませんが，ここ

217

表 終 - 1　「協働型」園内研修への TEM の諸概念の適用

もとの概念の名称	本書での言い換え	言い換え後の意味（強調点）
等至点	ゴール	対象とする子どもの経験の実際の帰結点である。
両極化した等至点	「もしも」のゴール	実際とは異なる想像のゴールであり，また，「もしも」の帰結点でもある。
分岐点 必須通過点	ターニングポイント	対象とする子どもの経験のプロセスを理解するうえで，いずれも対象児にとっての重要な「ターニングポイント」であると考える。
社会的助勢 社会的方向づけ	他者の言動 周囲の出来事	対象とする子どもの経験に影響を与えた保育環境を示す。
制度的・理論的に存在すると考えられる選択・行動	「もしも」	実際とは異なる可能性の領域を想像することを率直に表現する言葉である。

注：本書，表7-2を一部改変。

　では，TEM による「協働型」園内研修に諸概念の特性をいかしてどう読みかえ適用されているかを，再度確認しておきたいと思います。表 終 - 1 を見てください。

　中坪氏の読み換えの意図は，各概念の元の意味を可能な限り残しつつ，園内研修で保育者が自分の言葉で語り合いながら，対象児や特定の集団（たとえば，積み木遊びをしてる集団）を丁寧に分析するうえで親しみをもって直感的に意味を理解できる道具とする，ということです。なお，TEM の諸概念の本来の意味を知りたい場合は，TEM に関する書（サトウ編，2009；安田・サトウ編，2012，2017；安田ほか編，2015a, b）を参照してください。出典によっては概念名が異なっていますが（たとえば，SG は「社会的ガイド」としていましたが，その後の改称により現在では「社会的助勢」と記すのが一般的です），それは質的研究法 TEM が精緻化されてきたことによります。

　TEM の諸概念を分析に援用するうえで，作業過程における視覚的な工夫として次のことも組み込まれています。それは，子ども理解を深めるうえで，対象児の言動，周囲の出来事，「もしも」の出来事を，異なる要素として区分して分析するために，それらを書き出すのに異なる色の付箋を使用する，というものです。付箋への書き出しが協働的な話し合いを促すという点は，上でもみたように，KJ 法とも共有される特徴です。他方で，TEM による「協働型」

終　章　対話を起こし，プロセス理解を支え，振り返りを促進する

園内研究に特徴的なのは，各自の意見や考えを書き出す KJ 法に対し，ビデオ映像をもとに意見や考えの根拠となる情報源を書き出すことにより，時間とともにある場の変容をとらえようとする保育者それぞれの複数の視点の交流を実現させている点であると言えます。

　ここであらためて，TEM を用いた「協働型」園内研修の特徴と意義を確認しておきましょう。まず1つめは，時間の流れに沿った子どもの細やかな言動をとらえることができる点です。2つめは，子どもと環境との相互作用を検討することができる点です。3つめに，子どもの可能性や内面など見えない側面への推察が促されることが挙げられます。そして4つめは，こうしたことに伴って，保育者自身の振り返りが促される点です。最後に5つめとして，TEM 図をつくる作業を通じて保育者同士の対話的な協働が促されること，とまとめることができるでしょう。

（4）「もしも」の効用と可能性

　こうしたことには「もしも」の語り合いが下敷きになっているとも言え，それがまたおもしろい点ではないでしょうか。中坪氏は，「協働型」園内研修における「もしも」の検討作業を通した語り合いについて，グループワーク中の会話および全体の成果発表の内容を分析し，興味深い結果を産出しています。それは1つに，ある言動が「ターニングポイント」であると考えられる理由が語られるとき，ターニングポイントがない場合を想定した「もしも」の見方が生じる場合がある，ということです。「もしも」という言葉を使って，想像を膨らませることができる場面がいくつも提案されるのです。つまり，「もしも」が子ども理解を様々に推し進める新しい見方をもたらしてくれる，といえるでしょう。そして，こうした見方の開拓がなされると，実際とは異なる子どもの姿や現実のありようとは違う「ゴール」の可能性が見え，それをもとにさらに語り合いを重ねていくことで，「もしも」を基盤にした対象児の多様な姿や経験のありようが派生してくる，と述べられています。もっとも，こうした想像や解釈の広がりは，その適切性を確認し根拠づけようとする分析視角を呼

219

び起こします。すなわち，実際のプロセスを選択した対象児の感情や意図，一つひとつの言動に潜む意思や葛藤などの内面を丁寧に推し量ろうとする姿勢が生じ，その結果，対象児の言動をきちんと説明し，それをもとに予測しようとすることへとつながっていくのです。そこでは，「ターニングポイント」の豊かな内実がとらえられてもいるでしょう。さらには，こうした対象児や事例に対する理解の深まりが，具体的な援助や遊具の備え方などを含む保育環境の構成に関する提案へと結びついてもいくのです。

　「もしも」というものの見方，それは，対象児の実際の経験のプロセスを，潜在的に備えもつ様々な可能性の中から選択され，環境との相互作用によって複合的に形成されたかけがえのないものとしてとらえる視点を育ててくれるように思います。そうした子ども理解の深まりを下支えするものの見方は，子どもの潜在性・可能性を伸ばすための保育実践への提案にも接続していきます。TEM を援用した「協働型」園内研修における「もしも」の語り合いは，ある活動について「できなかった」という帰結と隣り合わせにある「できたかもしれない」「できるかもしれない」という潜在性・可能性へと，保育者の視点を拓くものなのです。また，すでにポジティブな意味を含む子どもの言動については，それを実現した子どもの力や発達可能性を保障することに，「もしも」の語り合いはいかされていきます。

　このように，TEM を援用した「協働型」園内研修において，「もしも」の語り合いが作業として明確に位置づけられているのは，園内研修の有効性がおおいに感じられる点でしょう。「もしも」による検討を必須の作業とすることで，子どもを見る際の自らの解釈を揺るがし，子どもが備えもっている潜在性・可能性を積極的に肯定しながら，子どもの経験への理解を進めていくことが期待されます。

3　可能性の持続的な探求──多様性を尊重して

　最後になりますが，この書の良さを，KJ 法を援用した「協働型」園内研修，

TEM を援用した「協働型」園内研修それぞれに，参加した保育者の声を丁寧に拾い上げ，有効性はもとより課題をも明らかにしているところにも，見いだすことができます。従来型の「伝達型」園内研修に慣れている場合，「協働型」園内研修へのとまどいが表面化もするでしょうが，「関係の質」の向上に価値をおいて「7つの習慣」を採り入れ，実践を試みる「協働型」園内研修の有用性・可能性は，実践を続けていくことで蓄積する成果がきっとあると思います。

　保育者が潜在性・可能性をとらえながら子どもへの理解を促し，その実践を複眼的に振り返るという，保育の根幹をなす営みの構造と過程をとらえるうえで，KJ 法と TEM という2つの質的研究の方法はそれぞれに有効であるでしょう。

＊

　TEM の質的研究法としてのものの見方を，社会に役立つものとして開拓するべく，実践への適用はもとより「社会への実装」を試みつつある昨今ですが，本書の実質的で果敢な挑戦に大きな力を得たように心強く思っています。

文 献 一 覧

第1章

秋田喜代美（2008）「園内研修による保育支援：園内研修の特徴と支援者に求められる専門性に注目して」，『臨床発達心理実践研究』3，35-40.

秋田喜代美（2009）「「保育」研究と「授業」研究：観る・記録する・物語る研究」，日本教育方法学会編『日本の授業研究 下巻 授業研究の方法と形態』学文社.

秋田喜代美・芦田宏・鈴木正敏・門田理世・野口隆子・箕輪潤子・淀川裕美・小田豊（2010）『子どもの経験から振り返る保育プロセス：明日のより良い保育のために』幼児教育映像製作委員会.

秋田喜代美（2015）『続保育のみらい：園コンピテンスを高める』ひかりのくに.

ブラウン，A. ＆アイザックス，D. 香取一昭・川口大輔訳（2007）『ワールド・カフェ：カフェ的会話が未来を創る』HUMAN VALUE.

Cooperrider, D. L., Whitney, D., & Stavros, J. M. (2003). *"Appreciative inquiry handbook"* Bedford Heights, OH: Lakeshore Publishers.

平野仁美・鈴木裕子（2007）「保育の場における保育者の育ちあい：遊び場面検討からの保育者の気づきと子どもの遊びを見る目の育ち」，『名古屋柳城短期大学研究紀要』29，221-237.

稲垣忠彦（1986）『授業を変えるために：カンファレンスのすすめ』国土社.

香川秀太（2009）「回顧型／前向型 TEM 研究の区別と方法論的問題」サトウタツヤ編『TEM ではじめる質的研究：時間とプロセスを扱う研究をめざして』誠信書房.

川喜田二郎（1967）『発想法：創造性開発のために』中央公論社.

川喜田二郎（1970）『続・発想法：KJ 法の展開と応用』中央公論社

川喜田二郎（1986）『KJ 法：渾沌をして語らしめる』中央公論社.

河邊貴子（2001）「子どもを知る」青木久子・間藤侑・河邊貴子『子ども理解とカウンセリングマインド』萌文書林，pp. 111-126.

厚生労働省（2017）『保育所保育指針解説書』フレーベル館.

香曽我部琢（2014）「複線径路・等至性モデルを用いた保育カンファレンスの提案：保育者が感情共有プロセスとそのストラテジーに着目して」，『宮城教育大学紀要』48，159-166.

香曽我部琢（2015）「保育者の時間的展望の共有化と保育カンファレンス：複線径路・等至性モデルを用いた保育カンファレンスの提案」,『宮城教育大学紀要』**49**, 153-160.

水内豊和（2008）「幼稚園における特別支援教育の体制づくりに関する実践研究」,『富山大学人間発達科学部紀要』**3**(1), 93-102.

文部科学省（2008）『幼稚園教育要領解説』フレーベル館.

森上史朗（1996）「カンファレンスによって保育をひらく」,『発達』**68**, 1-4.

内閣府・文部科学省・厚生労働省（2017）『幼保連携型認定こども園教育・保育要領』フレーベル館.

中坪史典・秋田喜代美・増田時枝・安見克夫・砂上史子・箕輪潤子（2010）「保育カンファレンスにおける保育者の語りの特徴：保育者の感情の認識と表出を中心に」,『乳幼児教育学研究』**19**, 1-10.

中坪史典・中西さやか・境愛一郎（2012）「子ども理解の方法としての KJ 法：子どもの遊びの姿から学びを可視化する」中坪史典編『子ども理解のメソドロジー：実践者のための「質的実践研究」アイディアブック』ナカニシヤ出版.

小田博志（2010）『エスノグラフィー入門：〈現場〉を質的研究する』春秋社.

大谷尚（2000）「質的アプローチ」日本教育工学会編『教育工学事典』実教出版, pp. 259-260.

大谷尚（2008）「質的研究とは何か：教育テクノロジー研究のいっそうの拡張をめざして」,『教育システム情報学会誌』**25**(3), 340-354.

Rodd, J. (2006) *"Leadership in Early Childhood"*. 3rd ed. Allen& Unwin. PTY Ltd.（民秋言監訳（2009）『保育におけるリーダーシップ：いま保育者に求められるもの』あいり出版.）

サトウタツヤ（2007）「研究デザインと倫理」やまだようこ編『質的心理学の方法：語りをきく』新曜社.

サトウタツヤ編（2009）『TEM ではじめる質的研究：時間とプロセスを扱う研究をめざして』誠信書房.

ピーター・M・センゲ　枝廣淳子・小田理一郎・中小路佳代子訳（2014）『学習する組織：システム思考で未来を創造する』英治出版.

Siraj-Blatchford, I. & Manni, L. (2007) *"Effective Leadership in the Early Years Sector. The ELEYS study"*. Institute of Education, University of London.

文献一覧

Siraj-Blatchford & Hallet, E. (2014) Effective and Caring Leadership in the Early Years. SAGE.

田代和美（1995）「保育カンファレンスの機能についての一考察」,『日本保育学会第48回大会発表論文集』pp. 14-15.

戸田雅美（1999）「保育行為の判断の根拠としての「価値」の検討：園内研究会の議論の事例を手がかりに」,『保育学研究』**37**(2),55-62.

Valsiner, J., & Sato, T. (2006) Historically Structured Sampling (HSS): How can psychology's methodology become turned into the reality of the historical nature of cultural psychology? In Straub, Kolbl, Weidemann & Zielke (Eds.) *"Pursuit of Meaning. Advances in Cultural and Cross-Cultural Psychology"*, Bielefeld: transcript, pp. 215-251.

安田裕子・サトウタツヤ編著（2012）『TEM でわかる人生の径路：質的研究の新展開』誠信書房.

安田裕子・滑田明暢・福田茉莉・サトウタツヤ編（2015a）『ワードマップ TEA 理論編：複線径路等至性アプローチ』新曜社.

安田裕子・滑田明暢・福田茉莉・サトウタツヤ編（2015b）『ワードマップ TEA 実践編：複線径路等至性アプローチ』新曜社.

第2章

秋田喜代美（2008）「園内研修による保育支援：園内研修の特徴と支援者に求められる専門性に注目して」,『臨床発達心理実践研究』,**3**,35-40.

秋田喜代美（2011）「これからの園内研修：育ちあう組織に向けて本実践から学ぶこと」秋田喜代美監修・松山益代著『参加型園内研修のすすめ：学び合いの「場づくり」』ぎょうせい,pp. 93-104.

ANA ビジネスソリューション（2015）『ANA が大切にしている習慣』扶桑社新書.

ブラウン,A. & アイザックス,D. 香取一昭・川口大輔訳（2007）『ワールド・カフェ：カフェ的会話が未来を創る』HUMAN VALUE.

Covey, S. R. (1989) *"The Seven Habits of Highly Effective People: Powerful Lessons in Personal Change"*, Franklin Cover CO.

濱名潔・保木井啓史・境愛一郎・中坪史典（2015）「KJ 法の活用は園内研修に何をもたらすのか：保育者が感じる語り合いの困難さとの関係から」,『教育学研究ジャーナル』**17**,21-30.

井上眞理子（2013）「専門性の向上と保育カンファレンス：カンファレンス構造指標モデルの提言」，『お茶の水女子大学人文科学研究』**9**，71-82.

金澤妙子（1992）「保育カンファレンスの必要性と危機そしてその成立を目指して」，『金城学院大学論集人間科学編』**17**，1-33.

鯨岡峻（2005）『エピソード記述入門：実践と質的研究のために』東京大学出版会.

鯨岡峻・鯨岡和子（2007）『保育のためのエピソード記述入門』ミネルヴァ書房.

松井剛太（2009）「保育カンファレンスにおける保育実践の再構成：チェンジエージェントの役割と保育カンファレンスの構造」，『保育学研究』**47**(1)，12-21.

中坪史典・秋田喜代美・増田時枝・安見克夫・砂上史子・箕輪潤子（2010）「保育カンファレンスにおける保育者の語りの特徴：保育者の感情の認識と表出を中心に」，『乳幼児教育学研究』**19**，1-10.

中坪史典・秋田喜代美・増田時枝・安見克夫・砂上史子・箕輪潤子（2014）「保育者はどのような保育カンファレンスが自己の専門的成長に繋がると捉えているのか」，『乳幼児教育学研究』**23**，1-11.

大場幸夫（2007）『こどもの傍らに在ることの意味：保育臨床論考』萌文書林.

大豆生田啓友・三谷大紀・高嶋景子（2009）「保育の質を高める体制と研修に関する一考察」，『関東学院大学人間環境学会紀要』**11**，17-32.

佐藤学（1996）「教師の自律的な連帯へ」佐伯胖・藤田英典・佐藤学編『学び合う共同体』東京大学出版会.

渡辺誠（2016）『米国人エグゼクティブから学んだポジティブ・リーダーシップ：やる気を引き出す AI（アプリシエイティブ・インクワイアリー）』秀和システム社.

第3章

秋田喜代美・松山益代（2011）『参加型園内研修のすすめ：学び合いの「場づくり」』ぎょうせい，pp. 4-16.

川喜田二郎（1967）『発想法』中央公論社.

川喜田二郎（1970）『続・発想法』中央公論社.

川喜田二郎（1996）『川喜田二郎著作集5　KJ法　渾沌をして語らしめる』中央公論社.

岡健（2013）「園内研修が活性化する3つのポイント（特集保育者の気づきと学びを促す園内研修とは？）」，『これからの幼児教育（春）』2-5.

第4章

ベネッセ次世代育成研究所（2011）「保育者研修進め方ガイド：地域の子どもの健やか

文献一覧

な成長のために」http://berd.benesse.jp/jisedai/research/detail1.php?id=3242（2017年3月21日）.

濱名潔・保木井啓史・境愛一郎・中坪史典（2015）「KJ法の活用は園内研修に何をもたらすのか：保育者が感じる語り合いの困難さとの関係から」,『教育学研究ジャーナル』17, 21-30.

今井和子・石田幸美（2016）「第3章　職員相互のスキルアップ　1職員会議の活性化」,今井和子編著『主任保育士・副園長・リーダーに求められる役割と実践的スキル』,ミネルヴァ書房, pp. 97-106.

中坪史典（2013）「保育者の専門性を高める園内研修：多様な感情交流の場のデザイン」,『発達』134, 46-52.

岡健（2013）「園内研修が活性化する3つのポイント」,『これからの幼児教育』2013年度春号, 2-5.

大豆生田啓友・三谷大紀・髙嶋景子（2009）「保育の質を高める体制と研修に関する一考察」,『関東学院大学人間環境学会紀要』11, 17-32.

大谷尚（2011）「SCAT: Steps for Coding and Theorization：明示的手続きで着手しやすく小規模データに適用可能な質的データ分析手法」,『感性工学』10(3), 155-160.

「SCAT と質的研究のためのダウンロード」, http://www.educa.nagoya-u.ac.jp/~otani/scat/#09（2017年3月21日）.

田中三保子・桝田正子・吉岡晶子・伊集院理子・上坂元絵里・高橋陽子・尾形節子・田中都慈子（1996）「保育カンファレンスの検討：第1部　現場の立場から考える」,『保育学研究』34(1), 29-34.

第5章

早瀬眞喜子（2015）「学びあう保育者集団：園内研修・法人研修を手がかりに（特集実践力を高める保育者集団）」,『季刊保育問題研究』273, 17-34.

村上博文（2015）「保育園における園内研修の実際と課題：静岡県内の調査より」,『常葉大学保育学部紀要』2, 79-89.

大谷尚（2011）「SCAT: Steps for Coding and Theorization：明示的手続きで着手しやすく小規模データに適用可能な質的データ分析手法」,『感性工学』10(3), 155-160.

清水玲子・北野久美（2013）「対談　園内研修をどうとらえ, どのように実践するか（特集園内研修にひと工夫）」,『保育の友』61(4), 11-18.

上田淑子（2013）「園内研修と園長のリーダーシップ：園内研修を行った保育士のイン

227

タヴュー調査から」,『甲南女子大学研究紀要：人間科学編』**50**, 7-13.

若林紀乃（2004）「保育カンファレンスにおける進行係のあり方：カンファレンスでの主任保育士の会話に注目して」,『幼年教育研究年報』**26**, 77-83.

第6章

秋田喜代美・松山益代（2011）『参加型園内研修のすすめ：学び合いの「場づくり」』ぎょうせい.

今井和子・石田幸美（2016）「第3章　職員相互のスキルアップ　1職員会議の活性化」,今井和子編著『主任保育士・副園長・リーダーに求められる役割と実践的スキル』,ミネルヴァ書房, pp. 97-106.

佐木みどり（2005）「保育者集団と園内研修」『保育における「子どもを見る」ことの考察』相川書房, pp. 113-120.

松井剛太（2009）「保育カンファレンスにおける保育実践の再構成：チェンジエージェントの役割と保育カンファレンスの構造」,『保育学研究』**47**(1), 12-21.

三村倫子（1998）「保育者のもつ枠組みへの「気づき」に関する研究：保育カンファレンスを手がかりに」,『日本保育学会大会研究論文集』**51**, 814-815.

中西さやか・境愛一郎・中坪史典（2012）「子ども理解の方法としての KJ 法：子どもの遊びの姿から学びを可視化する」, 中坪史典編著『子ども理解のメソドロジー』ナカニシヤ出版, pp. 19-34.

中坪史典（2015）「園内研修における質的アプローチの活用可能性：KJ 法と TEM に着目して」『広島大学大学院教育学研究科紀要　第三部　教育人間科学関連領域』**64**, 129-136.

名須川知子（1997）「保育者の『気づき』による変容：気になる子どもの行動解釈をめぐる保育者の見方の変化とその影響」,『学校教育研究』**8**, 19-35.

那須信樹・矢藤誠慈郎・野中千都・瀧川光治・平山隆浩・北野幸子（2016）「保育キャリアのスキルアップトレンドワード集」,『手がるに園内研修メイキング：みんなでつくる保育の力』わかば社, pp. 76-81.

小川圭子（2004）「保育者の資質の向上をめざす園内研修の試み：M保育園での研修を手がかり」,『大阪信愛女学院短期大学紀要』**38**, 33-41.

境愛一郎・中坪史典・濱名潔・保木井啓史（2016）「KJ 法を用いた園内研修の現状と課題：保育者向け情報誌の分析から」,『日本子ども社会学会　第23回大会　発表要旨集録』, pp. 80-81.

下孝一・有光成徳（1980）「ビデオの教育利用に関する研究（Ⅰ）：保育現場の探究(1)」，『視聴覚教育研究』**11**，19-38.

高濱裕子（2000）「保育者の熟達化プロセス：経験年数と事例に対する対応」，『発達心理学研究』**11**(3)，200-211.

矢藤誠慈郎（2016）「付箋を使って気づきを出しあおう」，那須信樹・矢藤誠慈郎・野中千都・瀧川光治・平山隆浩・北野幸子『手がるに園内研修メイキング：みんなでつくる保育の力』，わかば社，pp. 76-81.

第7章

荒川歩・安田裕子・サトウタツヤ（2012）「複線径路・等至性モデルの TEM 図の描き方の一例」，『立命館人間科学研究』**25**，95-107.

平松美由紀（2011）「幼児理解を深めるためのカンファレンスの検討：保育実践の一場面のカンファレンスの省察から」，『中国学園紀要』**10**，163-167.

川喜田二郎（1967）『発想法：創造性開発のために』中央公論社.

岸井慶子（2013）『見えてくる子どもの世界：ビデオ記録を通して保育の魅力を語る』ミネルヴァ書房.

木下康仁（2003）『グラウンデッド・セオリー・アプローチの実践：質的研究への誘い』弘文堂.

小林真・後藤香織（2004）「学生の保育者としての資質を高めることは可能か？：ビデオ視聴とケースカンファレンスを通じて」，『富山大学教育実践総合センター紀要』**5**，1-6.

香曽我部琢（2014）「複線径路・等至性モデルを用いた保育カンファレンスの提案：保育者が感情共有プロセスとそのストラテジーに着目して」，『宮城教育大学紀要』**48**，159-166.

香曽我部琢（2015）「保育者の時間的展望の共有化と保育カンファレンス：複線経路・等至性アプローチを用いた保育カンファレンスの提案」，『宮城教育大学紀要』**49**，153-160.

文部科学省（2010）『幼稚園教育指導資料　第3集　幼児理解と評価（平成22年7月改訂）』ぎょうせい.

小田礼子（2010）「保育者の資質向上のためのカンファレンスについての一考察：実践者の「気づき」を中心に」，『北陸学院大学・北陸学院大学短期大学部研究紀要』**3**，111-121.

小川圭子（2004）「保育者の資質の向上をめざす園内研修の試み：保育園での研修を手がかりに」,『大阪信愛女学院短期大学紀要』**38**, 33-41.

境愛一郎・中西さやか・中坪史典（2012）「子どもの経験を質的に描き出す試み：M-GTA と TEM の比較」,『広島大学大学院教育学研究科紀要　第三部（教育人間科学関連領域）』**61**, 197-206.

境愛一郎・中坪史典・保木井啓史・濱名潔（2013）「保育実践研究のツールとしての複線径路・等至性モデル（TEM）：可能性と課題を探る」,『広島大学大学院教育学研究科紀要　第三部（教育人間科学関連領域）』**62**, 161-170.

境愛一郎（2015）「GTA と TEM　２つの方法論の立ち位置とコラボレーションの可能性」安田裕子・滑田明暢・福田茉莉・サトウタツヤ編『ワードマップ複線径路等至性アプローチ：実践編』新曜社.

サトウタツヤ編（2009）『TEM ではじめる質的研究：時間とプロセスを扱う研究をめざして』誠信書房.

Valsiner, J., & Sato, T. (2006) Historically Structured Sampling (HSS): How can psychology's methodology become turned into the reality of the historical nature of cultural psychology? In Straub, Kolbl, Weidemann & Zielke (Eds.) *"Pursuit of Meaning. Advances in Cultural and Cross-Cultural Psychology"*, Bielefeld: transcript, pp. 215-251.

渡辺桜（2000）「保育者に求められる子ども理解：子ども理解の様々な視点と基本的特性」,『愛知教育大学幼児教育研究』**9**, 27-32.

安田裕子・サトウタツヤ編（2012）『TEM でわかる人生の径路：質的研究の新展開』誠信書房.

第8章

保木井啓史・境愛一郎・濱名潔・中坪史典（2016）「子ども理解のツールとしての複線径路・等至性モデル（TEM）の可能性」,『子ども学』**4**, 170-189.

香曽我部琢（2015）「保育者の時間的展望の共有化と保育カンファレンス：複線経路・等至性アプローチを用いた保育カンファレンスの提案」,『宮城教育大学紀要』**49**, 153-160.

香曽我部琢（2014）「複線径路・等至性モデルを用いた保育カンファレンスの提案：保育者が感情共有プロセスとそのストラテジーに着目して」,『宮城教育大学紀要』**48**, 159-166.

岡田たつみ（2009）「幼児理解と保育者の援助」小田豊・中坪史典編『幼児理解から始まる保育・幼児教育方法』建帛社，pp. 7-14.

大豆生田啓友（1996）「保育カンファレンスにおける語りとビデオ」，『発達』**68**，17-22.

大谷尚（2011）「SCAT：Steps for Coding and Theorization：明示的手続きで着手しやすく小規模データに適用可能な質的データ分析手法」，『感性工学』**10**(3)，pp. 155-160.

境愛一郎・中西さやか・中坪史典（2012）「子どもの経験を質的に描き出す試み：M-GTA と TEM の比較」，『広島大学大学院教育学研究科紀要 第三部 教育人間科学関連領域』**61**，197-206.

境愛一郎・中坪史典・保木井啓史・濱名潔（2013）「保育実践研究のツールとしての複線径路・等至性モデル（TEM）：可能性と課題を探る」，『広島大学大学院教育学研究科紀要 第三部』**62**，161-170.

第9章

濱名潔・保木井啓史・境愛一郎・中坪史典（2015）「KJ 法の活用は園内研修に何をもたらすのか：保育者が感じる語り合いの困難さとの関係から」，『教育学研究ジャーナル』**17**，21-30.

木下康仁（2003）『グラウンデッド・セオリー・アプローチの実践：質的研究への誘い』弘文堂.

香曽我部琢（2015）「保育者の時間的展望の共有化と保育カンファレンス：複線経路・等至性アプローチを用いた保育カンファレンスの提案」，『宮城教育大学紀要』**49**，153-160.

文部科学省（2010）『幼稚園教育指導資料 第3集 幼児理解と評価（平成22年7月改訂）』ぎょうせい.

内閣府・文部科学省・厚生労働省（2015）『幼保連携型認定こども園教育・保育要領』

小川博久（2000）『保育園援助論』萌文書林.

岡花祈一郎・杉村伸一郎・財満由美子・林よし恵・松本信吾・上松由美子・落合さゆり・武内裕明・山元隆春（2009）「「エピソード記述」を用いた保育カンファレンスに関する研究」，『広島大学学部・附属学校共同研究紀要』**38**，131-136.

大豆生田啓友・三谷大紀・高嶋景子（2009）「保育の質を高める体制と研修に関する一考察」，『関東学院大学人間環境学会紀要』**11**，17-32.

大宮勇雄（2010）『学びの物語の保育実践』ひとなる書房.

西條剛央（2007）『ライブ講義　質的研究とは何か：SCQRM ベーシック編』新曜日社.

西條剛央（2008）『ライブ講義　質的研究とは何か：SCQRM アドバンス編』新曜日社.

境愛一郎・中西さやか・中坪史典（2012）「子どもの経験を質的に描き出す試み：M-GTA と TEM の比較」，『広島大学大学院教育学研究科紀要　第三部（教育人間科学関連領域）』**61**，197-206.

境愛一郎（2015）「GTA と TEM：2つの方法論の立ち位置とコラボレーションの可能性」安田裕子・滑田明暢・福田茉莉・サトウタツヤ編『ワードマップ複線径路等至性アプローチ：実践編』新曜社.

高濱裕子（2000）「保育者の熟達化プロセス：経験年数と事例に対する対応」，『発達心理学研究』**11**(3)，200-211.

田中文昭・戸田有一・横川和章（2013）「幼稚園での異年齢交流型子育て支援プログラムにおける未就園児親子と在園児との関わり：行動観察記録の M-GTA による質的分析」，『保育学研究』**51**(2)，257-269.

第10章

秋田喜代美・松山益代（2011）『参加型園内研修のすすめ：学び合いの「場づくり」』ぎょうせい.

ベネッセ教育総合研究所（2009）『認定こども園における研修の実情と課題　報告書』

濱名潔・保木井啓史・境愛一郎・中坪史典（2015）「KJ 法の活用は園内研修に何をもたらすのか：保育者が感じる語り合いの困難さとの関係から」，『教育学研究ジャーナル』**17**，21-30.

伊勢慎・中坪史典・境愛一郎・保木井啓史・濱名潔（2016）「KJ 法を用いた園内研修において保育者はどのような振る舞いをしているのか」，『幼年教育研究年報』**38**，69-76.

岸井慶子（2013）『見えてくる子どもの世界：ビデオ記録を通して保育の魅力を語る』ミネルヴァ書房.

香曽我部琢（2014）「複線径路・等至性モデルを用いた保育カンファレンスの提案：保育者が感情共有プロセスとそのストラテジーに着目して」，『宮城教育大学紀要』**48**，159-166.

香曽我部琢（2015）「保育者の時間的展望の共有化と保育カンファレンス：複線経路・等至性アプローチを用いた保育カンファレンスの提案」，『宮城教育大学紀要』**49**，153-160.

中坪史典・秋田喜代美・増田時枝・箕輪潤子・安見克夫（2012）「保育カンファレンスにおける談話スタイルとその規定要因」,『保育学研究』50(1), 29-40.

小田礼子（2010）「保育者の資質向上のためのカンファレンスについての一考察：実践者の「気づき」を中心に」,『北陸学院大学・北陸学院大学短期大学部研究紀要』3, 111-121.

小川博久（2000）『保育園援助論』萌文書林.

大豆生田啓友・三谷大紀・高嶋景子（2009）「保育の質を高める体制と研修に関する一考察」,『関東学院大学人間環境学会紀要』11, 17-32.

佐藤郁哉（2008）『質的データ分析法：原理・方法・実践』新曜社.

柴崎正行・金志（2011）「日本における新人保育者の育成に関する最近の動向」,『大妻女子大学家政系研究紀要』47, 39-46.

高濱裕子（2000）「保育者の熟達化プロセス：経験年数と事例に対する対応」,『発達心理学研究』11(3), 200-211.

終　章

ANA ビジネスソリューション（2015）『ANA が大切にしている習慣』扶桑社新書.

Covey, S. R. (1989) *"The Seven Habits of Highly Effective People: Powerful Lessons in Personal Change".* Franklin Cover CO.

濱名潔・保木井啓史・境愛一郎・中坪文典（2015）「KJ 法の活用は園内研修に何をもたらすのか：保育者が感じる語り合いの困難さとの関係から」,『教育学研究ジャーナル』17, 21-30.

川喜田二郎（1967）『発想法：創造性開発のために』中央公論社.

香曽我部琢（2014）「複線径路・等至性モデルを用いた保育カンファレンスの提案：保育者が感情共有プロセスとそのストラテジーに着目して」,『宮城教育大学紀要』48, 159-166.

香曽我部琢（2015）「保育者の時間的展望の共有化と保育カンファレンス：複線径路・等至性モデルを用いた保育カンファレンスの提案」,『宮城教育大学紀要』49, 153-160.

中坪史典・秋田喜代美・増田時枝・安見克夫・砂上史子・箕輪潤子（2014）「保育者はどのような保育カンファレンスが自己の専門的成長に繋がると捉えているのか」,『乳幼児教育学研究』23, 1-11.

サトウタツヤ編（2009）『TEM ではじめる質的研究：時間とプロセスを扱う研究をめ

ざして』誠信書房.

Valsiner, J. (2017) *"Between Self and Societies: Creating Psychology in a New Key"*. TLU Press. Tallinn University.

Valsiner, J., & Sato, T. (2006) Historically Structured Sampling (HSS): How can psychology's methodology become turned into the reality of the historical nature of cultural psychology? In Straub, Kolbl, Weidemann & Zielke (Eds.) *"Pursuit of Meaning. Advances in Cultural and Cross-Cultural Psychology"*, Bielefeld: transcript, 215-251.

安田裕子・サトウタツヤ編 (2012)『TEM でわかる人生の径路：質的研究の新展開』誠信書房.

安田裕子・サトウタツヤ編 (2017)『TEM でひろがる社会実装：ライフの充実を支援する』誠信書房.

安田裕子・滑田明暢・福田茉莉・サトウタツヤ編 (2015a)『ワードマップ TEA 理論編：複線径路等至性アプローチの基礎を学ぶ』新曜社.

安田裕子・滑田明暢・福田茉莉・サトウタツヤ編 (2015b)『ワードマップ TEA 実践編：複線径路等至性アプローチを活用する』新曜社.

初 出 一 覧

第1章

中坪史典（2015）「園内研修における質的アプローチの活用可能性：KJ 法と TEM に着目して」，『広島大学大学院教育学研究科紀要　第三部（教育人間科学関連領域）』**64**，129-136.

中坪史典（2016）「ティームで学び合い専門家として育ち合う場としての園内研修」，『キリスト教保育』571.

第2章

濱名潔・保木井啓史・境愛一郎・中坪史典（2015）「KJ 法の活用は園内研修に何をもたらすのか：保育者が感じる語り合いの困難さとの関係から」，『教育学研究ジャーナル』**17**，21-30.

中坪史典（2013）「保育者の専門性を高める園内研修：多様な感情交流の場のデザイン」，『発達』**134**，46-52.

中坪史典（2014）「子どもの経験を捉えるための情報採取・活用術」，『保育の友』**62**(5)，22-25.

中坪史典（2015）「同僚と学び合い、専門家として育ち合うための感情交流の場のデザイン」，『幼児教育じほう』.

中坪史典（2016）「保育者同士の関係の質を高める園内研修デザイン」，『キリスト教保育』572.

第3章

中坪史典（2015）「園内研修における質的アプローチの活用可能性：KJ 法と TEM に着目して」，『広島大学大学院教育学研究科紀要　第三部（教育人間科学関連領域）』**64**，129-136.

中坪史典（2014）「子どもの経験を捉えるための情報採取・活用術」，『保育の友』**62**(5)，22-25.

第4章

濱名潔・保木井啓史・境愛一郎・中坪史典（2015）「KJ 法の活用は園内研修に何をもたらすのか：保育者が感じる語り合いの困難さとの関係から」，『教育学研究ジャーナル』**17**，21-30.

第5章

伊勢慎・中坪史典・境愛一郎・保木井啓史・濱名潔（2016）「KJ 法を用いた園内研修において保育者はどのような振る舞いをしているのか」、『幼年教育研究年報』**38**、69-76.

第7章

中坪史典（2015）「保育カンファレンスに活用する：対話や実践知の交流を促すツールとしての TEM」安田裕子・滑田明暢・福田茉莉・サトウタツヤ編『TEA 実践編：複線径路等至性アプローチを活用する』新曜社、pp. 240-243.

第8章

保木井啓史・境愛一郎・濱名潔・中坪史典（2016）「子ども理解のツールとしての複線径路・等至性モデル（TEM）の可能性」、『子ども学』**4**、170-189.

第9章

境愛一郎・中坪史典・保木井啓史・濱名潔（2014）「「もしも」の語り合いが開く子ども理解の可能性：複線径路・等至性モデル（TEM を応用した園内研修の試み）」、『広島大学大学院教育学研究科紀要　第三部（教育人間科学関連領域)』**63**、91-100.

第10章

境愛一郎・中坪史典（2017）「保育カンファレンスで複線径路・等至性モデリング（TEM）を活用することの意義と課題：若手保育者へのアンケート調査から」、『宮城学院女子大学発達科学研究』**17**、21-32.

本書を読み終えたみなさんへ

┌─〈登場人物紹介〉─────────────────────────
│ Ｘ氏：本書を読んだ性別年齢国籍不詳のワタシ
│ Ｙ氏：本書が面白そうだな～，と思っている性別年齢国籍不詳のアナタ
└──────────────────────────────────

Ｘ：中坪先生たちが書いた園内研修の本，面白かったよ～。

Ｙ：どんな本なの？

Ｘ：チョー簡単に言うとね，保育者さんたちが研修するときに，おべんきょー的に
　　なるんじゃなくて，みんなが和気あいあいとしながら，育ち合えるような，そ
　　してもちろん保育について深く考える面があるピリっとした研修をしようよ，
　　みたいな本。

Ｙ：言葉のうえではわかるけど，そして，楽しくて真面目な研修が良いってことも
　　わかるけど，具体的にイメージできないんだけど……。

Ｘ：園内研修には「７つの習慣」と言われるスローガンがあるんだ。これらを反映
　　できるような園内研修を実際にやるにはどうすればいいのか？　ということが
　　わかる本なんだよ。

Ｙ：７つの習慣？

Ｘ：「多様な意見を認め合おう」「安心感を高めよう」「個別・具体的な事例をもと
　　に語り合おう」「感情交流を基盤に語り合おう」「コミュニケーションを促そ
　　う」「園長や主任は保育者の強みや持ち味を引き出そう」「園長や主任はファシ
　　リテーターになろう」

Ｙ：お題目としては理解できるけど，これをどうやったら園内研修に実装できる
　　の？

Ｘ：実装？　意味わかってるの？

Ｙ：へへへ。実装ってなんだっけ？

Ｘ：平たくいえば組み込むってことだよ。

Ｙ：７つの習慣をどうやったら園内研修に組み込めるの？

Ｘ：中坪先生たちが注目したのが，「質的アプローチ」なんだよ。

Ｙ：質的アプローチ？　質的研究と量的研究の「質的」？

237

X：BINGO！　その質的です。

Y：質的アプローチって，フィールドワークとかナラティブ・インタビューとか？

X：詳しいね。

　　では質問です。質的アプローチとは何でしょう？

Y：へへへ。

X：ダメウーマン！

Y：そういう流行り言葉を使ってると，すぐ古くなっちゃうよ！

X：これが流行り言葉だということもすぐに忘れられちゃうよ。

Y：ますますダメじゃん。で，質的アプローチ，何となくはわかるけどさ。教えてよ。

X：質的アプローチは，消極的な定義をすれば，量（数値）を使わずに研究する志向（アプローチ）ということだよ。

Y：それがどういうふうに園内研修と結びつくの？

X：積極的に定義すれば，意味を読み取ろうとする，ということになるかな。意味を読み取る，そういう力をつけたいと誰もが思うでしょ？

Y：まあね。

X：こんなときどうしよう？　とか思うときあるでしょ？

Y：……うん。

X：でも，日々の仕事の中では，力をつけるために立ち止まってはいられない。目の前の出来事に全力でぶつかって，たとえ失敗しても，それはそれで次に向かっていくしかないよね。

Y：うん。でも，やはり，立ち止まって，保育者としての力量をつけたいと思うときもあるよ。

X：でしょ。じゃあ，質問です。研修の形式です。有名な先生を連れてきて話を聞いたり，本を読んで終わったり，そういう研修をしたいですか？

Y：うーん。そのときはアタマ良くなった気がするから，有名人に会いたいから，それはあり！

X：じゃあ，そういう研修で力がついてると思いますか？

Y：アタマ良くなった気になるけど，でも……，力になっている気はしない，正直。

X：だよね～。感激をモチベーションにして次から頑張ろう，っていうのは悪くないけど，表面的なものになりがちだよね。

Y：確かに。

X：意味を読み取るというようなことを学んで使いこなせるようになったら良いと

思うよね。話を聞いてるだけじゃダメだよね。そこに役立つのが質的アプローチなんだよ。

Y：??わかんなーい。それに質的アプローチって言ってもいろいろあるでしょ。

X：そこで中坪先生が注目するのが KJ 法と TEM！

Y：なんでそれに注目したの？

X：それはこの本に書いてあったけど教えない！　自分で読みなさい！

Y：へへ。でも，ここから読む人だっているかもよ！

X：しょうがないなぁ。いくつも理由があるけど，保育の現場で起きていることを図にして理解する，ってことと，その作業をグループでできる，ってことが KJ 法と TEM に注目した理由だと思うよ。

Y：保育は現場で起きている！　その現場の出来事をみんなで一緒に図を描くことが研修になるってことね！

X：そういうこと。あと，もう 1 つ踏み込んで説明すると，KJ 法は構造，TEM は過程，を理解するためのものだから，2 つそろってちょうど良いってこともあるね。

Y：構造と過程？

X：「Structure」と「Process」。

Y：ふむふむ，って英語にしただけじゃん！

X：バレたか……。これら 2 つの方法は，現場の日々のエピソードなどの断片をボトムアップにまとめていくことによって，現場を理解していこうとするものなんだ。KJ 法は文化人類学から生まれたもので，TEM は文化心理学から生まれたものなんだよ。

Y：文化人類学？　文化心理学？　ほぼ一緒じゃん。

X：そうとも言えるね。でも，エビの刺身とエビの天ぷら，というふうに比べたら違いが見えてくるでしょ。

Y：エビという材料は一緒だけど，料理の仕方が違うっってことね。そして，どっちもおいしい！

X：そういうこと。文化人類学と文化心理学の違いは料理の仕方の違いみたいなものなんだ。「文化」という研究の対象は同じだけど，研究方法が少し異なるってことだね。

Y：だから 2 つの方法を使った研修にはより深い味がでてくるんだね？！

X：そういうこと。KJ 法という調理法では，それぞれの現場の構造が見えてくる。どのような要因がどのような働きをして保育の現場を支えているのかの理解を

可能にしてくれるんだ。

Y：それに対して TEM という調理法は，保育の現場で一刻一刻移り変わっていく出来事の過程の理解を可能にしてくれるのね！

X：そういうことなんだよ！　さらに，研修で KJ 法と TEM を使うことの利点は，①みんなで一緒にやれる，②図を描くという身体動作がある，③普段やっていることの構造と過程をとらえることができる，ということになるよ。

Y：話を聞いてメモをとってわかった気になる，という研修とは違う！

X：協同作業だから，保育者の一人ひとりが主役の研修ができるんだよ。

Y：それに，お互い，普段，どんなことを考えているか知ることもできるかもね。

X：そうなんだよ。

Y：そうすると，ティームとしての一体感も高まりそうな予感。

X：ティーム〇〇保育園，というのを作れると職場としても楽しいし，保育の質もあがるし，子どもたちも喜ぶし，良いことばっかり。

Y：まるで2017年の阪神タイガースみたいね。

X：一方，個人の力量があってもティームとして機能しないのは2017年の読売ジャイアンツみたいだね。

Y：ティームの力って大切なのよね～。

X：ティームの力をつけるということは MIT（マサチューセッツ工科大学）のダニエル・キム教授の「組織の成功循環モデル」とも関係しているらしいよ。

Y：中坪先生，この本の構想を作っているとき，ボストンで MIT の近くに住んでたんですって！

X：うらやますぃ～。
　園内研修の話に戻すよ。この本が目指しているのは，生き生きした研修を行うことによるティーム〇〇保育園をつくろうよ！　という提案なんだ。

Y：そんな研修しなくても一人ひとりが力量を高めればいいんじゃないの？

X：それはどうかなぁ。さっき，巨人の話をしたけど，一人ひとりの力量が高くてもダメなときはあるよね。

Y：そっか。

X：それに，職場は楽しい方がいいしね！　この本を読めば，研修は楽しくなる!!この本を読んだ私が言うんだから間違いない！

Y：さっそく私も読んでみよっと！

240

本書を読み終えたみなさんへ

　本書は中坪史典氏とその教え子や仲間たちが保育園の研修に役立つようなアイディアを盛り込んだ書籍です。

　この本がなにより素晴らしいのは，中坪氏を中心に科研費の助けを得てティームとしての一体感をもちながら，研究を行って研究成果を着実に上げていることです。科研費を取る研究は全体の約3割と言われていますから，第一線の研究が行われていることになります。

　そしてさらに素晴らしいのは，その成果を論文や専門書として出版するだけでなく，専門書とは別仕立てで本書のような現場に近い言葉づかいと内容で成果を社会に届けようとする姿勢そのものであるように感じられます。

　この「本書を読み終えたみなさんへ」の執筆者は，2004年以来，質的アプローチとして TEM（複線径路・等至性モデリング）を開発してきた者ですが，中坪氏たちが蓄積してきた TEM の使い方は，まったく想像していなかったと言ってよいものです。それをティーム中坪のみなさんが，持ち前の想像力と実行力を活かして，実践現場に近い形で TEM を活用して研鑽を重ねてきて，ついにはこうした書籍まで上梓することになったのです。本書の内容についてはすでに「終章」で論評させていただいたので，ここで繰り返すことはしませんが，最後に一言。ティーム中坪のみなさんに！　おめでとう！　そして，ありがとう！

サトウタツヤ・安田裕子

あ と が き

　本書は，日本学術振興会「平成26〜28年度科学研究費補助金（基盤Ｃ）実践コミュニティとしての保育カンファレンスのデザインに関する研究」（研究代表者：中坪史典）の成果をもとに，保育者のみなさんを読者として想定し，一人でも多くの方に手に取ってもらえるようにわかりやすく記したつもりです。著者である境愛一郎氏（宮城学院女子大学），濱名潔氏（広島大学大学院），保木井啓史氏（福島大学），伊勢慎氏（福岡県立大学）は，私の研究室に所属する大学院生（当時）として，科研費が採択される以前から積極的に共同研究に参画してくれました。本研究の協力園であるＨ幼稚園，Ｓ保育園に何度も赴き，園内研修のコーディネートやお世話などを務めながら，参加した保育者の方々にインタビューを行い，活字化された膨大なデータの分析に労力を注いできました。お陰様でこれらの努力が結実し，研究の成果が後述するいくつかの学術雑誌に論文として掲載されました。

　論文が掲載されて一定の成果を発信できたことで，これらをまとめて構成し直し，実際の保育者のみなさんにも読んでいただけるような本として出版できないかと考え，日ごろからお世話になっているミネルヴァ書房の丸山碧さんに相談したところ，私たちの研究成果を評価していただき，熱心に私たちの議論の相手をしていただくとともに，編集の過程においても幾度となく適確なご意見，ご助言，アドバイスをいただきました。今回，本書の製作という貴重な機会を与えていただきましたこと，心より感謝申し上げます。

　また，本書において，質的アプローチと TEM の第一人者であるサトウタツヤ氏（立命館大学）と安田裕子氏（立命館大学）より，本研究に対する講評をいただけたことは，私たちにとって大きな喜びであり，誇りであり，励みとなりました。

　最後に，言うまでもありませんが，私たちの研究は，Ｈ幼稚園とＳ保育園の

協力なくしては成立しませんでした。倫理的配慮のため園名や個人名を記すことはできませんが，それぞれの園の保育者のみなさま，園児のみなさまに心より感謝申し上げます。

2018年3月吉日

編著者　広島大学　中坪史典

索　引
（＊印は人名）

あ　行

相づち　37
アイディア　15,20,22
＊秋田喜代美　24
安心感　33,34,75,85,88,91,93–95,106
意見交換　49
＊ヴァルシナー（Valsiner, J.）　16,115,216
映像　145,146
　——事例　130
　——事例の弊害　196
　——と手順の相乗効果　160
　——内の情報源　152,153,161
　——の長さ　131
園コンピテンス　24
園長　5,38–40,43
園内研修　2

か　行

カード　47,52
「下意上達」モデル　6,41
外的な時間　118
概念　115,127
仮説生成　21
語り合い　75,80,104,108,111
　——を促すテーマ　103,104
カテゴリー　69
可能性の可視化　175,183
可能性の領域　165
　——を含んだ子ども理解　166
カメラアングル　131
＊川喜田二郎　46–48
環境構成　138
環境との相互作用　123
関係の質　42,213
観察記録　13
感情　36,37,107,126
　——共有　21
　——交流　36,107
完成度プレッシャー　31,80,105,204

管理職　5,43,108,109

気づき　111
＊キム，ダニエル（Kim, D.）　43,213
協働　125,129
「協働型」園内研修　6–8,22,212
共有　49
議論の質　109
グループ
　大——　58
　中——　58
　小——　56
グループ化　56,58,102,103,107,108
経験年数　30,96,108,166
　——プレッシャー　30,204
結果の質　43
研修手順　160
研修目的　63,98,101
＊コヴィー（Covey, S. R.）　31
構成概念　68,84
構成人数（参加人数）　54
＊香曽我部琢　21
構造と過程　221
行動の質　43
後輩保育者　92
コーディネーター　63,76–78,81
ゴール（等至点）　132
子どもの内面　141,155
子ども理解（対象児理解）　13,14,72,111,121,
　138,165
　——の展開　185
コミュニケーション　37,38,50,51,108

さ　行

作業スタイル　203
＊サトウタツヤ　119
参加型　51
支援　138
時間的展望　21,22
思考の質　43
持続可能な園内研修　44

245

質的アプローチ　9-14,213
質的データ分析法　192
社会的助勢（SG）　19,116,123,217
社会的方向づけ（SD）　18,116,123,217
修正版グラウンデッド・セオリー・アプローチ
　118,171
主任　38-40
受容　74,93
「上意下達」モデル　5,41
自律的連帯感　44
事例　34
新人保育者　106,109
ストーリー　59,60
先輩保育者　106,109
専門的成長　211
組織の成功循環モデル　43

た　行

ターニングポイント　127,135
対象児理解　112
タイトル　57
多様な意見　32
ティームワーク　8,43,48,61,96,97
　——づくり　6,37,38
テーマ　50,53,55,58,104,107,111
　——設定　54,110
手順プレッシャー　78,81,111
手持ちの情報源　152,153,161
「伝達型」園内研修　4-6,8,212
当事者　13,14,43
等至性　16,114
等至点　17,115,217
同調プレッシャー　29,80,105,106
同僚同士の連携　7
同僚保育者　71,102,107,111,112
特別支援教育　19

な　行

内的な時間　118
内面　149,151
7つの習慣　32,43,105,202

は　行

発言の質　26,88

発想法　215
話し合いの質　26
場面への入り込み　157,161
非可逆的時間　119
微細な言動　149-153,160,162
必須通過点（OPP）　18,116,217
ビデオ映像　129,151
　→映像
評価プレッシャー　29,81,106,204
ファシリテーター　40,109
不安　28
フィールドノーツ　13
複線径路　16,17
複線径路・等至性モデリング　16,114
複線性　114
付箋　51,52,87
プライド　90
振る舞い　84,88,96,97,107
　→保育者の振る舞い
プレッシャー　28,77,90,110,212
　→完成度——
　→経験年数——
　→手順——
　→同調——
　→評価——
　→量——
プロセス
　——の根拠づけ　174,181
　——の派生　173,174,177,179
　——モデル　115
雰囲気　108
分岐点（BFP）　18,116,217
ベテラン　91,92
　——保育者　109
保育観　138
保育環境　124
保育カンファレンス　21,22,126
保育者
　——同士の対話的な協働　219
　——の気づき　102
　——の成長　25
　——の専門性　24
　——の振る舞い　83,85,89
　——向け情報誌　100

保育の営み　13
保育の構想　27
保育の振り返り　11-13,27,219
保育を取り巻く状況の変化　3
ポジティブ・アプローチ　39

ま　行

見方の開拓　173,176
「もしも」　136,137,164,186,201
　　──の語り合い　219
　　──の想像　156-162
＊森上史朗　22
問題解決型アプローチ　39
問題点　54

や・ら・わ行

幼児理解　86,94
　→子ども理解（対象児理解）
両極化した等至点　119
量的アプローチ　10
量プレッシャー　77,81,111

ワールド・カフェ　34

欧　文

KJ 法　15,16,19,20,46-52,83,84,95-97,99,105,
　214,215
　　──を用いた園内研修の難しさ　76
　　──を用いた園内研修のメリット　70
M-GTA　171
SCAT　68,69,147
SD
　→社会的方向づけ
SG
　→社会的助勢
TEA（複線径路・等至性アプローチ）　216
TEM　16,18,19,21,22,114,120,121,147,159,214,
　216
　　──が保育者にもたらす学び　192
　　──図　21,115,116,132,136
　　──図化　123
　　──の特性　141,143,154,157,162

247

《執筆者紹介》（執筆順・＊は編著者）

＊中坪史典（なかつぼ　ふみのり）

　　編著者紹介参照
　　担　当：本書を手に取られたみなさんへ・第1章・第2章・あとがき

伊勢　慎（いせ　まこと）

　　福岡県立大学人間社会学部講師
　　主　著：『保育歴』（ふくろう出版，2012年）
　　　　　　『子育て考：特に三歳未満児までの大切な育児法』（共著，ふくろう出版，2014年）
　　担　当：第3章・第5章

濱名　潔（はまな　きよし）

　　武庫愛の園幼稚園保育者・広島大学大学院教育学研究科博士課程後期
　　主　著：『保育内容　人間関係〔第2版〕』（共著，みらい，2018年）
　　担　当：第4章・第6章

境　愛一郎（さかい　あいいちろう）

　　宮城学院女子大学教育学部助教
　　主　著：『TEA実践編：複線経路等至性アプローチを活用する』（共著，新曜社，2015年）
　　　　　　『保育環境における「境」の場所』（ナカニシヤ出版，2018年）
　　担　当：第7章・第9章・第10章

保木井啓史（ほきい　たかふみ）

　　福島大学人間発達文化学類准教授
　　主　著：「幼児の協同的な活動はどのように成立しているか：メンターシップの概念による分析」（『保育学研究』**53**(3)，pp. 21-32，2015年）
　　担　当：第8章

サトウタツヤ（さとう　たつや）

　　立命館大学総合心理学部教授
　　主　著：『日本における心理学の受容と展開』（北大路書房，2004年）
　　　　　　『TEMではじめる質的研究：時間とプロセスを扱う研究をめざして』（編著，誠信書房，2009年）
　　担　当：終章・本書を読み終えたみなさんへ

安田裕子（やすだ　ゆうこ）

　　立命館大学総合心理学部准教授
　　主　著：『不妊治療者の人生選択：ライフストーリーを捉えるナラティヴ・アプローチ』（新曜社，2012年）
　　　　　　『TEMでひろがる社会実装：ライフの充実を支援する』（共編著，誠信書房，2017年）
　　担　当：終章・本書を読み終えたみなさんへ

《編著者紹介》

中坪史典（なかつぼ　ふみのり）
広島大学大学院教育学研究科博士後期課程単位修得退学
現　在：広島大学大学院教育学研究科准教授
主　著：『幼児理解からはじまる保育・幼児教育の方法』（共編著，建帛社，2009年）
　　　　『児童文化が拓く豊かな保育実践』（編著，保育出版社，2009年）
　　　　『子ども理解のメソドロジー』（編著，ナカニシヤ出版，2012年）
　　　　『映像で見る主体的な遊びで育つ子ども：あそんでぼくらは人間になる』
　　　　（共編著，エイデル研究所，2016年）

本文イラスト：藤原ヒロコ

質的アプローチが拓く
「協働型」園内研修をデザインする
——保育者が育ち合うツールとしての KJ 法と TEM——

2018年5月10日　初版第1刷発行　　　　　　　　〈検印省略〉

定価はカバーに
表示しています

編著者　中　坪　史　典

発行者　杉　田　啓　三

印刷者　坂　本　喜　杏

発行所　株式会社　ミネルヴァ書房
607-8494　京都市山科区日ノ岡堤谷町1
電話代表　（075）581-5191
振替口座　01020-0-8076

©中坪史典ほか，2018　冨山房インターナショナル・新生製本

ISBN 978-4-623-08343-5

Printed in Japan

主任保育士・副園長・リーダーに 求められる役割と実践的スキル 今井和子 編著	Ｂ５判 224頁 本 体 2400円
保育のグランドデザインを描く ──これからの保育の創造にむけて 汐見稔幸・久保健太 編著	四六判 344頁 本 体 2400円
なぜ世界の幼児教育・保育を学ぶのか ──子どもの豊かな育ちを保障するために 泉 千勢 編著	Ａ５判 404頁 本 体 3500円
子どもを「人間としてみる」ということ ──子どもとともにある保育の原点 子どもと保育総合研究所 編	四六判 308頁 本 体 2200円
共 感──育ち合う保育のなかで 佐伯 胖編	四六判 232頁 本 体 1800円
保育・主体として育てる営み 鯨岡 峻 著	Ａ５判 296頁 本 体 2200円
保育の場で子どもの心を どのように育むのか ──「接面」での心の動きをエピソードに綴る 鯨岡 峻 著	Ａ５判 384頁 本 体 2800円
これからの子ども・子育て支援を考える ──共生社会の創出をめざして 柏女霊峰 著	四六判 288頁 本 体 2500円

──────── ミネルヴァ書房 ────────

http://www.minervashobo.co.jp/